U0449824

博学之，审问之，慎思之，明辨之，笃行之。有弗学，学之弗能弗措也；有弗问，问之弗知弗措也；有弗思，思之弗得弗措也；有弗辨，辨之弗明弗措也；有弗行，行之弗笃弗措也。人一能之，己百之；人十能之，己千之。果能此道矣，虽愚必明，虽柔必强。

——《中庸》

华夏道善人与经典文库

易经日讲

上

爱新觉罗·毓鋆 口述

陈䌹 整理

华夏出版社
HUAXIA PUBLISHING HOUSE

图书在版编目（CIP）数据

易经日讲．上／爱新觉罗·毓鋆口述；陈䌹整理．－－北京：华夏出版社有限公司，2024.1
ISBN 978-7-5222-0508-3

Ⅰ．①易… Ⅱ．①爱… ②陈… Ⅲ．①《周易》—研究 Ⅳ．① B221.5

中国国家版本馆 CIP 数据核字（2023）第 072596 号

易经日讲

口 述 者	爱新觉罗·毓鋆
整 理 者	陈　䌹
责任编辑	赵学静

出版发行	华夏出版社有限公司
经　　销	新华书店
印　　装	北京汇林印务有限公司
版　　次	2024 年 1 月北京第 1 版 2024 年 1 月北京第 1 次印刷
开　　本	880mm×1230mm　1/32
印　　张	47.375
字　　数	1065 千字
定　　价	268.00 元（全三册）

华夏出版社有限公司　地址：北京市东直门外香河园北里 4 号　邮编：100028
网址：www.hxph.com.cn　电话：（010）64618981
若发现本版图书有印装质量问题，请与我社营销中心联系调换。

凡例

一、本书系毓老师1993年至2000年在台北奉元书院讲授《易经》上经三十卦内容整理而成（分为卷一、卷二）。限于学养，容有阙漏、讹误者，尚祈方家惠予指正，并俟来日补苴罅漏。

二、毓老师讲授教本采用来知德《周易集注》、王夫之《船山易传》、朱熹《周易本义》等，讲述内容则自成一家。

三、经文文本以宋三体呈现，如"乾，元亨利贞"，注解以括号内小字呈现。毓老师讲述以宋一体呈现，如"熊十力对传统学术提出否定"，字词解释、引文出处等均以括号内楷体表示，如"(《论语·学而》)"。

四、为助大众深入阅读，文中有关背景及说明，以仿宋体呈现，如"八卦图，衍生自《河图》与《洛书》"，参考网络及相关著作者，略交代出处。如有疏漏之处，尚祈指正。

目录

来知德《周易集注》原序

朱熹《周易本义》卦歌

前言

☰ 乾卦第一　001

☷ 坤卦第二　105

☳ 屯卦第三　193

☶ 蒙卦第四　223

☵ 需卦第五　253

☰ 讼卦第六　283

☷ 师卦第七　309

☷☵比卦第八　329

☴☰小畜卦第九　347

☰☱履卦第十　369

来知德《周易集注》原序

　　乾坤者，万物之男女也；男女者，一物之乾坤也。故上经首乾坤，下经首男女。乾坤、男女相为对待，气行乎其间，有往有来，有进有退，有常有变，有吉有凶，不可为典要，此《易》所由名也。盈天地间莫非男女，则盈天地间莫非《易》矣。伏羲象男女之形以画卦，文王系卦下之辞，又序六十四卦，其中有错有综，以明阴阳变化之理。错者，交错对待之名，阳左而阴右，阴左而阳右也。综者，高低织综之名，阳上而阴下，阴上而阳下也。虽六十四卦，止乾、坤、坎、离、大过、颐、小过、中孚八卦相错，其余五十六卦皆相综而为二十八卦，并相错八卦，共三十六卦。如屯、蒙之类，虽屯综乎离，蒙综乎坎，本是二卦，然一上一下皆二阳四阴之卦，乃一卦也。故孔子《杂卦》曰"屯见而不失其居，蒙杂而著"是也。故上经止十八卦，下经止十八卦。

　　周公立爻辞，虽曰"兼三才而两之，故六"，亦以阴阳之气皆极于六,天地间穷上反下,循环无端者不过此六而已,此立六爻之意也。孔子见男女有象即有数,有数即有理,其中之理神妙莫测,立言不一而足,故所系之辞多于前圣。孔子没,后儒不知文王、周公立象皆藏于《序卦》错综之中,止以《序卦》为上下篇之次序,乃将《说卦》执图求骏。自王弼扫象以后,注《易》诸儒皆以象失其传,不言其象,止言其理,而《易》中取象之旨遂尘埋于后世。本朝纂修《易经性理大全》,虽会诸儒众注成书,然不过以理言之而已,均不知其象,不知文王《序卦》,不知孔子《杂卦》,不知后儒卦变之非。于此四者既不知,则《易》不得其门而入;不得其门而入,则其注疏之所言者,乃门外之粗浅,非门内之奥妙。是自孔子没而《易》已亡至今日矣。四圣之《易》,如长夜者二千余年,不其可长叹也哉!

夫"《易》者,象也;象也者,像也",此孔子之言也。曰像者,乃事理之仿佛近似,可以想象者也,非真有实事也,非真有实理也。若以事论,"金"岂可为车,"玉"岂可为铉?若以理论,"虎尾"岂可履,"左腹"岂可入?《易》与诸经不同者,全在于此。如《禹谟》曰"惠迪吉,从逆凶,惟影响",是真有此理也;如《泰誓》曰"惟十有三季春,大会于孟津",是真有此事也。若《易》,则无此事,无此理,惟有此象而已。有象,则大小、远近、精粗,千蹊万径之理,咸寓乎其中,方可弥纶天地;无象,则所言者止一理而已,何以弥纶?故象犹镜也,有镜则万物毕照;若舍其镜,是无镜而索照矣。不知其象,《易》不注可也。

又如以某卦自某卦变者,此虞翻之说也,后儒信而从之。

如讼卦"刚来而得中"，乃以为自遁卦来，不知乃综卦也。需、讼相综，乃坎之阳爻来于内而得中也。孔子赞其为天下之至变，正在于此。盖乾所属综乎坤，坎所属综乎离，艮所属综乎巽，震所属综乎兑，乃伏羲之八卦一顺一逆自然之对待也，非文王之安排也。惟需、讼相综，故《杂卦》曰："需不进也，讼不亲也。"若遁则综大壮，故《杂卦》曰："大壮则止，遁则退也。"见于孔子《杂卦传》。昭昭如此，而乃曰"讼自遁来"，失之千里矣。此所以谓四圣之《易》如长夜者，此也。

德生去孔子二千余年，且赋性愚劣，又居僻地，无人传授。因父母病，侍养未仕，乃取《易》读于釜山草堂，六年不能窥其毫发，遂远客万县求溪深山之中，沉潜反复，忘寝忘食有年。思之思之，鬼神通之。数年而悟伏羲、文王、周公之象，又数年而悟文王《序卦》、孔子《杂卦》，又数年而悟卦变之非。始于隆庆四年庚午，终于万历十六年戊戌，二十九年而后成书，正所谓困而知之也。既悟之后，始知《易》非前圣安排穿凿，乃造化自然之妙。一阴一阳，内之外之，横之纵之，顺之逆之，莫非《易》也。始知至精者《易》也，至变者《易》也，至神者《易》也。始知《系辞》所谓"所居而安者，《易》之序也""错综其数，非中爻不备""二与四同功""三与五同功"数语，及作《说卦》《序卦》《杂卦》于"十翼"之末。孔子教后之学《易》者，亦明白亲切，但人自不察，惟笃信诸儒之注，而不留心详审孔子"十翼"之言，宜乎长夜至今日也。

注既成，乃僭于"伏羲文王圆图"之前，新画一图，以见圣人作《易》之原。又画"八卦变六十四卦图"，又画"八卦所属相错图"，又画"八卦六爻变自相错图"，又画"八卦次序自相综图",又画"八卦所属自相综文王序卦正综图",又画"八卦四正四隅相综文王序卦杂综图"。又发明八卦正位及上下经篇义并各字义,又发明六十四卦启蒙,又考定《系辞》上下传,又补定《说卦传》以广八卦之象,又改正《集注》分卷,又发明孔子"十翼"。其注先训释象义、字义及错综义,后加一圈,方训释本卦、本爻正意。象数言于前,义理言于后。其百家注《易》,诸儒虽不知其象,不知《序卦》《杂卦》及卦变之非,止言其理,若于言理之中间有不悖于经者,虽一字半句,亦必采而集之,名曰《周易集注》。庶读《易》者开卷豁然,可以少窥四圣宗庙百官于万一矣。

孔子曰:"盖有不知而作之者,我无是也。"孟子曰:"予岂好辩哉?予不得已也。"圣贤立言,不容自任,类如此。德因四圣之《易》千载长夜,乃将《纂修性理大全》去取于其间,要附以数年所悟之象数,以成明时一代之书。是以忘其愚陋,改正先儒注疏之僭妄,未暇论及云。

万历戊戌春三月二日梁山后学来知德序

朱熹《周易本义》卦歌

八卦取象歌

乾三连☰　坤六断☷

震仰盂☳　艮覆碗☶

离中虚☲　坎中满☵

兑上缺☱　巽下断☴

上下经卦名次序歌

乾坤屯蒙需讼师，比小畜兮履泰否。
同人大有谦豫随，蛊临观兮噬嗑贲。
剥复无妄大畜颐，大过坎离三十备。
咸恒遁兮及大壮，晋与明夷家人睽。
蹇解损益夬姤萃，升困井革鼎震继。
艮渐归妹丰旅巽，兑涣节兮中孚至。
小过既济兼未济，是为下经三十四。

分宫卦象次序

		乾为天		
天风姤	天山遁	天地否	风地观	山地剥
火地晋	火天大有			

		坎为水		
水泽节	水雷屯	水火既济	泽火革	雷火丰
地火明夷	地水师			

		艮为山		
山火贲	山天大畜	山泽损	火泽睽	天泽履
风泽中孚	风山渐			

		震为雷		
雷地豫	雷水解	雷风恒	地风升	水风井
泽风大过	泽雷随			

		巽为风		
风天小畜	风火家人	风雷益	天雷无妄	火雷噬嗑
山雷颐	山风蛊			

		离为火		
火山旅	火风鼎	火水未济	山水蒙	风水涣
天水讼	天火同人			

		坤为地		
地雷复	地泽临	地天泰	雷天大壮	泽天夬
水天需	水地比			

		兑为泽		
泽水困	泽地萃	泽山咸	水山蹇	地山谦
雷山小过	雷泽归妹			

前言

从《帛书易》到《周易》[①]，自洪荒产物到系统化，有了哲学思想。可知一种学术思想的构成特别不易，必须经过很长很久的时间。

君主专制时代，中国学术没有本来面目，完全是帝王思想。孙中山推翻了专制政体，成事了，后人借了光。熊十力对传统学术提出否定，是几千年来的一大解放，跑第一棒，费尽终生精力，晚年却来不及写了。这条路应该有人接着走。

我一辈子专做与人不同的事，不在乎人家肯定与否，要跑第二棒，但为了不与社会脱节，必得慢慢来，逐渐淡化它。蒋伯潜《语译广解四书读本》搜集各家注，间接否定朱熹《四书章句集注》；我上课用此书，是在淡化专制时代"必从朱注"。

正月十六日，是人祖伏羲生日，奉元重视此日，书院要供

[①] 本书为毓老师的讲课稿，毓老师讲课过程中对《易经》一书的称呼，根据情境的不同，或说《周易》《易》"大易"，为体现毓老师讲课的特点，特对以上各种情况予以了保留。

奉人祖——八卦祖师。采用中国旧体制的书院，全盘的中国文化，消除社会的迷信。既是中国人，何不信中国的神话？此日亦正逢我母亲生日，我以前每年为母亲过生日，但冥寿到一百即不过了。

奉元书院主经是"大易"（《易经》敬称为"大易"，下同）与《春秋》。奉元书院21世纪肩负的责任：不与世俗争短长，但以天道求等齐。从"元"来，"元始天尊"是中国的上帝。扩大心胸，不听世俗的是非，他们有何德行臧否是非？责任是在造奉元天下，无际界、清主观，以良知审判一切是与非。

人生即继志述事，不可以白活，"善歌者，使人继其声；善教者，使人继其志"（《礼记·学记》），有大才华继志，其次也要述事。时代要变，应担起当代的责任。谋求奉元系统的发展，是你们的责任，"舟车所至，人力所通……日月所照，霜露所队（坠）"（《中庸》），都是你们发展的地方。不怕小，就怕不做，要懂得责任之所在，慢慢地一步一步行，我都有通盘计划。中国人要向人类负责。自古，每一书院讲学，都有使命之责。

一般讲学，不可离世俗太远，成立学术研究所，自己立标题。先立题目，再研究找什么参考书。各有所好，发展所好，则进步特别快。脚踏实地，三年可有小成。

迎接当时的时代，非一日之功。吸收任何文化，但是讲中国文化，绝不掺杂外国文化，因其非中国人的思想。不反对任何人类的思想，但任何商品都有商标。必须有一定的努力方向，人生在世既然活了，何不活得有意义？证严的慈济，是救人的肉体。我们成立学术团体，奉元是送人钓竿，告诉人怎么钓鱼。

要知而必行，不可坐而言。

中国是世界大国，必须为人类谋幸福。有计划地解决中国的难题，十三亿人口需要吃饭，要以智慧解决自己的问题，同时也帮助别人。

我在屋中讲学，都有通盘的企划。好好奋斗，你们要捷足先登。我爱中国，绝对不出卖任何人。

老百姓是多么善良，就盼望团圆、幸福。不要制造孤儿寡妇。

常说你们未入流，不是欺你们。你们如没有想通此一问题，那岂不和某些人一样幼稚？

《孙子兵法·九地》："始如处女，敌人开户；后如脱兔，敌不及拒。""善守者，藏于九地之下；善攻者，动于九天之上。""常山之蛇也，击其首则尾至，击其尾则首至，击其中则首尾俱至。"静如处子，动如脱兔，应如常山之蛇，才能反应灵敏，可以随机应变。要看对象说话，对伤品败德的人还要讲道德、说仁义？现在瞬息万变，又有多少可用之才？要养成随机应变的习惯，先训练自己能。

同学多，但不一定是同志。要求同志，不可以昏头昏脑，遇到同学，就知无不言、言无不尽。有多少同学在扯后腿，不旋踵间，就可以看到这些人的下场。同学很少是我的同志，但最低要不做伤品败德的事。许多卑鄙龌龊的人，靠出卖他人，换取自己一点眼前的乐。为人师的应在学生最迷惘时点醒他，"作之君，作之师，惟曰其助上帝"（《尚书·秦誓》），为人师以配上帝，应是最有德的，怎能不告诉学生走错路子？要在学生最迷惘时，引导他们走上正轨。考察一个人，就看他有无利他的观念。哼！一个人没有知识，你说正经，他却净扯闲。

有些人宁可要饭，却什么事也不做。

一般人认为办不到的事，你办到了才叫有智慧。实际去做，有同学的地方就是"点"。做药是为人类，尤其为穷人做事，有机会替人类服务，越是没有医生的地方，越需要成药；做工作服，要洗完不必烫的，至少每人有两套，要货真价实；做面粉，家家吃，不必宣传，老太婆一和面，就知好坏。

我费了两年工夫，游说一个同学去北京读医药大学。求才多难，去了还得会读书。是人，要做人的事；不能说出口的事，就不是人的事。一样的事，就有许多分野。想成功，要天天想做人的事。

讲学，绝不许讲"怪力乱神"，要讲义理——"和顺于道德而理于义"（《易经·说卦传》）。义理之学，"智周万物，道济天下"（《易经·系辞传》："知周乎万物而道济天下"）"裁成天地之道，辅相万物之宜"（《易经·泰卦》："财成天地之道，辅相天地之宜"）。读《易经》，必从王弼《周易注》、程子《易程传》（又称《程传》《周易程氏传》）、王夫之《船山易传》三本代表注看起。有思想了，就可以发挥自己的思想。学术，绝非一代就成就的。

今文家之学，在清中叶复兴，到戊戌变法（1898年6月11日—9月21日）失败，至今一百多年了。农历十二月二十五日，清朝灭亡（1912年2月12日）纪念日，我在庙里给祖宗念经。前清皇族不过年，还穿"国孝"哭太庙。1998年此日，戊戌百年，清亡八十八年。从戊戌到清亡，其间才十二年。中国人对历史清楚，故智慧高。如对史、地不清楚，怎么会爱国？

学会、基金会名称：华夏奉元居一学会、华夏奉元居一基金会。奉元的形式即"居一"。何以称"居一"？居于一，由于元。居一由元，故曰"奉元居一"。居一，旁示：老子"求得一"；孔子"得一"后，说"吾道一以贯之"。"得一"与"居一"，功夫差多少？先自层次了悟，哪一个长久？道家与儒家不同之处在哪儿？"吾道一以贯之"是什么功夫？遇事，会不会如此想？

由"得一"到"居一"，谈"用"就到"安仁"，即"造次必于是，颠沛必于是"（《论语·里仁》）。得有层次地建设：求一，得一，居一，安一。

自己印证，我旁示，你们继续想。打开智慧之门，每个人都是专家，性生万法，性是无尽藏。

我是有多少就做多少，绝不把钱发给子孙。我不在的那一天，绝对是一无所有。一个人怎么都活一辈子，为做大事业而存钱，不要为儿孙存钱。何以有些人富不过三代？就因儿孙净吃喝赌嫖，浪荡逍遥。要为众人谋幸福，也为子孙留生存之技。穷人吃药，富人花钱，补养的药价高。我家舍药（治病的药）三百多年。做事，依此类推。

奉元书院自台湾地区开始发展，只要志同道合者，都可以吸收进来。

有许多原则：自今年起，同学绝不可以如行尸走肉，知多少做多少，必须身体力行。中国强，必须给可怜的人服务。我有独立的人格，不属于任何人，只属于真理。人活着，要有智慧，练习智慧，遇事总要想，自前后左右想。

读《易经》，讲义理，自王弼、程子、船山，可以确立信心，有自己的样子。一种思想，自草创到成形，得经过多少人、多少时间？可以看出一思想之系统化，是多么不易！熊十力之言，并非全无根据。

台湾地区必须再加紧教育，何以见了利，就忘了义？六亲不认，互相漫骂，要完全按人的轨道想，知了必得行，要好好努力。

同学必须"孝、慈、义"，都不赔本，"孝弟也者，其为仁之本与"（《论语·学而》），没有孝悌，焉能有仁？这是入门的功夫。"孝、慈、义"配上"智、仁、勇"。

谭嗣同（1866—1898）的《仁学》，气势足，但对中国学问的理解不透彻。

1896年底，谭嗣同抵达南京，开始撰写《仁学》。《仁学》是一部融合儒、释、道、墨等各家学术的哲学典籍，指斥两千年来封建专制制度为"大盗"，并猛烈抨击三纲五常"钳制天下"，所谓"二千年来之政，秦政也，皆大盗也；二千年来之学，荀学也，皆乡愿也。惟大盗利用乡愿，惟乡愿工媚大盗"。

我绝不语怪、力、乱、神，讲义理——"和顺于道德而理于义。"《易经》之理，裁成天地之道，辅相万物之宜（《易经·泰卦》原为"辅相天地之宜"，老师改为"辅相万物之宜"，下文同此），智周万物、道济天下，多科学！裁成、辅相之后，以此"道"济天下。

一个人要脚踏实地，不要浪得虚名。创个东西，并非完全另起炉灶。人生即"继志述事"，不可以白活。蒋庆《公羊学引论》，路子对，表现最好的是继志，他将"夫子之志"描写得特别好、特别完整。《春秋》是夫子之志。

熊十力的《原儒》，讲《易经》《春秋》《礼运》(《礼记》中的一篇）与《周官》(即《周礼》)。《周官》从中央至地方的组织多么致密！我没有指导错学生，为学有一定的路子可循，并不是空降。下功夫，不要一见异，就思迁。尽量多看别的书，可以知道我们的路子并没有走错。

我不懂"洗心"二字何指，何以"洗心退藏于密"(《系辞传上·第十一章》)？古人的智慧何以那么高，看《墨辩》、名家之言。中国的医书比经书更是难读，何以能想得那么准确？学无止境，我们之所以不能，乃因嗜欲多。嗜欲多的人，智慧当然低。六祖就是专一的功夫，其《坛经》富智慧。不要浪费时间，要好好深思。

讲"四书"，不许造谣、标新立异。蒋伯潜的《语译广解四书读本》，脱离昔日"必从朱注"。看《皇清经解》与《续皇清经解》有关今文经解部分。台湾地区的《四库全书》在北沟时淹了几袋，并不全。大陆东北的那套全。

清乾隆三十八年（1773）二月，朝廷设立了"四库全书馆"，负责《四库全书》的编纂，由乾隆皇帝的第六子永瑢负责，任命内阁大学士于敏中为总裁，大学士以及六部尚书、侍郎为副总裁，召著名学者纪昀为总纂官，开始编纂这套卷帙浩繁的丛书。曾参与编撰并正式列名的文人学者三千六百多人，而抄写人员也有三千八百余人。

《四库全书》丛书分经、史、子、集四部，故名"四库"。共有三千五百多种书、七万九千卷、三万六千册，约八亿字，基本上囊括了中国古代所有图书，故称"全书"。当年，乾隆帝命人手抄了七部，下令分别藏于全国各地。先抄好四部，分贮于紫禁城文渊阁、辽宁沈阳文溯阁、圆明园文源阁、河北承德文津阁珍藏，即"北四阁"。后抄好的三部，分贮扬州文汇阁、镇江文宗阁和杭州文澜阁珍藏，即"南三阁"。

民国时期由故宫博物院接管。1933年春天，日寇侵略热河（民国时关外塞北四省之一，辖区位于今河北省、辽宁省和内蒙古自治区交界地带），故宫博物院将文渊阁本《四库全书》连同所藏其他历代文物装箱南迁，运至上海。抗日战争全面爆发，又辗转数千里运抵蜀中，抗战胜利之后复运抵南京。国民党军队从大陆撤退时，运往台湾地区，现藏台北"故宫博物院"。故宫文物于1948年底至1949年初分为三批运抵台湾。在台中糖厂仓库暂存一年后，1950年起，全部文物即迁往台中雾峰吉峰村（今吉峰里）北沟，直至1965年台北外双溪新馆落成后运往新馆，在北沟存放长达十六年时间。

1931年九一八事变爆发，东北沦陷，文溯阁本落入日本人手中。日方曾假借所谓"国立图书馆"的名义代为封存。1945年日本战败投降，文溯阁本《四库全书》才又回到人民手中。"文化大革命"期间，因战备需要，中央下令将文溯阁本《四库全书》从沈阳调出，运至甘肃存放至今。

中国近代百年，没有多少人好好研究中国学问。奉元书院以"大易"《春秋》为主经，讲书不要掺杂外国思想。只要是中国人的学问都收，故称"夏学"。从"元"开始，"元"含乾元、坤元，阴阳代表一个东西的两面。"元始天尊"是中国的上帝，道家在儒家之前。道家讲"一"，孔子"变一为元"，思想就圆融了。由一到元，是思想的一大进步。奉元行事，从"元"往下演，用祖宗的智慧启发我们的智慧。既有《春秋》，何不来个《冬夏》？要建设思想。

《尚书》是政论、政事的结果。《诗经》是社会学、老百姓的反映，发之于性。礼由食起，乃有了规矩。人开始吃东西，懂得规矩了，进步了，人的思维由"食"起，结论：人为万物之灵。

《荀子·礼论》：礼起于何也？曰：人生而有欲，欲而不得，则不能无求。求而无度量分界，则不能不争；争则乱，乱则穷。先王恶其乱也，故制礼义以分之，以养人之欲，给人之求。使欲必不穷于物，物必不屈于欲。两者相持而长，是礼之所起也。

故礼者养也。刍豢稻粱，五味调香，所以养口也；椒兰芬苾，所以养鼻也；雕琢刻镂，黼黻文章，所以养目也；钟鼓管磬，琴瑟竽笙，所以养耳也；疏房檖䫉，越席床笫几筵，所以养体也。故礼者，养也。

中国人多有智慧！走遍天下，哪有中国东西好吃？什么都有一定之规。窝窝头，不可以用水和面，否则没有正味。把豆磨成浆，和玉米面，然后蒸，如此才鲜。台湾地区什么都有，但什么都不像。中国人自吃建设的思想，"满汉全席"是个系统。

有些人连写封信都打不动人心，"一天别恨，独对孤灯"多美！真情至性，才能感人。活着，要像个样子，绝不可以马虎。"君子居之，何陋之有？"我在屋中讲学五十年，绝不发牢骚。

要寻同志，非找同学。以"良知"审判一切的是与非。要为己之所当为，不在乎别人说对不对。"遁世无闷，不见是而无闷。乐则行之，忧则违之，确乎其不可拔，潜龙也。"(《易经·乾卦·文言》)讲学，是行，绝不能离开分寸，何况大过乎？真有志于学，要下点功夫。是真明白，而非"装明白"。

自根上想，看何以人为万物之灵？由食树立了文化。有好东西，母子都有可能争抢。行有余力，自元开始想，就能树立新文化。不要把奉元变成空的。谁的归谁，玩自己的。我想起，就快写，字迹潦草。形成思想，并非照葫芦画瓢。真知，不会停止；了悟了，才能做事。一般人往往半途而废。

玉玺刻得如何慎重，也"亡国"了，还"刻印开运"？谈话得发之于性、止之于情，"发而皆中节"。立准了目标，也应有雄心，真有所成了。

孔子为"圣之时者"。此一时，彼一时也，当然"圣之时者"亦不同，代有才人出。有些人的文笔并不美，但是绝对有师承，有学术的种子。把握住自己的方向，大才华继志，次的述事，接着跑第三棒。

人有智慧，能把倒霉变成吉祥。你们要如常山之蛇，反应必须快。我们应做什么？稍一拨正，就可以纳入正途。不要做自己不懂的事，彼此切磋琢磨，终归于正。做学问，死而后已，无尽期。

同学皆"任远董事"，"舟车所至，人力所通，天之所覆，地之所载，日月所照，霜露所队（坠）"，都是我们责任之所在。今天应干什么才于你们有前途，可以安身立命？

《孙子》(《孙子兵法》简称，下同)的精气神，都没存在于你们身上。《孙子》动如脱兔,动于九天之上,动如常山之蛇。你们太守分了,多少也应想入非非。老同学皆自以为聪明,但至今无有一成形者。

做事,都有一定的规矩,没有人才,要培养,要造就。我印的《孙吴兵法太公六韬》,你们要用一辈子,时常玩味,深思熟虑,才能有所得。

一切文化自"食"起,怎么立说?墨子自"天"立说,有《天志》篇。如自"食色"入手,年轻人易于接受。"圣之时者",此何时也?人喜什么?自青年喜爱的东西分析长短,他才能接受。

读《易经》就要想一想到底在说什么。注解往往忘了对象,而愈讲愈玄。现在是人的问题,溯及文化之始——食,可见,"食色,性也"是多深刻的了悟!

《春秋》除"夫子之志"外,写些什么?齐侯乱伦,乱伦事多,如何拨乱反正?此即下功夫之所在。何不想想实际的问题,按书的本来面目读?今天应用什么方法警诫这些人?

大一统,居一,安一,安仁。面对书,而非面对幻想。违圣人之志,方有圣人之教,"修道之谓教"。未来想对时代有所贡献,那得自旧的得多少启示?

如何解决"断烂朝报"(王安石语)?《春秋》又岂止是断烂朝报而已!"大易"与《春秋》有何关系?面对问题,不要先存一个幻想。霸主乱伦,孔子写入《春秋》。看《春秋》,要想《春秋》是如何拨这些乱以回正,拨乱反正。

真正细读《易经》,看归妹卦(䷵)究竟在讲什么?描写几类女人?写实际的东西,后来被美化了,美化得原来的深意都没有了，成为"殡仪馆的化妆师"，在衣服上尤较劲。

古书当时人都懂，现在净讲鬼话。每个时代有其看法，但并非金科玉律。何以孔子是至圣？因为孔子不说糊涂话。脑子有智慧，放诸四海而皆准。正，论世之准。

武，止戈为武，没有战争，禁兵，一经美化，本义没了。为永久计，要立说；治时，则是《孙子》那套。读《春秋》，要知其乱而拨乱。《尚书》为戒者比为法者多。为久远计，要立学。目前，要找同志。

《易》为悔吝之书，孔子"五十以学《易》，可以无大过"，"五十而知天命"，晚年赞《易》、作《春秋》。《公羊》(《春秋公羊传》)就是元经，元经之体"大易"，《春秋》为元之用。有志，好好往前努力。必还中国文化的本来面目。人愈是有远志，活得愈是愉快。

中国的"王制"观念，太可怕！《春秋》"新王"之制，孔子之梦、孔子之制。修《春秋》，立"新王"之制，在打破一切传统的不良、不善。禹的功劳也大，但"德衰"在传子。何不好好研究《尚书·禹贡》篇？看治水完了，怎么收田赋。

用脑子争气，培养脑子；脑子变了，就"无大过"。大过，是有害于人；小过，"过，则勿惮改"(《论语·学而》)。不讲卜卦，孔子学"无大过""知天命"。怎么知天命？没有说，光说结论：知天命。

"元"是什么？"元"如没有了解，"根"就没有明白。"培元"，然后"元培"。用《易经》的智慧，培养我们的智慧。我们要造人间的极乐世界——王道乐土。王道是什么？董仲舒曰："古之造文者，三画而连其中，谓之王。三画者，天地与人也，而连其中者,通其道也。"(《春秋繁露·王道通三》)将天、地、人串在一起的,即"中"。

好好提高自己的思想品格,21世纪是"文化中国"的世纪。物资不可恃,"文化中国"乃"奉元大同"的中国。既是一个"元",同"元",如何不大同?不在乎束发,或是披发。大同的境界:"不独亲其亲,不独子其子。""货恶其弃于地也,不必藏于己;力恶其不出于身也,不必为己。"(《礼记·礼运》)

《荀子·天论》说:"有齐而无畸,则政令不施;有少而无多,则群众不化。"赏罚必须有轻重,没有偏僻之好,没有偏僻之行,没有不正。"有多少",就有争;因多少无法决定,所以多少不重要,重要的是要"没有多少"的观念。化民,就"没有多少"的观念,过日子亦如是,没有穷富之分。群众化,根据什么?用"均""和"调解。"不患寡而患不均","和为贵",儒为"中道"在此。《周官》讲"联"与"均"。不和,焉能"联"?物产日少,人口日众,如何不争吵?

遇事,要懂得分析,知道怎么解决问题。一件事发生,即"机"之所在,应马上知怎么下手。看事要分析,知道怎么打击敌人,可使自己有利,可以如鱼得水。读一书,必须了解其人,有些思想家因为缺少勇,没有胆,就怕死,所以有成就者少。有思想,得按照思想去实行,"自试也"。

有智,没有行的胆量也没用,应按自己的主张干,但不失于"正"。《论语》任何一章,都有个"正",即标准。"桓公九合诸侯,不以兵车,管仲之力也。如(乃)其仁!如(乃)其仁","微管仲,吾其被(披)发左衽矣"(《论语·宪问》)。读完此章,得什么"正"?"止于至善","知止而后有定"。定于什么?

定于"一",止于一,正也。读书必都贯通了,才懂得"吾道一以贯之"。"止于元"境界更高,奉元行事。

《论语》一部小书,内藏多少道理。可惜丢得太多,因为"大道"以后的事不合时代,不敢记。《尧曰》篇最不可解。

百姓想保持现状,不想战争,如何做到?此乃知识分子的责任。"大同",第一件事必得处理民族问题。"被发左衽",代表未汉化之民族,解决少数民族问题的办法自此出。解决民族问题,要尊重各民族的文化。改其姓,其心中能服?谁也不侵害谁,就成了!

同行是冤家。人祸从哪儿来?"职竞"(《诗·小雅·十月之交》:"下民之孽,匪降自天,噂沓背憎,职竞由人。"后以"职竞"指专事竞逐之意),即人作孽。是论道,不是讲书。自己要会研究。人的智慧不足,有重担,就担不起。孔子是至圣,战胜百家,也是"职竞",以其职业与世相竞。"职",包含一切。孔子的事能启发我解决问题。有智慧,要能用上,但有人智不及此。太祖铸铁诏,又如何?很多人都没有真弄明白。我真明白了,盼你们好,谁好都行。看多、深入,没有那么多的痛苦。用智慧的人重视现在,就知有无穷的将来。

礼,以时为上(主),随时而转。"成于乐"(《论语·泰伯》),因为发于性,故曰"成于乐"。孔子"自卫返鲁,然后乐正,《雅》《颂》各得其所"(《论语·子罕》),证明孔子的音乐修养不得了。"五经"缺《乐经》,以《礼记·乐记》作基础,找二十五史有关谈乐处,将历代谈乐的都串在一起。音乐改变,乃人心之改变、人心之所趋。适逢盛会,必得拨乱反正。依经解经,实事求是。好好讲学,做正经事。要有志,"士尚志"(《孟子·尽心上》），强求没有办法。

领袖必须有智慧。看今天人心变得多可怕！拨乱反正，岂是空的？这个时代是什么？皆逐欲也，一旦掉入欲海，失败了就爬不起来了。周文王被囚，演《易》，失败了也不废颓。我在屋中溯本追"元"。要知道怎么用智慧，不要每天净是逐欲。不懂得失败，焉能够成功？

培元，要自哪儿入手？"蒙以养正，圣功也。"（《易经·蒙卦》）什么是正？不知正，怎么养正？"盘皇另辟天"，也得下功夫。不懂步骤，是自欺，永不知天命。养鱼，有养鱼的方法；养狗，有养狗的方法。懂得"正"了，还得知"养"的方法，才能到"正"的境界。"正"，就是性命，"各正性命"（《易经·乾卦》）。怎么养性、养命？说"养正"，把作用都讲出来了，且知"性命"的修为之术。

一个人"无大过"，多么重要！我的讲法，是四百种《易经》注中所无的讲法。怎么"无大过""知天命"？培元（养正）→元培（居正）。"大居正"，"天命之谓性"（《中庸》）。好好下功夫，你们不出十年，都是小夫子。

"大易"与《春秋》相表里，根本是一个东西。什么叫"圣功"？一统也。大一统，用"一"统天下，建王道乐土。要追究"一"，孔子"一以贯之"。孔子之所以"战无不克"，因为能够"一"。"止于至善"，即"止于一"，"正"也。变"一"为"元"，故"大一统"即"大元统"，知此，才知如何下手修。称"居一学会"的原因在此——华夏奉元居一学会，在成其圣功、居正、一统。

命，与际遇有关；性，则与环境无关，故曰"率性之谓道"。

《大学》与《中庸》相表里。光知不行，得修得行，要懂修为的层次。怎么修？养性，要用保合；培命，则用太和。"各正性命，保合太和，乃利贞"，百忍堂中有太和，自求多福即是培命，一个人多做德事，命就会好；净做缺德事，则恶报在子孙。成圣，是"致中和"的境界。

完全似是而非，怎么去修养？想，才能进步。一个人天天在智慧中过生活，多美！真深入了，可以解决一切的苦。书好好琢磨，马上就发生作用。"时乘六龙以御天"，六龙，包含终始、生生不息。

每天所负的责任：拨乱反正。是乱，就得拨；不拨，就没得正。梗概懂了，每天得认真想。这些记清楚了，能够形成一种思想。

清末讲"公羊学"的，以皮锡瑞（1850—1908）为最稳，自《经学通论》入手。

要拨乱反正，必找出一偶像人物，人必须有目标，有正。说假话、迷信的，也必须拨。即使受熊先生的启示，但是距其结论仍远。我想将《易经》的每卦另整理一遍，把大前提弄清了，都可以解释下去了。

你们再也找不到如我这般讲书的了，虽不能说透彻，但绝不骗你们。我现在亦"集大成"，中国传统思想可以完全没有"乌云"了！今天好好努力，绝对超过前人。我的系统化，是自用功来的，将中国文化系统化，始于元，止于元——体用之学，即"大易"与《春秋》。以"至圣"为法，此人绝对有思想。奉元两部书："大易"与《春秋》。"大易"与《春秋》弄通，中国传统思想绝对左右逢源！

自熊十力的书入手，可以知君主专制时代的思想皆"大盗之学"。有伪，我要订伪，才知正，才能传下去。原元，才能奉元。订元，得订"大易"与《春秋》。熊十力的指示很正确，惜其晚年身体不好。不可以欺师灭祖，以熊十力为第一代敲木钟的，在其后跑接力。成学，绝非一代两代的事。

熊十力跑第一棒，否定经书，说是"伪经"；我将之当作"肥料"，用以灌溉"种子"，写《原元》，"元"为种子。我将《原元》作为立说的根基；根本解决了，就可以造成"奉元天下"。

办奉元书院，有学可承？我再用十年，写下《原元》。如无可奉，岂非不知耻？千千万万的文章，有一可留下足以为法者？讲学，得有学可承。奉元，是抱负。争一时之雄，绝对失败，要脚踏实地。懂得历史，就知道自己要干什么，必须知道自己要做什么。本不立，绝不能成事。因有"潜龙"，才有"飞龙在天"。我天天提心吊胆，如无学可承，那讲什么学？知道自己的方向，有奋斗的目标。

《易经集成》收三百六十二种，加上《四库全书》所收的，有四百多种。有代表性的，义理方面为王弼、程颐、王夫之。仔细读，可知为什么要想。三本代表注看过了，就可以明白我所讲的价值。来注（来知德《周易集注》，下同），不过是个入门；三本代表注读懂，才步入学术研究的范畴，以之作为启示。学术的承续很重要。

中国的二胡，真是变化无穷；京剧无歌不舞、无舞不歌，真是到了化境！社会如果盲从，求真知特别难！有了智慧，什么时候都可以用。

《孙子兵法·军形》篇云："善守者，藏于九地之下；善攻者，动于九天之上，故能自保而全胜也。"别人乱，我们守；等风平浪静，我们攻。要自保，要全胜，叫你们摸不着边。言多必失。叫人知，就不发挥作用了。孔子"战必克"，"故为兵之事，在顺详敌之意……是故始如处女，敌人开户；后如脱兔，敌不及拒"（《孙子兵法·九地》）。"故善用兵者，譬如率然；率然者，常山之蛇也，击其首则尾至，击其尾则首至，击其中则首尾俱至"（《孙子兵法·九地》），多么活泼！

《大学》云："所恶于前，毋以先后；所恶于后，毋以从前；所恶于右，毋以交于左；所恶于左，毋以交于右。"左手办的事，不叫右手知道。好好精读"四书"，看孔子活得多活泼，多幽默！

遇事，上面几段多念念，要有所保留。做事绝不叫敌人知，你管的事自己知就好。知识分子是时代的安定力，而非推波助澜者。

看一爻一卦，三本代表注对着看，再看我想的是否更为周密。时不同，所讲亦不同。《乾坤衍》《体用论》为熊十力之学。《原儒》非学术，是介绍"儒"的性质。

读书，不要求快，要慢慢读、仔细读，深入、精一。熊先生自称其读书"用心深细"。为了开创未来，要好好努力，不要小看自己，但也不能骄傲，骄傲就不能深思。

我天天琢磨，想到就写。不要混日子，没意思，每天有所为，才感觉有趣味，觉得时间过得快，告诫你们不要虚掷光阴。因嗜欲深，时间都浪费了，并非不聪明。

奉元、率性、尽性、参天：此为做事的原则。"天上天下，唯我独尊"，"性"与"独"有别，"率性之谓道"，尽性，则能"与天地参矣"(《中庸》)！没用的人，不能成事。

结党营私，党同伐异，为斗之源，同金同利互斗。因人心不宁，祸患乃层出不穷。怎么解决社会问题？三三两两，群力，必须深入。愈是切题，愈能解决问题。

何以有些人无自信，对谁都不相信？千言万语就是要提高人们的文化水准，确立人的品德。孝慈义，必为子孙谋。"君子居之，何陋之有？"(《论语·子罕》)要以人文化成天下。

说话要有智慧，不要叫人不舒服，不在抢先，而在给他结论。自根上认识，才知怎么说话，内有无上甚深微妙法。就是作一标语，也要实用，令人惊心。话不在多少，要入人的心坎。做时代先锋要真，要批假显真，必有丰富的智慧才可。

每天无论怎么忙，也必须有"佚"的时间。棋琴书画，乃佚道之上者也。动中求静、静中求动，两个步骤。

《荀子·富国》："百姓诚赖其知（智）也，故相率而为之劳苦，以务佚之，以养其知也。"以佚养智。

出谋划策，必先把"利"与"害"都弄清，许多事要先考虑利害再做。一件事真彻底明白了，就会办事；不懂得利害，就因为没有脑子。遇事要冷静，多考虑就少后悔。冷静想，想透了，就知你该做什么。

书非看完一遍即完，必须深入。读之后，必须问自己：得到什么了？曾文正读书，在培养自己，造成他事业的成功。立功、立业必得有德，"有德者居之"(《中庸》)。每天必须读书，要用经史百家培养自己。

下一步怎么做，不能预设，就看"时"，得随时、应时。预设，就失败了。人的智慧不一，许多人不知社会的演变，所以不知时。如净是些扯后腿的，百姓焉知往前走？皆人之为道。有人侵害你的权利时，如你不说话，他就会得寸进尺。无论大小事，必须察微，小事没能注意，处理大事焉能注意？要随时察。"时乘六龙以御天"，在"六变"之中，不但不跌倒，还能支配天地。

"学而时习之"，学了就习，但仍有偏差，必须修之。何以都学习，而结果却有别？应根据标准——性。修性，"率性之谓道，修道之谓教"，修"率性"，用教育、教化，尽己之性，尽人之性，尽物之性。"予，天民之先觉者"（《孟子·万章上》），人要自觉了，才能成才。自觉觉人，觉行圆满。

通三统，"新周、故宋，以春秋当新王"（何休《文谥例》《春秋繁露·三代改制质文》），"因不失其亲（新），亦可宗也"（《论语·学而》），创发，"不愤不启，不悱不发"（《论语·述而》）。伏羲能发，我们亦能，要"发愤忘食"（《论语·述而》）。追本溯源，重视物之所因——根。无源，哪有一切？元，神也。立元神，奉元。

"人之生也直"，直心就是道场，直心就是火种。读书，在改变器质、习性，因"性相近，习相远"。学规矩、智慧，此乃无穷的财富。

儒家所讲，皆要解决人生问题。儒，人之需也，面对人生，解决问题，"执柯以伐柯"（《中庸》）。是人，就可以通人志，贵通天下之志。志应，人同此心，心同此理。孔子之道，成己成物（《中庸》"诚者，非自成己而已也，所以成物也"），融为一贯。

"予，天民之先觉者"，"天之生此民也，使先知觉后知，使先觉觉后觉"(《孟子·万章上》)，是"天民"，要"先觉觉后觉"。"大哉乾元，万物资始，乃统天"，元生万物，民胞物与，是"天亲"，天的亲戚。立言，是为人类，得叫人类懂为要。复，终始，"大明终始"，故曰"明明德"，要将"明之德"明于天下，使天下人知"尊生"。

整理完，可看出无一注解是对的。愈深入，会愈接受熊十力的思想。尧、舜之后，就是六君子。《礼记·礼运》以"禹、汤、文、武、成王、周公"六君子为"小康"之最，尧舜为"大同"。

《礼记·礼运》："禹、汤、文、武、成王、周公，由此其选也。此六君子者，未有不谨于礼者也。以著其义，以考其信，著有过，刑仁讲让，示民有常。如有不由此者，在势者去，众以为殃，是谓小康。""小康"与"大同"相对而言，《礼运》篇前为大同，后为小康。

真明白了，则思想会变得很深刻。学会做事为第一要义。学完，必须用上。学"求"的标准：所求乎上，所成乎中。

唐太宗《帝范》卷四："取法于上，仅得为中；取法于中，故为其下。"

元生共祖，仁无际界；万物备我，均享天福。《春秋》讲一统，一统即元统，故又称《元经》。《春秋》的政治大纲：贬天子，退诸侯，讨大夫。《春秋》的政术：拨乱反正。终极目的：天下一家。

《荀子·天论》:"乱生其差,治尽其详。""治",太平。什么要办好,都必用"详"的功夫。"治"是从"详"来的。办事周到,一点也不漏。有层次、有步骤,绝不马虎行事。得见机应事,否则"差之毫厘,谬以千里",必须慎微,小事都要正视。危险并不可怕,就怕没有渡险的技能。

"心思之艰难,所以能详;识见之详明,所以方艰。"

《易经·大壮卦》上六《象》曰:"不能退,不能遂,不详也;艰则吉,咎不长也。"来知德注:"详者,慎密也。不详者,当壮终动极之时,不能度势而行、审几而进也。既详则能艰矣。咎者,不能退、不能遂之咎也,惟艰则能详而咎不长矣。心思之艰难,所以能详;识见之详明,所以方艰。"

"详",细心,留心,详之尽。庄子说"六合之外,存而不论",看孔子多聪明!而庄子对一个人的了解,何等深刻!

《庄子·齐物论》:"六合之外,圣人存而不论;六合之内,圣人论而不议。《春秋》经世,先王之志,圣人议而不辩。"

我们之所为,没能尽其详,就盲目搞!做什么,都有一定之规。老师,既能承上,又能启下。

读《易》的目的:一、自强不息,厚德载物。二、智周万物,道济天下。三、裁成天地之道,辅相万物之宜。

文思、武德。文思,构想怎么做;武德,止戈,怎样才能不发生战争。

文之道：一、文王既没，文不在兹乎？二、法其生，不法其死。三、文之道未坠于地，在人。四、行有余力，则以学文。五、以文会友，以友辅仁。六、四方不服，修文德以来之。七、文王之所以为义，纯亦不已。文道，纯亦不已，即行健，"文王之德之纯"（《中庸》）。

武之道：全敌，神武而不杀，止戈为武，用智慧，不动武。

中国人讲天下：天下为公，天下一家。

做事必守口如瓶。智与信德，定也。见异思迁，乃没有信德，怎能有定？知止而后有定，不见异。人必须有信德，才有资格谈事。

志，心之所主，士尚志。殉志，做事对自己负责，绝不给人当走狗。志士得殉志，有实际的学问和万全的准备。圣人不能生时，时至而不失之，届时就发挥作用。作之君、作之师，为配上帝。

水，无形，随方就圆，到哪儿都合适。无形，才能应一切。书是自己读，和谁读，都没有用，否则孔子也教不通你们。不读书，才笑话百出。有些人净胡扯。因心无所主，胸无半点墨，所以顺嘴胡扯。必须自己读书，老师不能点石成金。人必得有好奇心，买了书，就应翻一翻。

来知德《周易集注》前面的《自序》《易学六十四卦启蒙》，要多看几遍。

读《易》，非为卜，不卜而已矣。今天更是非卜的时代，"行此四德者"，才是"元亨利贞"。

读书的目的，在造成心有所主，致知在格物，博学能笃志。

我在屋中能坐五十年，即心有所主，岂是任何人一两句话就能动心？何以要求学？要心有所主。有智慧的一定心有所主，发疯，因心无所主。心有所主，必有一套哲学。

读书，要有层次、有伦序。

《周易》：一、部分人认为"周"为周代，宋儒多如此解。二、东汉郑康成，以周为"周遍"义，即无所不在。三、王夫之认为"易者，互相推移以摩荡之谓"。

《易》有三：《连山》《归藏》《周易》。

《周礼·春官·宗伯》大卜：掌三《易》之法，一曰"连山"，二曰"归藏"，三曰"周易"。

"周"，恐非朝代名，古时无年代。《周易》，亦代表一个《易》。恐是郑玄解得好。要有伦有序地想一问题。

所有注解，均代表一家之言。今天要研究：画卦人刚一举手想画之际的动机是什么？如明白此一动机，就可以自根上解释《易经》。懂"阴阳""气"的观念，已是很晚了。

奉元书院讲经，是依经解经。任何注解都不该反对，其代表一家之言。言人人殊，并非金科玉律。依经解经，可以还原。

画卦，自下而上。看朱子《周易本义》的八卦图，是否伏羲画的不管，可绝对是中国人。

八卦图，衍生自《河图》与《洛书》，传为伏羲所作。其中《河图》演化为先天八卦，《洛书》演化为后天八卦，宋代大易学家邵雍根据《易经》对八卦的文字描述而绘制成图。

由一生二……成六十四卦。在那个时代，就有如此高的智慧，而今天有些人连接受的智慧都没有。

我读《易》，不下六百种，所以懂一点。越读注，越觉他懂，但我们却不懂。学生如看书，焉能不造出几个人才？

《易》是智海，绝非假话，是智慧的产物。书有古今，智慧无古今。以古人智慧，启发我们的智慧。智、仁、勇，三达德。只要是人，都得懂，行事即德。舜，大孝；周武王，达孝。通达，何不说通德？通志，通天下之志。"黄巾不入通德门"，郑康成之门。汉时，通六经为"通人"。

大陆谈"新儒"，但儒岂分新、旧？有君子儒，有小人儒。汉儒写《儒行》，《礼记》有《儒行》。

一、"古之学者为己，今之学者为人。"（《论语·宪问》）今天学电脑，为好找工作。自己有内圣功夫，心有所主了，才能成就外王之业。

二、合乎《儒行》的为君子儒，否则为小人儒。但今日用此说法，都不太合适。

三、儒无新旧，应创造这个儒，为己之所当为，绝不人云亦云。新儒讲康德，以为时髦。

四、应是时儒，"学而时习之"，达到最高境界，即圣之时者。什么叫时？"当其可之谓时。"（《礼记·学记》）

五、"必也正名乎？"（《论语·子路》）儒岂分新旧？天天都是时，要当时儒，有所得，按己之信仰往前奋斗。不合乎时，就过去了。

六、"学而时习之"，最后"得鱼忘筌"，连孔子都是。

《庄子·外物》:"荃(筌)者所以在鱼,得鱼而忘荃;蹄者所以在兔,得兔而忘蹄;言者所以在意,得意而忘言。"

此即中国学术的真精神、华夏之学的精神。

今天谈新儒,已经落伍,应是时儒,《易经》讲"与时偕行"。

《易经·损卦》:"损益盈虚,与时偕行。"《易经·乾卦》:"时乘六龙以御天。"

为学,必须抓住要点,学的路子才不错。不要抄书,诸子各抒己见,成一家之学。中国的未来要如此。

知子者莫若母,我写"长白又一村"明志。我非怕死,想再活十年,多做点事。

无论男女,必须懂得修身。昔日大家闺秀,一言一行一笑,都有分寸。

一爻一世界,一爻一宇宙。始、壮、究(极、终),终而复始。终始之道,生生之道;"生生之谓(就是)易",亦即《易》之道。天、地、人,三才之道,亦极于六。

连字都不识,又如何谈有学问?今天有些文章根本不能看。为子孙谋,你们应该好好努力。不要哪一方面皆自欺!要好好下功夫,求真知,即不自欺。

老师教大同学,大同学教小同学。几个月会讲一次,进步才快。不要当书读,拿时事印证,实学才是真智慧。读这么多书了,何以用不上?我可以增加许多方法。头脑要致密,训练、培养。看《乾坤衍》,说出六个字即知明白。必须如此练习读书,才能开窍。据一点,可以写出很多办法。不在文章好,贵乎能行。没能发挥效益,空文!

是中国人,应用中国的礼与法治国。一个人必得有其象征,中国人应有服制。

什么叫《易经》?"生生之谓易",交易、变易、不易。

《易纬乾凿度》:"易者,易也,变易也,不易也。"

"生生",自交易来的。设若无交易,社会即无"生生"。阴阳,是一东西的两面。阳中有阴,阴中有阳;阳极则变阴,阴极则变阳。变了,《易经》即变经,"不可为典要,唯变所适",适时,变,是为了适这个时。说适时,乃恰到好处;说"合适",不说"合时",此"时"非无用的,两人处得合适,就如胶似漆,两个东西套得一点空隙都没有。了解字机,才是妙处。

每天所见,日月之变,非变不可。"易"即日月,日月为易,自经文解释可知。《易经》法自然,"生生之谓易",自然界刹刹皆变。而《易经》所法的,已是形而下的了。

要懂用脑,读完一篇,真得其好处。以一公式,可以推演很多。大同,是大处同,非小处同。多读书,存肥料。读书,懂用脑,一个字都能促成功,一字诀。

元,一画成了,就是"━"了。画一为乾(━),又画一成坤(╍)。

往高处追溯元,何以普天之下同一类动物都一样?同元也。自"元"立说,即是时儒,才是人人之所需。儒,与米、火同一重要。时儒,不能落伍,才能替人解决问题。

怎么与天地合德？在宇宙间，不变的是什么？能为道贯，以性贯，不变的是人性。贯，鱼贯，用绳。读书得细心，细读完，什么都明白。不会做事，就是书呆子。做任何一件事，都有力量之来源，有原动力。耻，知耻近乎勇，"无耻之耻，无耻矣"（《孟子·尽心上》）。

我现在天天写"君子以"。"自强不息"，与天合德，你就是天；"厚德载物"，与地合德，你就是地，此王道也。"大人"，王道之实行者。孟子之所以一步抢先，因为净讲王道。王道之始，孝慈义；智仁勇，成功了，王道之成。皆在乎实行，将来要把中国治理得这么美。

圣人不和我们捉迷藏，不懂，怎么做？"大人者，与天地合其德"（《易经·乾卦·文言》），道理简单，做到可难了。中国人在几千年前，就有《易经》这种妙智慧。中国人雍容华贵，绝不走偏门。各家都有所偏，孔子则平整，因用"洗心"，没有一点偏私。我在教你们怎么读书。

善恶、好坏、成败，人同此心，心同此理，率性。做事，顺着人性做。中国最高境界的心是什么？以什么标准正心？"加吾王心焉"，以王心为己心。

我订正不满意处，要点抓住，自己可以往下看。

想最高深道理时，用什么心？洗心。用己心写书，则会有偏差。

王心、洗心、道心（率性之谓道）、己心（我心自用），有何区别？在什么地方用？一家之言，钦定。想，不可以有主观见解。学术还本位，人人可以接受。

笔记必须时常温习，还要想我何以如此说。我说明白了，一点都不费劲。

王船山自《大象解》入手，错误；应自《象传解》入手，绝无误。

人想把问题研究明白，特别难。把人生问题解答明白，就明白一切。人生多么难！人心多难测，人的性、情到底是什么？

乾卦第一

（乾为天　乾上乾下）

开始读《易经》，应先明白《易经》的结构。坊间有不少介绍《易经》的小书，可以作为参考。

"圣人作《易》，六画而成卦"，一卦有六爻。六爻，六位。卦，从下往上数，因为一切东西皆自根往上生长。六爻：初九、九二、九三、九四、九五、上九。阳爻，九；阴爻，六。一、三、五，阳数；二、四、六，阴数。当位，阳爻在阳数，阴爻在阴数。爻辞，以断一爻之吉凶，为周公所系之辞。

三画卦，上爻为天位，中爻为人位，初爻为地位；天、地、人，三才之道。"兼三才而两之"，六画卦，上、五两爻为天位，三、四两爻为人位，初、二两爻为地位，成终始之道。

"乾，元亨利贞"，乾，六画卦之名；"元亨利贞"，卦辞，亦称彖辞，传统说法是文王所作。

"十翼"是什么？《彖》（上下传）、《象》（上下传）、《系辞》（上下传）、《文言传》、《序卦传》、《说卦传》及《杂卦传》，合称"十翼"，为孔子所作。

《彖传》是解释彖辞的，解释爻辞的为《小象》，而解释一卦的则为《大象》。只有乾、坤二卦有《文言》。乾卦细读，应分出《小象》《文言》，否则不容易读。如无"十翼"，真不知六十四卦讲什么，即孔子作注，我们才明白。

我主张依经解经。讲书要马上查看古人是否说过。研究夏学要溯源，看思想是怎么来的，皆有本有源，"因而不失其亲"，懂得旧思想了，才能创新思想。

读完一卦，必须抓住要点。我讲时事，就等于讲十部书。读书主要在学以致用，"崇德、致用、广业"，"崇德"，即内圣，日行一善；"致用"，是目的，在学以致用；"广业"，即外王。是活学问，出门就要有功用。不用劝别人，就从自家开始。

《序卦》："有天地，然后万物生焉。"

"天地"，即乾、坤两卦。乾、坤是父母卦，其下六十二卦为子孙卦。熊十力的《乾坤衍》看完，再看乾、坤二卦，意境自不同。乾、坤示中国人的责任，《中庸》给人责任与方法，以之为本；其余六十二卦为术，在达"万国咸宁"。

六十四卦中，有二十六卦必读。

八正卦：乾、坤、震、艮、坎、离、兑、巽。

忧患九卦：履、谦、复、恒、损、益、困、井、巽。

"时大矣哉"卦：颐、大过、解、革。

"时义大矣哉"卦：豫、遯、姤、旅。

"时用大矣哉"卦：坎、睽、蹇。

伏羲画八卦，现代人又怎么画八卦？中国人不受传统思想约束以后，要如何看《易经》？看《乾坤衍》，玩今《易》。后人玩《易》玩得最出名的即《乾坤衍》。玩汉《易》，与玩古玩一样，没有用。瓷器无论怎么美，也是泥巴。我喜汉玉。

有人说历史是"强凌弱、众暴寡"的记录，今天应以什么观念研究历史、读历史？中国历史太悠久，人生经验多才有如此多的书。这么多书是为了什么？脑子为了有用才动。

伏羲为何画卦？"以通神明之德，以类万物之情"（《系辞传下·第二章》）。在"通"，"通神明之德"，即通天下之志。所写的书皆"类万物之情"之术，要解决当时的问题，除天下之患。大智慧必须放诸四海而皆准。今天应用古人的智慧启发今人的智慧，是活泼泼的学问，并非玩古玩。奉元书院绝不是古玩店，而是要造就有脑子的人，要造就思想家，而非古玩店老板。

智周万物，道济天下。不学有用之学，醉生梦死者，是人类的消耗品，还不感到惭愧？原来关我的人，现在太可怜了，我的恨早就消了。应按着良知做事，不要作伪。不在乎别人知，要在乎自己知否，要不欺心。我相信"善有善报，恶有恶报"。

我四十二岁到台湾地区当"俘虏"，如连近代史都不知，还能做什么？

元者，源也。欲了解源，得"明明德"。人的责任在明生生之德，即本然之善。"在明明德"之"在"字，即不可含糊。

祖宗留下无尽的财富，你们懂得享受？尽物之性，才能成为发明家。真会吃可不容易，你们有些人连吃也不会。尽己之性，尽人之性，尽物之性，是自"明明德"来的，即发挥自己性的本能。了解万物本然之善，才可以智周万物，道济天下，己立立人，己达达人，"在亲（新）民，在止于至善"。

乾，元亨利贞。

此为卦辞，亦为彖辞。

"诚者，天之道"，"天行健"，天天做，永不停止，是个圆，以"元亨利贞"作代表。贞下启元，又"元亨利贞"，没有断，是周而复始的，为四季、四德。

"易有太极，是生两仪，两仪生四象，四象生八卦"（《系辞传上·第十一章》)，所以说"元亨利贞"四德。修到"刚健中正，纯粹精"了，才能具备"元亨利贞"四德。

奉元书院的同学应在台湾地区发挥点作用，"君子居之，何陋之有"？用脑子想，为了适时，要随时立说。今天得用今人能接受的解释。

在经上讲"贞"，乃是正固。与天地合德了，则为"大人"。

我净以小人之心度君子之腹，对任何人都要试一试，看他受刺激时，还能不能有自我。聪明过度的人最愚，一点亏都不吃。人不可以乐以忘形。我是满族人，有蛮性，绝不改变。我在任何环境，皆我行我素，心有所主。养勇，勇者不惧人势，见义必为。学的是精神，会背书没有用，好话谁不会说？

有些人做错许多事，做完自己都不知。你们要好好读点书，人都得活下去，活着可不容易。人必得有真知，就因不真知才做糊涂事。知识分子是天地的良知（心），必须说真心话。

《文言》曰：元者，善之长也。

《文言》，依文以言其理，是孔子解释的。

"元者，善之长也"，"长"，长辈、长兄，"善之长"即无超于此之善，无再高过的"至善"，没比它再善的了。《大学》曰"止于至善"，即止于元，止于一，止于正。必须追根究底，懂得"善之长"，社会观就马上改变。

来子（来知德，下同）释"元，大也"，和谁比大小？此解徒生迷与惑，副作用起。做事都有正负面，负面即副作用。

孔子在"大易"《春秋》"改一为元"。"继之者善也，成之者性也"（《系辞传上·第五章》），前面必有个东西，才能继。中国是"性善观"，好好玩味，做人必不伤品败德。学得不精，则不通。将"四书""五经"串在一起，传下去。

一个字，自"灵"产生，从"灵"到"灵位"，此即文化。尽性，将本能一点都不保留地发挥出来。"人为万物之灵"出自何处？《尚书》。

《尚书·泰誓上》："惟天地万物父母，惟人万物之灵。亶聪明，作元后，元后作民父母。"

"民之所欲"亦出自《尚书》。

《尚书·泰誓上》："天矜于民，民之所欲，天必从之。尔尚弼予一人，永清四海，时哉弗可失！"

《尚书·泰誓上》云："惟人万物之灵。"《大戴礼·曾子天圆》称："阴之精气曰灵。"精灵，以灵收藏。心灵，懂得用"灵"，可比"精"者进步。

说一人"很精灵"、说"人为万物之灵"，何以不说"人为万物之精"？一个人有成就，死后称"英灵"。"灵"在人的身上，究竟是属于哪一个部位？神之精明者，称"灵"。

试将"灵"的语词写出：灵位、灵不灵、灵验、灵魂。四灵，为麟凤龟龙。了解"灵"之后，人应更有作为。我们常忽略了真的问题。称"辞灵"，何以不说"辞尸"？发引，执绋。

我释"灵"，你们必知怎么去用脑。

"大易"与《中庸》及《中庸》与《大学》相为表里。没有"止于至善"，那大家怎么学？"子帅以正，孰敢不正？"（《论语·先进》）孔子强调"正"。《大学》中谈政治，讲"止于至善"，即止于正，格致诚正、修齐治平。如此讲，马上就能实行，否则讲得天花乱坠，不能实行，就没有智慧。光会批评，自己不能力行，愚人也。一言以为智，一言以为不智。

孔子"改一为元"，元，含乾元、坤元。《文言》称"元者，善之长也"，"元"是长子、老大。"善"已经不得了，还是"善之长"，即至善。"止于至善"，即止于元。

元的本能是生，元代表一切的生机，也叫"仁"，有桃仁、杏仁等。仁，就是生。中国人"尊生"，乃懂得"卫生""利生"，爱己而爱人。"仁者爱人"，"仁者无不爱也"。

先有"仁"，后有"元"的观念。因为"仁者爱人"，先有爱。仁者，二人相偶，自"太极生两仪"，即有"爱"的观念。人从哪儿来？以此推溯至"元"。

何以"仁"是中国的道统？因生出的就两性，懂得爱，故曰"仁者爱人"，配偶。太极，即乾元，寻祖、寻根。道统，人性使然，"率性之谓道"，代代都如此传，谁也不改变。仁的父亲，即元。

对你们的期许无尽，但不自觉焉能成事？不脚踏实地用功，能骗谁？"非不能也，是不为也"，何以不争气？一个人得好好发愤图强。担心你们不往前奋斗，不担心你们笨。笨，人一己百，人十己千，虽愚必明，虽柔必强。

由"奉元"至"止于元"，终极目的在"为万世开太平"。学术是一统的，不可以支离破碎。"夏学"，学术先求统一。"奉元"，思想先求统一。有志，在21世纪将中国文化变成人人所需的。中国的思想领导时代，21世纪才是属于中国的。靠物资兴国，即出卖祖宗，因物资有限，文化则可以源源不断，人必得有先见的智慧。帝王时代绝无真讲中国思想。要正视中国思想、大一统、奉元宗，"不可为典要，唯变所适"，要适时。

《易经》是"通天下之志，除天下之患"，此指"用"而言。情，都役于物。类情，使情不可役于物，由"罔"而"直"（《论语·雍也》："人之生也直，罔之生也幸而免"）。一万人万个心，难在此。情不合，乃情没有类好。两口子犹同床异梦，"类情"谈何容易！

中国帝王制度结束了，思想也应有所转变。要造就的是思想家，不要净做抄书贼。

"元者，善之长也"，马上肯定；想明白了，懂得"至善"。

你们懂得"人"是什么吗？不识人，焉能做人？"食色，性也"，人懂的，动物亦懂。何以说"人为万物之灵"？因懂得伦。人与动物之分，"几希矣"。

许多事发生了，必有远因、近因。知识分子应沉静、有头脑，是宇宙的良知、明灯。真了解一句话，人生观都改变了！人活着，首先得对人类有贡献，其次则对国家有贡献，最低不能卖国。中国抬头了，此天时也，焉可逆天行事？

亨者，嘉之会也。

"亨"者，通也，通了就无障碍，所以是"嘉之会"。嘉宾、嘉礼（结婚）、佳偶、嘉品。嘉的礼是什么？引申义太多。

"亨者，嘉之会也"，一个人能活到"嘉之会"，能不通行无阻？凭什么"通"？嘉德之会。品德好，必多处好，得吃多少苦？社会之所以有乱象，就因为不自知，自知则少制造笑话。证严有太多的嘉德，故能通行无阻。

有人品，用嘉美之事求通。一举一动在公理上站不住，即无品。一尺可以量尽天下事，知其属于哪一类，尺不在乎多大。

读书为了明理，明理首在改变器质，用良知先衡量自己。自己对，做好，即至圣、圣人。看别人，看对事物的影响、社会的反应。对任何一事，都有其自主性，所以有不同的表态。

嘉品，不过是初步。德，必须有事功。

利者，义之和也。

义者，宜也。"义之和"，最宜之和，"礼之用，和为贵"（《论语·学而》）。孔子"罕言利"（《论语·子罕》），非不言利，《易》开始即称"利者，义之和也"，"能以美利利天下，不言所利，大矣哉"。现皆争利。

"方以类聚,物以群分",一尺可以量尽天下事,又何必人云亦云?做事业要有目标,是在"义之和",而不在赚多少钱。做医药事业,既福国又利民。

贞者,事之干也。

"贞"者,正也,"正大光明"之正。贪,即不贞,所以工程老出毛病。贞节,人人必守。不贞,什么事也干不好。"事之干",事之主干,干事长。得永远贞,必"贞固",亦即"固其贞"。有本才能用事,即学以致用,表现出四德之为用。

"贞",已经成材了。树有树干,栋梁之材必须有好的根。本立,但也必须照顾的人时常修之,年年修。小树必须修,成干可是非一日之工。

人做事如无贞德,永远不会成功。是为自己守贞,而非为人守贞。本正,加上"修"的功夫。修,本来有的东西,再加上功夫。身体、修身都达境界了,则成干才。一个人如无贞德,不必想成事。

孔子不厌其详地阐明此四德。德愈纯,"文王之德之纯"。"君子能行此四德者",必须有修养才能行此四德,故曰"乾,元亨利贞",懂此,就有人的样子。

君子体仁,足以长人。

"体"字皆功夫。"元"为体,"仁"为用。"体仁",桃仁、杏仁,仁代表生之机,无仁不生。仁,就是生。"君子体仁,足以长人",所以有无尽的爱心。

元、仁、一,"吾道一以贯之",大一统即仁统。"不嗜杀人者,能一之"(《孟子·梁惠王上》),一就是仁。依经解经,结论谁也推不倒。

"君子体仁",体"生"之道,了解"元"的道理,就可以长人之德能、智慧,己立立人,己达达人。"长人",从"小人"长成"君子",如小树苗长成大树。昔有体仁阁大学士。

同学到北京看故宫,说皇宫没什么,证明他什么也没明白。天坛的二十四柱,代表二十四节气;圜丘,地石皆九之倍数。脑子没东西,看什么皆儿戏。看人每天制造的笑话有多少?自一个人一言即可看出其素质,"一言以为智,一言以为不智"(《论语·子张》"君子一言以为知,一言以为不知,言不可不慎也"),愈多言愈没分量。

嘉会,足以合礼。

合理的就是"嘉会",合礼才能叫"嘉会"。"动容周旋,无不中礼"(《孟子·尽心下》),合于天理之节文、人事之仪则。"动",举止;"容",表情、仪容;"周",往来应酬;"旋",升降进退。"礼",天理之节文,合理,行为合天理之节文。宇宙为一大天地,人为一小天地。"大人者,与天地合其德",最高的成就"与天地参矣"。今天有些人之所以人品差,乃距此标准太远。

天下怎样能太平、归仁?复礼。"克己复礼为仁。一日克己复礼,天下归仁焉"(《论语·颜渊》),可见礼的重要。合礼,不同于复礼。《春秋》是"礼义之大宗"。礼,存于"几希"之中,人伦亦是礼。人知有伦,但是懂得伦,已经是进步太多了。刚开始,知有母而不知有父,是"坤乾"的时代。《系辞传上·第一章》即是男人向女人挑战的宣言。社会的进步是一步一步来的，由母系社会到了父系社会。

读书，是读智慧，在明理。理，条理，其本义为树理，引申为治玉，因喜玉。《说文》(《说文解字》简称，下同) 称："理，治玉也。顺玉之文而剖析之。"树，一圈一圈的同心圆轮，即理，其密度、疏度不一。玉哪有理？中国人喜玉，平时必佩玉，"君子无故，玉不去身"，父母之丧时不佩玉。

《礼记·玉藻》："古之君子必佩玉……故君子在车，则闻鸾和之声，行则鸣佩玉，是以非辟之心，无自入也……凡带必有佩玉，唯丧否。佩玉有冲牙，君子无故，玉不去身，君子于玉比德焉。"

中国人只在父母之丧、免官时去帽。

小孩可自小开始学识字，读《千字文》，至少可认识一千字。读书人要无时不求知。

利物，足以和义。

"利物"，无不爱也，利他、利人、爱人。"义"者，宜也，恰到好处。"和"，发而皆中节。"能以美利利天下，不言所利，大矣哉！"

能制欲者，非常人；制于欲者，常人也。见好的，谁不喜欢？一般人为欲所控制。

环保，乃"利物"之第一步。

贞固，足以干事。

"贞固"，立于正，正固。"贞者，事之干也"，人要是不正固，就不足以干事。

"贞固",与投机相对。说"西瓜偎大边",多可怕的思想!如何成大事?有权势者,不守贞固的左右皆哼哼哈哈,权势一过,则树倒猢狲散。何以不懂自己要干什么?一切均投机!

能择善固执者,必是智者,"贞固"为智之事。今人以乱说话为言论自由。一个人的品德比什么都重要,始终如一才能干事,绝不可以朝三暮四、朝令夕改。

中国人就讲衍生义。"贞",正也,多么圣洁的行为!不贞,滑头滑脑,投机,可能什么都能,但是不能干事。自以为比谁要得热闹,但"人之视己,如见其肺肝然"(《大学》)。为父母的,绝不叫其儿女人尽可夫、人尽可妻。"贞"的"正"是多么圣洁!有无量的圣洁。在国家危急时,则板荡识忠贞。

扬雄(公元前53—公元18),人称"莽大夫扬雄死",为莽师还感到光彩?荣与辱是相接的。真明白道理最重要。有抱负可以,但不可以失德。不贞最后必有结果,不足以干事。有见地,就有是非、毁誉。都做,有的是圣人事业,有的则是投机买卖。一个人的立场多么重要!

君子行此四德者,故曰"乾,元亨利贞"。

"乾,元亨利贞",即卦辞。文王所系的辞,即卦辞,也叫彖辞。"知者观其彖辞,则思过半矣。"(《系辞传下·第九章》)

"行此四德",是"行",而非"讲此四德"。任何宗教应着重一个"行"字,《心经》云:"行深般若波罗蜜多时,照见五蕴皆空,度一切苦厄。"

看《庄子》中《养生主》与《人间世》知其深意。"游于艺"，庖丁解牛何以刀不受损？游刃有余也。骨与骨之间有余，刀于此游。游刃，既不伤刃亦不伤骨，牛解了还有余，可以转圜。游刃有余，得有多大的修养与包容，既不伤敌人，自己也未受伤，达到目的犹有余，此即高手，乃《孙子》之"全敌"。光斗狠能有余？有余，才有转圜的空间。游刃有余悟通了，就可以达"元亨利贞"。

"元亨利贞"乃治事的不二法门，要体悟何谓"元亨利贞"。读多少书，如行为不改变，没有作用可言。今人"讲"太多，而不知"行"，故有成就者少。

注解究竟是为谁而作？依经解经，不照注解。能行，绝对能做事。形而上，生；形而下，怎样能生？仁，二人偶也，二人配偶了，一公一母才生。

社会就是善、土、丑。社会上许多问题都分层次，"大而化之"乃是不懂得层次。招灾惹祸的，都是些"骠（piào）子"。

骠子，原是胶东土话，在东北很流行，原指牲口的骠勇威猛，特指人头脑简单，四肢发达。

《彖》(传)曰：大哉乾元，万物资(取)始，乃统天(连天都统)。

"《彖》曰"，即《彖传》曰。《彖传》，孔子写的传，总结"元亨利贞"。古时解释经的称"传"。孔子赞《易》，重义理，《说卦传》曰"和顺于道德而理于义"，以道德为准，理之使合于义。后人客气称注、疏。看程传、王弼注，意境可以提升些。程传并不高明，可能是有感而发。

《易》为智海，完全看自己如何吸收。中国人聪明绝顶，由《易经》可以窥见一斑。你们读了几十年书，还不知爻辞、彖辞何谓？纵使无过目成诵之才，也必须记住。

"大哉乾元，万物资始，乃统天"，没有一样东西不是自"乾元"来。"乾知大始，坤作成物"。"大明终始"，生生不息。生生，终始，"六位时成"，并非固定的。始、壮、究（极）。天，往上看；人，左看右看；地，往下看。六位时成，时乘六龙。

会背，也未必会断卦，有两个看法到底是哪一个对？断卦难，一失足成千古恨！想要捷足先登，但是脑子不清楚，就出问题了。

时代转捩点的两卦：蛊、随。蛊了，"干父之蛊"，必须有一气魄者来面对天下。非一人，必是一帮人，所以接着随卦。每一卦皆智慧，如何面对天下？随，亦必至高智慧，否则偶一不慎则成扬雄。

有些人什么也不懂，真是谦德有余，得的有数。人如无知，应启发他们，要造就自己，更要造就下一代。说"以退为进"，如人皆知，那智慧如何能超人？本身不努力，如何教好下一代？

自"大易"学智慧，自己再有系统地读书。喜法家，就一个月读法家。一早一晚必须读书，不要如同獭祭鱼、猫祭鼠，就摆着耍。看书要有系统。论政类多看历代名臣奏议，其中佼佼者即董子（董仲舒）《天人三策》。

《大学》之"大"乃名词，即学大，"唯天为大，唯尧则之""大人者，与天地合其德，与日月合其明，与四时合其序"。深究《大学》一书到底在讲些什么。《礼记·礼运》"大道之行也，天下为公……是谓大同"，《大学》讲修齐治平，天下平亦即大同。所以《大学》应是讲"大道之行"。依经解经，可明白了？

每天多用脑想自己的事，不必想人家的事。以前人不能想，敕（chì，帝王的诏书、命令）修的怎能改变？现在是"天修"，要从头至尾想。21世纪应盛行中国的思想，"华夏、奉元、咸宁"，出手绝对大器。华夏，在古代类似今天所说的"国际"。夏、诸夏、华夏，分为三个层次。

这一章是中国思想最重要的。"大哉乾元，万物资始，乃统天"，"至哉坤元，万物资生，乃顺承天"，乾施坤受，两性的自然发展，此即《易经》。八卦，一家八口，即乾坤的成绩。

"大哉乾元"，"大"乃赞词，至大无外；"大哉"，赞叹，两个合在一起，意义亦不同。"乾元"，非元。乾、坤，是一个东西的两个作用。元，乾、坤都有元的成分。"大哉乾元，万物资始，乃统天"，"乾元"为始万物者，要了解"始"字的作用。一切都自"乾元"始的，连天也统在内。"万物资始"，天下万物皆同元，父母是孩子的"资"。"乃统天"，连天都统，突破"天地生万物"，即以天地为万物之母的迷信，因天地亦为万物之一，所以也被"乾元"管理。"万物资始，乃统天"，连天在内都统于"乾元"，形形色色皆源自"乾元"。区区几个字，就将宇宙交代完了。

"始"与"生"有别。乾，资始，始物者；坤，资生，生物者。乾施坤受，受精了，乾始坤生。乾坤，始生万物者，故讲合德，"阴阳合德，刚柔有体"。"阴阳"一词，母系社会留下的，是"坤乾"的时代。

"保合太和，乃利贞"，好好用方法保存我们这个体。有肉体之后，天天习气功、养生，使有形的东西无所损。

《易》有三"易"：《连山易》《归藏易》《周易》。"吾得坤乾焉"(《礼记·礼运》:"吾得坤乾焉。坤乾之义,夏时之等,吾以是观之"),可见孔子犹看到《归藏易》。

《周易》的《系辞传》一开始说:"天尊地卑,乾坤定矣!卑高以陈,贵贱位矣!"即是父系社会的宣言。

"乾以易知,坤以简能。易则易知,简则易从。易知则有亲,易从则有功。有亲则可久,有功则可大。可久则贤人之德,可大则贤人之业。易简而天下之理得矣。天下之理得,而成位乎其中矣!""易""简"是什么东西?

云行雨施(布也、惠也),**品物流形**。

怎么来的?云、雨代表什么?云、雨,乃是自然界成长之所需,动植物无云、雨则无法生长。"云行""雨施"代表两个动作,才能"品物流形"。

"云行雨施"为象,虽看不到,是功夫、步骤、层次。讲看不见的道,是想出来的,前人所构思出来的,解释万物生生的方法。

"品物流形","品物",一类一类的东西。"流形",经云雨之构,物各以其类而生生不息,目之所见的形形色色,都是"云行雨施"的成果。

"云行雨施,品物流形",道尽了天下之生机,自然界的形形色色皆自"云行雨施"来的。

大明终始,六位时成,时乘六龙以御天。

《易经》并无神秘,就讲人生。

"明",亦即生命力,可以终始、生生不息,故曰"大明终始",加"大"字,亦为赞辞。

何以生生不息?要如何干事?寻根,自有形的东西往上找,终归之于"明"的力量。有追根的智慧,用聪明睿智去了悟,看接受的有多少。

"大明终始",终而复始、生生不息,是"明"的作用。生生不息的成就是什么?即明德。何以要"明明德"?《大学》在学大、学天之道,即"在明明德",明生生不息之德。天之德好生,要明"天之德"。由此可见何以《大学》与《中庸》相表里。自此看中华民族的思想与精神,根本是活活泼泼的,古人头脑之致密,真是没法想!

"六位","旁通情也",不只是正面一个思想而已。"六位时成",按"时乘"六变,如乘牛马,六变为人所控制。因人有"御"之术,御世、御事、御夫、御妻……御天,御天下事,即乘变御天。六变,包含无尽的变;六爻,代表终始。六位时成,"六位"代表无穷的终始。"时乘六龙",是我乘在"时"之上,而非时在我之上。六龙、六变,无穷的变、终始。宇宙时时变,哪可以净萧规曹随?"时乘六龙以御天",以治理天下事。

"六位时成","六位",六个"时",包含一切。除了人以外,任何东西都有时,过时即不生,所以孟子说"鸡豚狗彘之畜,无失其时"(《孟子·梁惠王上》)。生生不息乃自然之道,必然限于时辰,失其时就不成,时过境迁就一无所成。不"时",就不成。"鸡豚狗彘之畜,无失其时",是从实际体验而立说的。老祖宗仰观俯察、远取近取,比较研究,能自圆其说即可。

什么人才能把握时?没有人能生时,圣人也不能生时,但"时至而不失之",所以成功了。抓住时,就成功。一般人都过

乾卦第一

时之后才知道，是马后课。

"六位时成"，"六位"，始壮究、始壮究，此六画卦之由来。始壮究（终）、始壮究（终）……终而复始，即终始之道。三画卦，始壮究；又始壮究，成六画卦。第四爻变了，"乾道乃革"，六画成为六位，代表终始之道。六，是无尽数。《易经》要画成"六位"，代表无尽位，即无尽的终始。事情永远办不完，但是人的智慧"知所先后"，知"当务之为急"，"则近道矣"！

"大明终始"，赞"明"有终始之德，可以终始万物，周而复始。"复其见天地之心乎"，"在明明德"即"为天地立心"，明终而复始之德，即"明德"。

"乾元"里头有"终始万物"之机，即明。"在明明德"，明之德即"终始"，明白"明之德"，才知感谢天地之恩，知道要环保。中国人在几千年前就有这么致密的思维。朱子将"明德"解为"虚灵不昧"，如有一天"昧"了，那怎么办？

"时成"，皆以时成，而非人为的。人每天都有潜时、飞时，必须善处之，要"时乘六龙"，时乘六变。六位、六龙，即代表六个变，要按时乘这六个变，以控制、驾驭、领导天下事。我们并不是故意要造谣，乃是要"时乘"。统天，就能御天，能驾驭天下事，才能智周万物、道济天下。

《易经》以"未济"终焉，即永远生生不息。夫子说"吾道一以贯之"，没能"一以贯之"，即非夫子之道。

你们要下功夫，就怕心残！现在台湾地区少年犯罪的多，这么下去怎么得了？你们学了，有机会要好好讲学，使小孩知道怎么做人，不是读书会背就完了。今天台湾地区的年轻人脚步都乱了，已经陷身的这帮人，绝无才能解决问题。每天要设想怎么办、怎么解决眼前的问题。台湾地区的教育问题最为严重，必须想如何解决家庭教育、学校教育、社会教育问题。

乾之大能，统天；人之大能，御天。民为"天民"，与天地同辈，故"大人者，与天地合其德"。元，含两个性——乾、坤，亦即阴阳。"乾刚坤柔"（《杂卦传》），"阴阳合德而刚柔有体"（《系辞传下·第六章》），生生不息！多么符合今天的科学观。

每个人都想成名，都喊得声嘶力竭，但是没有作用，应"求为可知也"（《论语·里仁》），此为成功的不二法门。将来必须有知人之才与知人之智。有千年的道德，则千年不忘你，不要钻尖取巧。

不正心者，在我这儿绝对待不下去，因为绝对达不到目的，所以我这儿绝对不出问题。一个团体几千人不内讧，不容易吧！我笨，就"要有所用，必有所试；如有所试，必有所悟"。没有绝对的认识，绝不叫他入核心。许多事是怎么发生的？潜时必潜，真能潜才能"确乎其不可拔"！嗜耍小聪明者，达不到目的就走了。不要什么都不做，就想巧取豪夺。著书立说，能传否？应努力做自己当做的事。

人有时会捡便宜，但是不成。孟子之所以成为亚圣，乃受帝王之利用，就"道性善，言必称尧舜""乃所愿，则学孔子"几个字。但孟子有何成就？我此话之余意何在？有些人脑子就是张白纸，怎么能应世？

荀子的成就如何？他有两大弟子——李斯、韩非，成就中国的大一统。中国大一统是传统思想，只要中国不亡，无论谁当政，仍是大一统。必须知时识势，识时势者为俊杰。秦孝公用商鞅强秦，秦始皇用李斯使中国走上大一统的道路。真有雄心，要好好研究《荀子》。

荀子曾为兰陵令，有治绩。当年，有几个同学弄一篇《荀子》，就弄了几个月。研究一人，要了解其背景、环境，然后看他如何形成其思想、功夫。真明白了，一辈子就成功了。

秦二世不用赵高，不会糟糕！李斯创小篆，简化文字，有文字统一的思想，将中国变成大一统。李斯的著作没有了，学《韩非子》要好好下功夫，以曾文正运用得最妙。

孟子雄辩，苏轼专学《孟子》，文章的气势好，但没有什么道理。治国平天下还是《韩非子》，历代多半阳儒阴法。

《坛经》自己即真佛，心外无佛。成功的思想家无不从自身做起，东骗西骗、逢迎拍马，能有出息？中国有读不尽的东西，是吸取不尽的力量。

今天应还"元"，不要敕修的东西。我天天不厌其详地喊，希望中国能出更多的思想家，属于智慧、思想的就不得了，此必须有术。

《易》为智海，必须好好深入，每句话都可以写一本书，称为"夏学"，因一举一动皆有来历。人必得穷，往前走疑无路，柳暗花明又一村，整个宇宙都在内。

乾道变化，各正性命。

"乾道变化"，含有无量义，来注（来知德注，下同）："变者，化之渐；化者，变之成。"坤道没有变化，就生，靠乾来变化。万物皆从"乾道变化"而来，万物由此"各正性命"，卫生，要生存。

"成性存存，道义之门"，在于是否存心。命、性、心，三位一体。"各正性命","各"字用得好，每个都不同，各有其德能，天无弃人、弃物。"性命"，看《孟子》释性与命。正无数的性命，万物正其性命，动物、植物、矿物皆在内，必了解之，才能尽其性。人皆有尽性之智，能尽己之性，而后能尽人之性、尽物之性，结果与天地参矣！宇宙为一大天地，人为一小天地。

悟通了，每天做的事才有价值。"各正性命"，与生俱来的智慧，发挥自己性的本能即尽性，尽己之性；了解人、物，尽人之性、尽物之性。改良物种，乃是能尽物之性，了解"乾道变化"。

见贤思齐，师承，并非造谣生事，而是能自圆其说。没有接受的智慧，就不能接受。

乾之精变了，"乾道变化"，改造了。尽性，了解性命的智慧，而后能从心所欲。会办事，乃懂事应怎么办，有一套的方略、办法。

读《大学》，三纲领、八条目。首在"致知"，"致知在格物"，得格物，物研究好了，"物格而后知至"，将良知发挥得淋漓尽致。智慧无古今，将之作为"培元"用的肥料。不读古人书，哪有"元"的肥料？没有肥料，"元"哪能新生？

保合太和，乃利贞。

来子注："保者，常存而不亏；合者，翕聚而不散。太和，阴阳会合，冲和之气也。"这个注能用上。自"乾元"来，生出了，生来什么样就存什么样，教养即"保合"功夫，"保合"在己。"太和"养命，乃是父母的事，胎教亦属于"太和"的功夫。"太和元气"是最高的功夫。养性，要用"保合"；培命，则用"太和","各正性命。保合太和，乃利贞"。

性与命之区别何在？说"我的命好苦"，命，与际遇有关。性，与环境无关，故曰"率性之谓道"。"保合太和，乃利贞"，留得青山在，不怕没柴烧。"百忍堂中有太和"，自求多福即培命。一个人多做德事命就好，净做缺德事，则恶报在子孙。

"乾道变化，各正性命"，蚂蚁、猫、狗亦有公母，各有其性命，各正性命。天生之，我役之，"各正性命"，还要下"保合太和"的功夫，才能使万物生生不息。"保合太和"才能各尽其性，"利贞者，性情也"，能尽其性，"发而皆中节"，此时情即性、性即情，才利于正固，达到目标，健健康康的。古代历史上有不少政争皆为情欲，无几人为百姓谋幸福。

"保合太和"，是达到目标的历程。"保合太和"，保住与生俱来的"和"才能达"太和"的境界，如此，乃利于正固。"直养而无害"(《孟子·公孙丑上》)，即"保合太和"；不合理，即曲养而害之。适其性、顺其性而养，才能保合太和。

成圣，乃"致中和"的境界，"喜怒哀乐之未发，谓之中；发而皆中节，谓之和"，"致中和，天地位焉，万物育焉"，"致"，不落空，"致中和"，使自己表现"中"、表现"和"，天地之道位于吾心，万物役于吾行，天生物，我能役物，使之尽其性，则"可以赞天地之化育"。天地有生物之德，我有役物之功，使之无废物，"则可以与天地参矣"(《中庸》)。

从"各正性命"，到最后"与天地参矣"。知道怎么去修养，想，才能进步。

一个人如果尖酸刻薄，应学坤道之"厚德载物"。贫不怕，"贫而乐"，要乐天之道，即乾道之"自强不息"。孔子按易理去做，所以"不卜而已矣"。遇事，十个臭皮匠胜过一个诸葛亮。

首出庶物，万国咸宁。

人人皆有士君子之行，人人皆可以为尧舜，各有其德能，则"选于众"，出一元首，结果"首出庶物，万国咸宁"。"元首"出自众人，万国皆宁。人人皆可以为尧舜，"见群龙无首"。每个团体都有首，当家的得出于众人之中才能太平。团体的领导人如不是大家选出的正直之士，绝对不安。人人皆有士君子之行，人人皆可以为尧舜，各有其德、能。区区几个字，道尽了人世（事）。

"首出庶物，万国咸宁"，天下一家，"见群龙无首，吉"。

试问自己：我能做什么？退而求其次，为你们办福利社，但是后面未必能跟上。活时都反对，死了才想用，已经过时了。

《文言》曰：乾元者，始而亨者也。

"始而亨"，使生下的东西，都能完整无缺地生长，没有障碍。这可不容易。

中国人讲"情"，要通德类情。性，中也，喜怒哀乐之未发；发而皆中节，情。中节，性即情，情即性。"君子必慎其（己）独也"（《大学》），"天上天下，唯我独尊"，自隐、微研究独。"中也者，天下之大本也"（《中庸》），"人心惟危，道心惟微；惟精惟一，允执厥中"（《尚书·大禹谟》），"惟危"必昭德，"惟微"必自照；"精"与"杂"相对，精一不杂，不二则唯一；"允执厥中"，拳拳服膺，其心三月不违仁。

做学问，不必净抄书。五十年来我好好讲自己的学，我现在做事是为了修行，看自己还有多少私心。练习做，要有群德。办福利社，百事非才（财）莫举。我识时，但不强求。无私心，为大家做事。

有些人每天不知自己做什么，连家都没有弄得舒舒服服。家应具有吸引力，如连生活都没有摆弄好，还谈什么福寿康宁、人人满意呢？

有些人连封信都写不明白，如何做事？未入流，非当官就入流，学者净抄书也未必入流，是"学抄"。活着要"与时偕行"，即适时，何以要逆时而行？识时，时有先时、治时、因时、违时。我倡夏学、奉元，皆先时。

你们哪一个从头至尾好好读"四书"了？好好努力，不要一开始即"学为奴"，将相本无种，人人当自强。"吾少也贱，故多能鄙事。君子多乎哉？不多也"（《论语·子罕》）、"吾不试，故艺"（《论语·子罕》），孔子失业，没人用，乃拼命学艺，被冉求学去了，故"求也艺"（《论语·雍也》）。

没有比人再可怕的，死人已经不能动了，还怕什么？要是有鬼，那被杀的何以不自己报仇？"活鬼"才可怕，明知要"直道而行"，却必"罔之生也"。学圣贤，以为你可欺也。

利贞者，性情也。

"喜怒哀乐之未发，谓之中"，即性；"发而中节，谓之和"，性即情，情即性。"利贞者"，万物之性情。表现的都是情，如发而不中节，就坏。不分男女，都必须有智慧。

夫妇既是结婚了，何以没有真情？如此，焉能如胶似漆、情投意合？看《浮生六记》是怎么动情的？夫妇之密，有过于

易经日讲

画眉者。

昔日"四书"会背了,老师才能开讲,前后才可以串在一起,融会贯通。"曰",口里吐一口气。学问是个思想,绝没有白得的。人真明白,很不容易。人皆役于物,故得"类情"。道家找真人,因为没有真人。

有些人何以过不了"食与色"?康熙帝修承德避暑山庄,行宫修得如同民房,"八大庙"才美。如是战争要花费多少钱?修完避暑山庄、八大庙,解决了边疆问题。

避暑山庄,又称承德离宫,从康熙四十二年(1703)开始建造,至康熙四十七年(1708)已初具规模,成为清朝皇帝的夏宫。

避暑山庄与周围寺庙构成了紧密关联的有机整体,风格迥异,山庄内朴素淡雅,周围寺庙金碧辉煌,是清朝北京以外的第二个政治中心,又是接见边疆少数民族政教首领、处理民族关系和接见外国使节的地方,对安抚和团结中国边疆少数民族、巩固国家统一起到了重要作用。

大家要修"思想的长城",要有智慧。

类完情,才知什么是渣滓,应除之。想除天下之患,要怎么除?自何处入手?类完情,才知天下之患,才能除天下之患。

明知不懂,照讲,可以懂多少?玩味,还可能有所得。被名利所支配,即役于物,"罔之生也",想"幸而免"(《论语·雍也》)。

尽性,最后"可与天地参矣",与天地有同功,天地人三才之道。"鼓万物而不与圣人同忧"(《系辞传上·第五章》),自然界生万物后，就不管了，睡觉去。圣人有忧天下之心，比自然界还操心，层次不同。神农尝百草，役物而忧，"先天下之忧而忧"，可以解决问题。

乾始，能以美利利天下，不言所利，大矣哉！

"乾"与"乾元"有何不同？"乾始"，始万物，"大哉乾元，万物资始"。"乾"是什么？每句皆要深入了解。"元亨利贞"又是什么？要一样一样去体悟。

"大哉乾元，万物资始"，"能以美利利天下，不言所利"，天下最美的利。"不言所利"，即"生而不有，为而不恃"（《老子·第二章》）。伟大在"不言所利"。中国经，什么经也比不上。

止于元，奉元，"止于至善"。孔子改"一"为"元"。正，止于一。"天得一以清，地得一以宁……万物得一以生，侯王得一以为天下贞"（《老子·第三十九章》），则天下平。孔子读书，也是一步步来的："得一"后，称"吾道一以贯之"；其后，再进步，改"一"为"元"，"大哉乾元，至哉坤元"，"元者，善之长也"。

孟子"万物皆备于我"，"不言所利"才能伟大。讲天下一家，必自奉元一家始。有意见应沟通，要懂面对环境。你们赶上了中国的胜世（先有胜世，才有盛世），一千年绝不软弱。必须识时。

任何东西都必得深入，要知其所以然。不知其所以然，就不能解决问题，"知所先后，则近道矣"（《大学》）。

有些人就是自欺，建设不易，毁灭容易。要好自为之。要深入了解自己，知其所以才能解决问题。巧取豪夺、里外勾结，

易经日讲

盗来人家的东西，说是自己的，与强盗无异。

应正视、认识一个问题，如知一问题之先后，就敢下结论。

做事应冷静想，遇事必须知所以先、所以后，要认识"所"。任何一句话，必须追其所以。

很多人在我面前说话，皆语无伦次，令人"望而生威"才叫辣。有些人自以为不错，还"嫩"得很！要做有价值的事，时间有限，"养浩然气，读有用书"。

能者都用大才，一个比一个强。我喜欢每个人都有发挥自己的机会，启发他们活用智慧。名字新，骨子仍旧，各为其私，还是争利，利令智昏，忘了一失足成千古恨。

必须真知，要知其所以。"君子体仁足以长人"，体仁、长人都是"以美利利天下"。不把一些关突破，很难有成就。要斩三关：名、利、色。真想站住，必得斩三关。"本立而道生"，本立了，再谈其他政治抱负。睁眼说瞎话，谈历史闹笑话。

"太极是生两仪"，就卦而言，则是"太元是生两仪"，太元，含乾元（阳，男）、坤元（阴，女）。"易"即生生，"生生之谓易"（《系辞传上·第五章》），"乾坤，其易之门邪"（《系辞传下·第六章》），懂此层次，就可以建设许多哲学思想。

"大哉乾元""至哉坤元"，有父母的东西，六十四卦就可以串在一起。背起来，真明白，是每天做事的生命力。

"阴阳合德，刚柔有体"→"乾坤，其易之门也"，男女，其易之门也，阴阳，其生生之门也。"大明终始"，即明，是终始的原动力。"大明终始"，因为明太伟大了，故称"大明"。"在明明德"，体；"在新民"，用；"在止于至善"，终极目的。做一事的终极目的是什么？分析环境是否可以用到。生出有形的即德，是自"明"来，故曰"明德"。"明明德"了，大家受到影响，即是"新民"。

怎么"明德"？将明之德在自己的身上表现出来，即"尽己之性"，将本性大的作用都明之于天下。如大家都"明明德"了，焉会有战争？"新民"了，即尽人之性。重视人性是第一要义，则绝无乱伦、败德之事。

大哉乾乎！刚健中正，纯粹精也。

"大哉"，赞词。"乾"，具有"刚、健、中、正、纯、粹、精"七德，人修至此一程度了，才叫"乾"。

什么都不缺，就缺此七德，所以叫缺德鬼。无欲乃"刚"，因此能"健、中、正、纯、粹、精"。弄清此七个字的意思，则不成圣也成圣。

什么叫"乾"？读完，要马上能用。乾，健，"君子以自强不息"，"刚、健、中、正、纯、粹、精"每字皆可用事。要做活学问，不要做死学问。旧时代，味精是将黄豆芽煮烂后冷却，即提炼，其味鲜，即"精"也。"粹"，出类拔萃。要深究，才明白字义。

人修至此一程度了，才叫"乾"。好处皆自家拿，即无"刚健中正，纯粹精"。人愈是有德，愈觉自己无德。无欲乃刚。"健"，自强不息。"纯粹精"，一点也不杂，不惑不欲。

乾、坤两卦讲多少遍了，但未见同学在行为上有进步，必须能用。《易经》是教人卜卦的？不卜而已矣，"不恒其德，或承之羞"（《易经·恒卦》），吉凶何必卜，完全操之在己。

术数，占，蓍。"极数知来之谓占"（《系辞传上·第五章》），必极数，才能知来。以中国人的智慧，如再成笨人，那真是对不起老祖宗！

经"刚、健、中、正、纯、粹"六步功夫，所得即"精"。"人心惟危，道心惟微"不怕，就下"精一"的功夫。"人心惟危，道心惟微；惟精惟一，允执厥中"十六字真言，就在《古文尚书·大禹谟》中，所以，我不谈今古文，称"夏学"。

宇野哲人是我的老师，能用中文写中国哲学，宇野精一为其儿子。

宇野哲人，现代研究中国哲学最有成就的日本学者之一。1900年东京帝国大学毕业后，历任东京高师及东京文理大学教授。1931年出任东京帝国大学文学部部长。为学严谨，唯处事温厚，素有中国儒家之风，颇为士林所推崇。

无知，绝非一天能够教育过来。我在台湾地区喊了五十年，不知喊出多少有良知的人。有良知、有人格才能为子孙谋幸福。人彼此不信任、不尊重，能谈问题？遇事，要知要点。台湾地区缺的东西太多了，既是求福利，就要请其以有余补我们的不足。

既是"精"，那得经过多少道手续？经过的几个层次：刚、健、中、正、纯、粹→精。真有志于学术，得将学问在脑中融会贯通，不可以照书一句一句讲。叫你们好好读"四书"，如对经书都不熟，又如何依经解经？净无病呻吟，讲完，大家哈哈大笑！

"刚"：无欲，无欲乃刚。人有欲，太可怕！无欲，才能刚、才能健。

"健"："天行健"，则天，"君子以自强不息"。中国人的精神：则天、法自然。

"中"：把持"喜怒哀乐之未发"的那一刹那。存其本然之善，性，"喜怒哀乐之未发，谓之中"，"允执厥中"，诚诚实实地抓住那个未发之机。"发而皆中节，谓之和"；抓不住就发，不中节，乃"乱"。"致中和，天地位焉，万物育焉"，此时，性与情合而为一，体用不二。

"正"：止于一。"元者，善之长也"，止于一，止于元，止于至善。奉元书院，即止于至善书院。"人心惟危，道心惟微"，正危、识微，谈何容易！你们会做事？懂得做事的步骤了，可是几十年的工夫。

"纯"：不杂，最好的丝线，纯一不二，"文王之德之纯"。

"粹"：到什么阶段了才叫粹？精粹，淬炼。

经过这些步骤，所提炼出来的"精"，只剩下一点，味精，不掺杂任何东西，纯本色。人的本钱——父精母血，神是用。精、气、神，人之三宝。精，不单是动物有，植物亦有。

明白真理，才能做思想家。孔子"吾道一以贯之"，可能是受老子的影响。到"五十以学《易》"，乃"改一为元"，此即董子所谓"唯圣人能属万物于一，而系之以元"，思想往前进，更为圆融。

蒙卦"蒙以养正，圣功也"，"养正"，岂是嘴说，净花言巧语？没有"养正"，焉有"子帅以正，孰敢不正"的功夫？"养正"的人，就不会有不正的事。邪的过去，正的就出来。

"元"，能生一切；"一"，不能生一切，因"道生一"。"止于元"，即奉元行事。如此讲，每一个皆为处事的不二法门。

为学的第一步即启蒙，要"蒙以养正"，慢慢地就达"圣功"了。人"得一"了，乃御天、乃统天。

必须深悟了，才能深得。现在有些教授什么都有，就没有一部书，这些人缺少"深"的功夫。如果能脱离肤浅，犹能为社会做点事。现在必须重建"华夏精神"。读书有不明白的地方，要将之凑在一起，慢慢悟。

送我燕窝，懂燕窝是怎么来的？还不如送我一包花生米。做事何以没有头脑？做事必须先用脑，看有无价值。必须懂得实事求是，否则花钱是冤大头。知己贵乎知心，送礼不在钱多少。我净吃土玩意儿，不吃的都是现在最时髦的东西。

六爻发挥，旁通情也。

《易经》第一个卦中谈多少情，此乃人性之所必发。不反对食与色，但不能不懂得食色之道。

"旁通"，错，交错。有"精"，就得有"情"，"旁通情也"，蝴蝶为花"旁通情"。"旁"字用得最妙！"六爻发挥"，指生生不息，目的在"旁通情"。

情"发而皆中节"即"和"。儒家讲"情"字，《易经》的"情"字重要。画八卦，在"以通神明之德，以类万物之情"。违情，即违天理。中国人讲情的世界，各有所爱，无法说谁对谁不对。

中国人的思想最合乎"人性"了。打架，即没通情，没有"旁通情"的修养。"圣人贵通天下之志"，如何通天下之志？六爻之变，时、位都不同，随时之变，以治理天下。唯变所适，哪有一成不变的事？

尽己之性，尽人之性（领袖），尽物之性（发明家）。物，包含人、事。如已经是死棋子了，如何当领袖？做领袖要有"旁通情"的智慧。六爻，错综复杂，既为"文"又为"章"，即"旁通"之发挥作用。

"六爻发挥，旁通情也"，"情"字在《易经》中特别重要。通德类情，懂得类情，就懂得组织的要素。孙中山说"组织就是力量"，有力量才可以"时乘六龙以御天"。

我这儿没有起过纷争，因为自始即不许搞小组织，我没说一句话就解决问题了。千万别太幼稚，以你的智慧衡量天下绝对失败。

时乘六龙，以御天也。

"乘"，骑在你身上，何等气派！就是龙也乘你，此为中国人的豪气。"六龙"，六个时，代表六个变，以六变喻宇宙之变。"御天"，统天。了解主、客观环境了，才能御天、御天下事。

必须深思，用心，你们需用智慧应事。你们什么都有，最缺的是脑子。从宁静中求进步，焉能天天制造是非？想成事，必须有点"真"，直人即真人，"人之生也直"。

何以要乘变御天？要随变以治理天下，否则为"生乎今之世，反（返）古之道"（《中庸》）。要"不可为典要，唯变所适"。

必将"四书""五经"串在一起，用白话，必须人人看得懂才叫好。如真想有所成，必"求为可知也"（《论语·里仁》）。我至今方能将"四书""五经"串在一起。

你们应按自己的智慧分析一家思想。讲，是要使人得好处，现在把《易经》讲得连孔子都不懂。我绝不讲迷信的话。释迦最明白时讲《金刚经》，必须发挥中国思想的精华。

中国有丰富的资源，什么时候天下才能丰衣足食？旧时中国百姓苦，是几千年专制造成的。君主专制时代，百姓干一年，不如官家用一餐，官吃一口点心，吃掉百姓几担米。

你们懂了，再看注，才知注的无用，根本不知讲什么，讲得拉杂。我讲的无一句不是经里的话。留的东西不够境界绝不留，做学问必须负责。历史内容多，必挑出要点，中国传统思想要纠正的东西太多了。以前必须照朝廷的意旨讲，但几千年中也有不少的怪人。

我不完全主张熊十力所谓"六经都遭窜改"的说法，如此，岂不是都要放一边了？可能被改了，但仍是中国东西，据此做研究。今天上哪儿找孔子的原文？我称"夏学"，因为无论怎么改，仍是中国的东西，据此看古人怎么想，故称"华夏思想"。据此了解中国思想是什么，不必做法官审判。

你们要发心，喜子书的自法家整理起。别好高骛远一把抓，只要有一件事做得有利于后人就够了。证严救人的身体，我们要救人的灵魂。中国东西要特别整理，必须发特别愿力。整理会有人批评，但也可以用脑子。

你们生的正是时候，可以对国家有贡献。你们这一生，中国不会坏；我那时代，中国到处是租界、巡捕。当时年轻人咸认为不撵走外国人不是男子汉。你们应善用智慧，你们赶上的时代太好了。

我十三岁就到日本，老管家五十多岁，有事还要问我。那时，不是留日，就是留德。溥心畬留德，得博士没用，乃画画。你们不必妄想，千万别走错路。没有大抱负，就好好过太平日子。中国共产党把国家弄强了，外国人不敢再在中国发狠。

成立"国际儒学联合会"不错，但是名字不太好，可以慢慢地改进。儒、法二家特别重要，应当好好整理。曾文正自《韩非子》入手，不太敢碰《荀子》，因为不容易研究，必须一层一层地剥皮，此绝非急功近利者所能办到。

许多老先生光知中国东西有问题。王国维是杂货铺。郑孝胥（1860—1938）只在教学上下功夫，并没有深入。他们都有专学，但是没有将之系统化。熊十力则另开新路子，有智慧，给后人启示。儒家思想看自哪个观点整理，必须给后人以启发。

人要知耻，就成功。必须以中国思想作为精神基础，自己实际去做，自根上着手，随时随地做。

太乱、没有本，弄得人心惶惶，绝非善策。"世海茫茫，升沉殊易。前途如何，在乎自励"，解决问题必须善用智慧，即用"聪明睿智"。大家要分头并进，将这艘船定下来，最怕的是庸人自扰。

读书了，生活方式绝不同于没有读书的。必须善用智慧，冷静地自己思考。要学就实学，以增长智慧，学完必与别人不一样。应今天学，明天用上。

云行雨施，天下平也。

必"云行雨施"，云、雨不失其时，有客观环境才能五谷丰登。

在屋中写几篇文章，就能使天下平？

"天下平"，是中国王道思想的最高境界。《大学》时谈"天下平"，或是谈"平天下"，乃一字之转。

好好卸脱君主专制时代的思想。"自禹而德衰",禹传子,必得改变"尧舜公天下"的思想。孔子称《武》乐"尽美未尽善也",有深意。在帝王思想盛行时,不讲尧、舜,称文、武。自文、武之后,"臣弑其君"者多,故孔子称"非一朝一夕之故"。

孔子讲《春秋》,说"三世必复,九世必复"。"三世",即夏、商、周,孔子生于周,已历经三世,要复尧、舜之公天下。三世不能复,说九世也必复,即永远必复。今逢胜世,却不识时,还要卖国,结果不会有好下场。好好读历史,可以作为警示。

我在台五十年,没有为人坐台,也没有站台过,更没有为文,也不接受访问。一生最看轻名与利,认为名与利多了是累。

二老奉安,实不必太费脑筋,何不仿孔子"携子而不抱孙",将两人合葬,将前面房子修成祭殿,如此,既不费劲,也不浪费。清东、西陵各埋五个,东北老陵(永陵)埋得多,多半是凶死的,太祖以七大恨告天。

大金国主臣努尔哈赤诏告于皇天后土曰:

我之祖父,未尝损明边一草寸土,明无端起衅边陲,害我祖父,此恨一也;明虽起衅,我尚修好,设碑立誓,凡满汉人等,无越疆土,敢有越者,见即诛之,见而顾纵,殃及纵者,讵明复渝誓言,逞兵越界,卫助叶赫,此恨二也;明人于清河以南,江岸以北,每岁窃逾疆场,肆其攘夺,我遵誓行诛,明负前盟,责我擅杀,拘我广宁使臣纲古里、方吉纳,胁取十人,杀之边境,此恨三也;明越境以兵助叶赫,俾我已聘之女,改适蒙古,此恨四也;柴河三岔抚安三路,我累世分守,疆土之众,耕田艺谷,明不容留获,遣兵驱逐,此恨五也;边外叶赫,获罪于天,明乃偏信其言,特遣使遗书诟言，肆行凌辱，此恨六也；昔哈达助叶赫二次来侵，我自报之，天既授我哈达之人矣，明又挡之，胁我还其国，已以哈达之人，数被叶赫侵掠，夫列国之相征伐也，顺天心者胜而存，逆天意者败而亡，岂能使死于兵者更生，得其人者更还乎？天建大国之君，即为天下共主，何独构怨于我国也？今助天谴之叶赫，抗天意，倒置是非，妄为剖断，此恨七也！

欺凌实甚，情所难堪，因此七恨之故，是以征之。

我回去住老陵，肃静。西陵最没有风水，第一个埋的是雍正帝，不敢与康熙帝在一起。

因为百姓"怀惠"，所以为政要"云行雨施"，即"施惠"，才能"天下平"，还卜什么？如有一群人真明白，就足以有为。"天下平"，必得人人丰衣足食，因为"仓廪实而知礼节，衣食足而知荣辱"（《史记·管晏列传》），应该好好帮助贫困地区开发当地。

"大易"与《春秋》必须下功夫，真能将之通俗化，就有作用。孔子"不语怪、力、乱、神"（《论语·述而》），我们愿学孔子之智慧，乘变御天。兑现了，百姓得"云行雨施"的益处，才能"天下平"。想要"天下平"，必自《大学》的"诚意正心"入手。

《象》曰：天行健，君子以（用）自强不息。

《大象》，解释一卦。"君子以"，皆切于生活。

"天行健"，指卦体言。乾为天，天的运行不息，就叫"健"。"天行健"，天之行健，人法天，从"天行健"得什么启示？君子用"天行健"之象来自强不息。皆自强也，非老师，也非父母督促。

"未若贫而乐"（《论语·学而》），即乐天之道，乃"医贫"之不二法门。君子应用"天行健"之智慧"自强不息"，即"人一己百，人十己千"，则"虽愚必明，虽柔必强"（结论）。天天自觉智慧不足，努力，"及其成功，一也"（《中庸》）。中国人的智慧，皆操之在己。"天行健"，此乃祖宗的智慧，半点迷信没有。

法天，则天，此即华夏精神，而非祈天。奉元，不得不承认有根，故修人祖庙：男的祖宗，伏羲；女的祖宗，女娲。

龙，可没有区别，不分大小。但因时、位的不同，用也不同。要识时、知位，太重要了。二十八宿（邓禹等二十八将）即识时，佐刘秀（东汉开国皇帝）成功了。在潜之时，虽具龙德，也不能做事。

初九。潜龙勿用。

爻辞，周公所系之辞，以断一爻之吉凶。

画卦，是自下而上，故下爻为"初"。《尔雅》第一个字，即"初"。初生，人文初祖——轩辕黄帝。人文元祖——伏羲，人皇。

"九"曰阳，"初九"，阳爻。三爻，天、人、地，"初九"，在地下。"初九"虽是阳爻，在阳位，但在地下，"潜"也。"龙"，有变化莫测之才、德、能。

变化莫测即"神"，"妙万物而为言"（《说卦传》）曰神。变化，去故生新；莫测，刹刹生新。此为真正的《春秋》之义。

社会事即如此，要随时，能动、能变。

"初九"虽是龙，有龙德及变化之才，但是时、位不对，也不能用世，仍必"潜"。

雍和宫为雍正帝的潜邸，有两条"潜龙"：雍正帝与乾隆帝。雍正帝生在皇宫，乾隆帝生在雍和宫。乾隆帝出生的那间房谁都不能住，所以改为佛堂。

《象》曰：潜龙勿用，阳在下也。

《小象》，孔子的解释，阳在地下时，虽有阳之德，也不能用世，非其时也。位与时不对，亦办不了事。谈政，再增长你们一点政治智慧。

时，"不可为典要，唯变所适"，适时。时，有先时、治时、因时、违时。极数知来者，才能先时，有先时之策，"极数知来之谓占"（《系辞传上·第五章》）。我天天极数，跟着局势变，应验了即知来。

九二。见（xiàn）龙在田，利见大人（九五之君）。

"九二"，在重卦（六画卦）是在田（地）。"在田"，在地上。

王弼解："出潜离隐。"（王弼《周易注》）多美！思想境界不同于文章。博学，应多听不同的。"出潜离隐"，要"利见大人"。

"九二"，阳居阴位，中而不正。"九二"与"九五"，应而不与。应与，则阴阳合德，刚柔有体，"二人同心，其利断金"（《系辞传上·第八章》）。"相应"是位，成事不大；"相与"是性，生生不息。

"六位时成"，此时，必择主而事。"九二"，臣位，有龙德，利见大德之君——"九五"。其利在见大德之人，一般人焉识其为龙？

每个人皆自以为讲得对，但境界高低不同。龙，就有龙之用，真懂、能用上，也非一日之功。

"由隐之显，由显之隐"，这两句是什么公式？社会事、宇宙事不外乎如是。

《象》曰：见龙在田，德施普也。

"利见大人"，"德施普也"。有德，才能"德施普"。怎么知道"德施普"？知其所止，故"德施普"，天下文明。

讲实学，学完才有智慧，才能自知。有自知之明，才有成就。不自知，就叫糊涂。

"德施普也"，"德"，善行；"施"，不求报，尽己责。有德，才能"德施普"，普施于天下，平等、一视同仁，一个都不落。

"田"的作用，"德施普也"。人之所食，皆田"施普"，不拣选。

心念兹在兹，不怀坏意，不喜坏人。"能以美利利天下，不言所利"，田施，丰衣足食。

九三。君子终日乾乾，夕惕若，厉无咎。

"九三"，居下卦之上，正接上卦之初，即终而复始，终始之道，"物有本末，事有终始。知所先后，则近道矣"（《大学》）。"继之者善也，成之者性也"，"生生之谓易"，继，生之机。

"乾乾"，健而又健，行而又行。"夕惕"，恒惕；"若"，语词。

"夕惕若"，警惕自己有危险。"厉无咎"，战战兢兢，戒慎恐惧，虽有危厉，也能出险。来子谓："以危道处危地，虑患深，则终于不危矣。"真是良药苦口，忠言逆耳，但总比灭亡好。

《象》曰：终日乾乾，反复（往来）道也。

"反复道也"，能中于道，"道也者，不可须臾离也"（《中庸》），一刻也不离开道，看是否习于性，真率（顺）性而行，自己教育自己，左试右试，自试。师父领进门，修行在个人，天下无不劳而获的事。人到有成就时，更得发愤图强。

要时时考核自己，是否有一分一秒未按人性做事？

九四。或跃在渊，无咎。

"或"，欲进未定之辞。"四多惧"（《系辞传下·第九章》），在"多惧"之位，进退维谷。"或"之用，特别重要。上卦之初，有"跃渊"之象，"自试也"，敢用世。

自试，由三爻到四爻，从下卦到上卦，跃也，何等精神！人必往前进，没有等死的圣人。

"九三"与"九四"有距离，到另一层次，必须有个动作。"或跃在渊"，在渊之跃，并不是浅水之困龙。

人世陷得太深，即"渊"；沦于嗜欲中，即"在渊"；如属于好事，即"深造"，浸淫其中，乐此不疲。

《象》曰：或跃在渊，进无咎也。

"或跃在渊"，深水之跃，是环境逼的。"进无咎"，如是等死，则无咎亦有咎。

正是"乾道乃革"之时,上下皆乾道。"革"者,变也,自试,有点功,"进无咎也"。

九五。飞龙在天,利见大人。

"九五",阳爻居阳位,中正,君位,利见大德之臣——"九二"。"九二"与"九五",两者合在一起,才能成事。"人无生而贵者","同人于野",群之始年,成公意也,天下为公。

九五之尊,"飞龙在天,大人造也""作之君,作之师",为配上帝。

《尚书·周书·泰誓》:"天佑下民,作之君,作之师,惟其克相上帝,宠绥四方。"

为师者如缺德,就完了!育人才最为重要,有此观念,我才这么热心地教你们。施,不求报也,"德施普"。

《象》曰:飞龙在天,大人造(作,兴)也。

"飞龙在天",最得志的龙;"大人造也","造",兴起。此"大人",乃大德之君,天德之人。"大人造",是自造。"造",创造一个新天地,"与时偕行"。有所作为,可以惠下。

某某造,创作。熊子喜用"造",是发明,不是抄,但要有根据。我凭"元"造。你们如有大智,亦可另起炉灶。

上九。亢龙有悔。

"上九",最上的一爻。

"亢"，作忼（音 gāng），《说文》："忼，慨也。忼之本义为忼慨。"子夏《易传》曰："亢，极也。忼者，直前不让之义，故曰'知进不知退'。""亢"，过中，过与不及，"有悔"。

人在最高富贵时，必生戒惧心，满而必溢，高而必危，如日中天之后，就要日落西山了。中国人喜用"旭"字在此。

《象》曰：亢龙有悔，盈（满）不可久也。

消长盈虚，物极必反，"反者，道之动也"，"盈不可久"，消长盈虚，一定之理数，千万不可以自满。

中者，礼义也、仁恕也。中道，厚道，做事不过火。过中，则满而必溢，"盈不可久也"，所以要持盈保泰。

《老子·第九章》："持而盈之，不如其已；揣而锐之，不可长保。金玉满堂，莫之能守；富贵而骄，自遗其咎。功遂身退，天之道。"

有智者，"战战兢兢，如临深渊，如履薄冰"（《诗经·小雅·小旻》）。满而必溢，"盈不可久也"。自满，很快就不满了。不可因一时的骄傲、自满，而惹下无穷的后患。圣人"知进退存亡而不失其正者"（《易经·乾卦·文言》），知进知退，知存知亡，不与时偕极，恰到好处，不吃亏。

用九。见群龙无首，吉。

只有乾、坤二卦才有"用九""用六"。"用九"，九之为用；"用六"，六之为用。九，为阳、刚、公；六，为阴、柔、母。

九之为用，如何"用九"？用变，支配变。变，顺性去变，不可违性。九之为用，至"见群龙无首，吉"，有为者，亦若是。"用九"之终极，能表现出人人皆有龙德，则"无首"，才吉。大同世，为德的统一、人人平等，人人皆有士君子之行，人人皆可以为尧、舜。

真会用阳，表现出大家都是龙，不争首就吉。"元首"一词出自《尚书》。

《尚书·虞书·益稷》："元首丛脞（诸事杂乱废弛）哉，股肱（重臣）惰哉，万事堕哉！"

人人皆可以为尧、舜，都具有尧、舜之德，"王天下而不与存焉"（《孟子·尽心上》），尧、舜不在争首。知道容易，行道难！

天命、天民、天德、天爵，都是"天民"，不必说"三位一体"。

"三一论"主张，圣父、圣子、圣神（天主教会译为圣神，东正教和新教则译为圣灵）为同一本体、三个不同的位格。

用聪明智慧解决人类的痛苦，以"人之为道"作为警示。"天下一家"，必修到"安仁者，天下一人"，将天下所有人看成一个人，没有分别心。"民吾同胞，物吾与也"（张载《西铭》），人为万物之灵，民胞物与，一视同仁。"圣人以此洗心，退藏于密，吉凶与民同患"（《系辞传上·第十一章》），"洗心"，成为圣洁的心、无污染之心。

人愈老愈想从前事，如数家珍般。我讲八十年的经验，经多少的苦难，但不敢"有悔"，否则会认为这五十年是最大的浪费。何以临死还要为你们做事？知弟子莫若师，不愿见你们太可怜。早知奉元在台的地位，能有几多贡献？你们如不懂合群，自食其力，将来……五十年，同学的成就何在？影响在哪儿？与祖国有一交往的立足点，可以作为歇脚处。台湾地区永远是中国的，有此一看法，才为你们找歇脚处。你们如果想搞分裂，将来没人理你们的。

中国人讲"人间世"，要将人间建成王道乐土。《庄子》的《齐物论》，民胞物与，均齐，无高下贵贱；《人间世》，要在人间建立王道乐土。

《象》曰：用九，天德不可为首也。

"用九"，九之用。学"用九"之道，"九"者，刚也，无欲乃刚，不可为首，众生平等。无欲无私，怎还会想当君王？在"天德"的境界内，人人皆"不可为首"，否则即失德。众生平等，必"首出庶物"，才"万国咸宁"。

假设所有人都是龙，哪还用有"元首"？因为大家的德不一，才推出一位"元首"。都想争首，又怎能不斗？

"天德不可为首"，人人皆平等，不许有秦始皇的思想。天生的东西都一样，都是天民，中国是天格，人人皆天民，天民、天德、天爵、天禄、天寿。

《尚书》是中国第一部政治哲学，以尧为"文祖"，即政治家的祖师爷。

《尚书·虞书·舜典》:"月正元日,舜格于文祖,询于四岳。"

自《尚书》看中国"政统"的演变,从《虞书》到《周书》之完整,以《秦誓》终,曰:"邦之杌陧（倾危不安）,曰由一人;邦之荣怀,亦尚一人之庆（善）。"有深意,要琢磨。

孔子树立两个政治偶像——尧、舜,既会办事,又会领导人。人人皆可以为尧、舜,"见群龙无首",此中国人的思想。尧、舜、龙,均指德说,非指位。尧、舜为天下主,不在乎其位而在有德。现在至少已经无皇帝了,慢慢可以再往前进,至人人皆可以为尧、舜。

"大至之要道","大哉乾元、至哉坤元",乾、坤,是一个东西的两面,同源,元,有血缘关系,多美!

昔日男女不平等,分配财产不公,给女儿"聚宝盆"。昔日山西商人成立"山西票号"（又称汇兑庄或票庄）,虽土气,但是有钱,是中国最早的"华尔街"。

"秉大至之要道",至大无外。"至",有际无间。"万物资始,乃统天",始,资"乾元"之施;"万物资生,乃顺承天",生,资"坤元"之受。明此,对生身之父母焉能不孝?

读书明白不易!《春秋》"其事则齐桓、晋文",看此二人净做些什么?

如眼前事都不知,焉知国际大事?要善用智慧,好谋能成。既无受限制,也没接受委托,说话可以客观。有学历,并不代表你有学问。

《通鉴辑览》应每家一套,以历史作为镜子,每个人都可以照,一致百虑,殊途同归。

乾卦第一

许多人读中国书，明白的没多少。每天训练你们脑子，脑子得培养，但非一日之功。"体办事而不可遗也"，研究思想，非玩其辞而已。前人的智慧不得了！《史记》犹不够活，但仍是文丐之祖。

"淡泊以明志，宁静以致远"（诸葛亮《诫子书》"非淡泊无以明志，非宁静无以致远"），孔明也只成一半，"借东风"准，"失空斩"（《失街亭》《空城计》《斩马谡》合称）不准。不谈占，占必"极数知来"，你们有几个不是"宋七巧"？数，是固定的，必下"极数"的功夫，方能"知来"。了解数之所以为数，有"极"的功夫，"数"就活。没有"极"的功夫，不讲占。

看书，也得看出智慧。没有懂一句话的表里，怎知说法不一，事亦不同？在安定中求进步。看《三国志》中谁最成功？死书不懂，能做活事？我在屋中坐五十年，不忍这块土有不太好的结果。做事不但没分寸，何况失规律！一分一寸都不许错，大规大律焉能不守？没有好好坐着读过书，不懂书怎么读。完全自欺，最后绝无自活之路。

《论语》真明白一章，也得两个小时。真读明白《论语》的有多少人？"半部《论语》治天下"，其实一章真明白，就能治天下。学来的东西不能活用，就非真学问。

"四书"没明白，什么也不明白。《人物志》将"四书"浓缩而成，可知如何用世。中国传统学问，"四书"不懂，什么也看不懂。《大学》《中庸》《论语》为孔学之门。

不知自己不知，最是可怕，读书要求真明白，慢慢琢磨。孔子弟子问仁，何以所答均不同？你们如不明白，又如何讲书？

《文言》：初九曰"潜龙勿用"，何谓也？子曰："龙德而（能）隐者也。不易（移，改变）乎世，不成乎名，遁世无闷，不见（被）是（肯定）而无闷。乐则行之，忧（不妥当）则违（离）之，确乎其不可拔（举用），潜龙也。"

《文言》是孔子解释的话，马上可以用上。

"龙德而隐"，"而"即能，龙德能隐，谈何容易！诸葛亮自称卧龙，在"潜龙"的上面。想为民服务，又何用争？什么德都没，就吵起来。愈发生事愈平静者，才能处变。

"不易乎世"，绝不随世风改变。偶俗，是最大的毛病。

"不成乎名"，好名者必作伪，有时成名是个累赘。

"遁世无闷"，因为洞悉事理。别人说你不对，"不见是而无闷"。

"乐则行之，忧则违之"，喜欢的继续做，不妥当的事不做，修至此一境界，"撼山易，撼潜龙不易"，到用世时，再用。有所守，才能有所作为。

"确乎其不可拔，潜龙也"，并非潜着等死，龙德能隐，要与时偕行。孔子说得明白，后人愈讲愈不明白。

伏羲以龙命官，《千字文》有"龙师火帝，鸟官人皇"句。商以凤命官，龙凤呈祥，后来引申以皇后为凤凰。称"龙的传人"，阳，龙代表变，有六变，不一定都是好的。

有龙德，时不对，能隐，"潜龙勿用"。隐而不显，多么重要的功夫。姜尚如不遇周文王，就饿死了，因为"直钩钓鱼"。知人特别难！"九五"，周文王；"九二"，姜尚。

罗贯中的《三国演义》以蜀汉为正统，但是刘、关、张三人都死得很惨。大家赞美孔明，孔明能，何以是曹操能统一？可见那是罗贯中的主观。有才无德还不行，曹氏父子才高，既有才何以及身而亡？记住司马懿说的话："小小孩儿懂得什么？"你们才有厚望焉。最后谁收拾三国了？不要盲目崇拜孔明。

何以能隐？因为知时。必须在属于自己的地方下功夫。我又修一小村，"长白又一村"，另辟一属于自己的环境，才不白活此生。《易经》讲一个"时"字，《论语》"学而时习之"。

中国人并不落伍，问题出在帝王。古时在"愚民政策"下所出的注解，今天还能够一成不变地读？应将之当作肥料，用以培种子——元，自己是园丁，只要运用得好，未来的收成是属于自己的。

有些人无品还乱搞，结果"贻患无穷"。人要自知，且知时。有些文人最大的毛病，失时就发牢骚，因为不明理。要制造一个属于自己的环境，否则自弃也。不叫世俗改变我，绝不偶俗。

《孙子》要时常玩味，《人物志》必须深入，《易经》必熟了才能生巧，是一种力量。读《论语》，得什么启示？其影响甚巨。《大学》《中庸》应是汉儒所写，本是《礼记》中的两篇。朱子以"四书"为"小学"。

人应守自己的本分，要"不易乎世"。既是隐了，就不要争名，"不成乎名"。有龙德，成就高，百姓不知用什么称之，"民无德而称焉"，"不成乎名"。另辟一个自己能有成就的环境。

当领袖要解决别人不能解决的问题。我每天想，"不见是而无闷""乐则行之，忧则违之"，不喜欢的不干；"确乎其不可拔，潜龙也"，确实没有人能拔动你，一个人能有多大的成就！

我读注不明白，才另辟一村，"盘皇另辟天"，创一个时。别人不懂，焉能肯定？学的学问，得马上有用才对。

我虽老，但是脑子反应快。我关心台湾地区的纯洁老百姓。有智慧才能用理。明理不难，知所以用理为难。我后悔，撼山易，撼有些人的脑子难！教五十年，无一有成就者。

一个人求真知，很不容易；半知，绝对误己，似懂非懂。你硬，他不会怕；两下都硬，结果如何可想而知。

《易经》讲吉凶，乃是失得之象，叫你要"趋吉避凶"。读完，马上考自己：能用上否？

我不敢言先见之明，但是经得多，台湾地区事已知一二。你们要懂的东西那么多，却连个门也没进。台湾地区最重要的是传承文化，人必须过智慧的生活。

自史上看，满、蒙合，中原就易色。唐室是胡人，鲜卑族。周文王也非汉人。中国现正走在"复"的路上，时运，有一定的理与数，违此则失败。

自《乾坤衍》看熊十力是怎么想的。可以按自己的想法去做，能传与否，就视人接受不接受了。泗水，今已干涸，上面有桥，孔子死后葬在河边，显见当时并不受重视，其墓"携子抱孙"形制，极为狭窄。可见能传与否，在于别人接受与否。

知道努力的方向，每天就不会停。每天如净闲着无聊，可怜！说环境不适己，不得不如此，那岂不是等死？应另辟一个环境。隐，并非等死，而是有作为；不被肯定，无闷。

无论社会环境怎么坏，自己没有变，"不易乎世"。朱子"通金"而做官。今天，你们应长很多智慧。懂得用智慧了，则"不易乎世，不成乎名"。

记住：就因为你呆，别人要利用你。社会上什么卑鄙的人都有。做事，是为了成功，而非作秀。

一个人想站得住，人品最重要，人到无求品自高。

我的这尊乌玉佛像一千多年了，原供于内务府，得四人抬。既是有缘，那就供奉在台，将来修"正法明菀"。观音原为"正法明如来"。

观世音菩萨于过去无量劫中已然成佛，名为"正法明如来"。然以大悲愿力，欲发起一切菩萨广度众生，而示现菩萨形。

熟能生巧很重要。人聪明过度，就是愚人。在这环境中，偶一不慎，早晚出事。

经书是智慧的产物。中国有许多鬼怪的东西更是难读，连我都看不懂。

古时大儒一贬几千里，因不知时、不能隐，故碰壁。苏轼一生被贬了几次？贬到海南岛，修书院。

苏轼一生颠沛流离，命运多舛，一再被贬谪，甚至下狱。然而豁达的苏轼，无论在什么样的逆境下，都不悲声叹气、怨天尤人。远谪海南儋州时，苏轼说："我本儋耳氏，寄生西蜀州。"把当下所处的儋州当成家乡，反而把自己出生的家乡当成他乡，这是一种"四海为家"的情怀。

王阳明被贬至贵州，讲学。

明宣宗正德元年（1505），兵部清吏司主事王守仁，因为替戴铣、薄彦征诸人鸣不平，言辞甚为激烈，不惟痛斥了权倾朝野的大太监刘瑾，而且触怒了至高无上的皇帝，由此惹下了一场大祸，被廷杖四十大板之后，发往贵州，谪贬为龙场驿丞。

王阳明贬谪贵州龙场，"心学"从此昌明。明清之际，阳明之学风靡一时，李贽、黄宗羲等大家，都自认是"王学正宗"。后来扬波海外，传到朝鲜、日本、越南，推动了日本的明治维新。无论是浙中、江右、泰州、南中、楚中、北方、粤闽诸学派，或是日本的阳明学、朝鲜的实学，以及东南亚和欧美的王学，寻根溯源，都以贵州为其渊薮。

此即"信仰"与"志"。如为己为利，不过是投机罢了，焉有信仰与志可言？问自己能干什么，就不投机。"圣人贵通天下之志"，要借时事了解经书。

我喊了五十年，也没喊出一点成就。脚踏实地、马马虎虎都在这块土上，你们生于斯、长于斯，要养成留心时事的习惯，看报也要细心。

六爻，德行都一样，何以做事不同？因为时与位不同。六个位、六个时。想成就事业，得识时、知位。环境重要，有包袱得突破，才能谈其他。天下无解不开的套，世事皆如此，贵乎能御变，即"时乘六龙以御天"，能驾驭这个变。如真能把乾卦读明白，保证成功。

都有龙德，但是时、位不同，照样倒霉。当走狗的有了高的地位，究竟是福是祸？不得而知。李莲英如何受宠于慈禧太后，但也没有与她一同死，人的情和义也有限度。如说"非你不娶"，那可不能嫁，话说得太热了。师母没对我说过一次爱，却终身没有改嫁。

有智慧、肯学，就没有人干过你。天才，不学有术；常人，不学无术。

得能御变，时乘六变以御天。《易经》亦称变经、龙经。《春秋》被称元经、麟经。一个民族有其思想的构成，文化自思想来，必自开始弄明白，基本思想要记住。伏羲以龙命官，商以凤命官。"龙凤呈祥"，代表两个最吉祥的东西。以后用"龙凤配"，引申为结婚。

九二曰"见龙在田，利见大人"，何谓也？

无论做什么事，初出学门，第一个得"利见大人"。学徒期满了，第一个找的地方很重要，要找一个于你大有帮助的人，所谓"出门遇贵人"。人生有两次投胎：出生、立业。人生在世最重要的一件事：利见老师。一开始，应"利见大人（大德之人）"，第一眼得看大人，不可以尽接触些黑帮，否则这一生就完了。

做慈善事业，不要舍钱，应施技，必强迫他学一样技术以维生，以此济"老"与"残"。一个人必须"精一"，有一样精的技艺以养己。残疾者设法利用丢弃的筷子编手工艺品，有智慧、有毅力，身残而心不残，多么有志！很多青年身体健全，却是心残。千万不要心残，什么都懂，却是什么都不做。

子曰："龙德而（能）正中者也。庸（平常）言之信，庸行之谨，闲（动词,防）邪存其（己）诚。

"龙德"，阳居阴位，"正中"，中而不正，有其德，无其位。

许多古圣先贤，虽具有龙德，但不在位，没有作用，孔子为"素王"，素者，空也，有帝王之德，而无其位。

"正中"与"中正"不同。"正中"，在一卦之中中而不正；"中正"，既中又正，有德又有位。"中"字在中国思想里特别重要。"中"与"性"有何区别？"天命之谓性"，性相近。"性"含喜怒哀乐；守住喜怒哀乐未发，即中。

一个人有龙德，能正于"喜怒哀乐未发之中"，仍得：一、"庸言之信"，最普通、最平常的一句话，也得达到信的境界；"庸行之谨"，平常的行为也得谨慎。二、"闲邪存其诚"，外面环境邪，什么引诱都有，得将"邪"圈到自己的范围之外，不使它侵害我们。要存己之诚，即存己之"天道"。"诚者，天之道也；诚之者，人之道"（《中庸》），天道在人身即"性"，"天命之谓性"，在人曰性，性善。

"道高一尺，魔高一丈"，天之道的敌人即"邪"，"邪"包含很多，是"人性"的敌人，不善之欲。希圣希贤，也是欲。"邪"足以没人与生俱来的性。闲邪存己诚，天命之性软弱了，为存己诚、存己性，所以要用篱笆挡住外边的"邪"，如设国防部加以防备。

何谓"诚"？"诚者，天之道"，"天行健"。一个人做好事，得如"天行健"，天天那样，永不请假。君子以"天行健"之天道来"自强不息"。

闲邪存己诚，不论外面环境怎么坏，不使它侵害自己。遇事，必得检讨自己：是否什么都不缺，就缺德行？每天有做几件有利于人的好事？人有私情就有私欲，情欲很容易就有私见。看什么都动心，也是过。每一爻明白了，都不做缺德事。

讲书，是要造就思想家。仁政，长人之政，必叫顽石点头。有些人灵智太低，一举一动就告诉人家：我无术。不学，所以无术，什么也不懂。

我相信因果。许多人有钱，还没有败家子！我这一生看太多。光绪帝（1871—1908）的后半生，因遭袁出卖而被毁了。书真读明白，太难！

你们要集腋成裘，但你们做了吗？你们哪一个真发心了？一个人必须悟，没有悟绝不会有成就。我们常看别人的心，却忘了看自己的心。自己的心真发挥作用了，即悟。

我教五十年，有一人对人类有贡献？你们真应快快努力，我为你们搭个桥，你们会走？你们有无了解自己的"时"与"位"？如自求多福都谈不到，还能为别人谋幸福？

"善（动词，感化）**世而不伐**（动词，自夸），**德博而**（能）**化。**

"善世而不伐"：一、世因我而善了，也不自夸；二、能改造社会，都不夸功。能拨乱反正，有善世之功。"德博而化"，自己的德很博，能够化众。善世而不夸功，德才能化天下。

"《易》曰'见龙在田，利见大人'，君（群）**德也。"**

"利见大人"，人人都受化了，人人皆有士君子之行，群德也。

"君德"，群德，人人皆可以为尧、舜，并不是空话。"天德不可为首"，没有领袖，"见群龙无首"。"君"者，群也。

《荀子·君道》："君者，何也？曰：能群也。能群也者，何也？

曰：善生养人者也，善班治人者也，善显设人者也，善藩饰人者也。善生养人者人亲之，善班治人者人安之，善显设人者人乐之，善藩饰人者人荣之。四统者俱，而天下归之，夫是之谓能群。"

《韩诗外传》："君者，何也？曰：群也。为天下万物而除其害者谓之君。"

君臣，即主从，相应与。"九二"，为老百姓，故曰"群德"，利见"九五"之君。"九五"，君，必用群，否则成为孤家寡人。"天德不可为首"，争就乱。《易》讲"群德"，《春秋》开始即"群之始年"，"大易"与《春秋》相表里。中国几千年前，就有了这么完整的思想。

看孔子解释得多美，而奴儒则愈解愈不明白。"君德"，如解释为"有君德无君位"（杨万里《诚斋易传》），还是讲自己而已。历代奴儒之万恶，讲得一塌糊涂，看历史即知。

我们依经解经，依，"依于仁"（《论语·述而》）。要特别深入，讲经不可以乱扯。

九三曰"君子终日乾乾，夕惕若，厉无咎"，何谓也？

"九三"，人位。"乾乾"，健而又健。谁是"厉"之敌？有"厉"，应"终日乾乾"。"君子进德"，"苟日新，日日新，又日新"（《大学》），知此，应知自己要怎么努力。环境虽危厉，能谨慎小心，也无咎。社会易使人掉入染缸，偶一不慎，动辄有咎。

人的最高境界可以御天，但必须先能御己。一个人如连自己都控制不了，还能驾驭天下事？

子曰："君子进德修业。忠信，所以进德也；修辞立其诚，所以居（守）业也。

"进德"，崇德（积德），以德为体；"修业"，以业为用。有信德，才能伟大，成就事业。"忠信，所以进德也"，"主忠信"（《论语·子罕》）为立业的本钱。读书在改变器质，即"进德"；一边行，一边印证，即"修业"。以自己的行为印证所学，学就不落空。

"修辞"，辞意、语调，抑扬顿挫，要有修养。"出辞气，斯远暴慢矣"（《论语·泰伯》），告诉我们怎么修辞。多少事，言语不当，即惹来麻烦。"修辞立其诚"，"庸言之信"；"所以居业也"，居业，守业，有业，能居这个业。创业维艰，守业亦不易。

"修辞"未发自人性，焉能感动人心？冰心（1900—1999）的文章所以感人，在于发自人性。"言忠信，行笃敬，虽蛮貊之邦行矣！"（《论语·卫灵公》）

做多大的官、多大的事业，每天都得"进德修业"。问自己：做事忠否？言语信否？"忠信，所以进德也"。"修辞"，非求文章美，得发自至诚，"修辞立其诚"。陈诚，字辞修，名字取得多美！修辞→辞修，应为孩子如此取名字。

做人的要纲：进德、修业。居业，守业也。一言一文，皆出自至诚。提笔为文，最低要"不写黄色"，其次不可以"因怒而兴师"。修辞要立其诚，出自诚心；说话亦然，不能因为嫉妒，就说人家的坏话。

"知至至之，可与（yù，参与）几也；知终终之，可与存义也。

"与几"，是智慧；"存义"，是德行。

易经日讲

"至",止于至善。"知至",知其所至,还得"至之",才可"与几",参与机要。"进德",就得"修业"。社会就是需要而有用,如何才能够打入核心?

"知终终之",从哪儿"知终"?"物有本末,事有终始。知所先后,则近道矣。"(《大学》)虎头蛇尾,光有开始,无终。想达到终,必须有什么长处?人犯什么毛病才没有成就?"或从王事,无成有终",真成功者必有此德行。必得有成,都显自己,能够"终之"?"无成"的功夫,是自"含章"来的。话说多了,把自己的人格都输掉了。"知终"就得"终之",第一入手处即"含章"。"含章"得吃多少亏?以退为进。

"萧规曹随"有智慧,既然都比不上,跟着人家做,不就对了。修成了,还要有"无成"的心胸,才有好的结果。自己有了不起的美,还得含而不露。萧何与韩信,一含章一显己。萧何能"月下追韩信",但不能影响韩信,韩信最后死于妇人之手。"含章",即"无伐善,无施劳"(《论语·公冶长》)。没有胸襟,如何成不世之业?

做事,立一至高境界,"知至至之"。"吾岂匏瓜也哉,焉能系而不食?"就是当厨子,也有名厨,必须达境界。"知至至之",有此修为了,才可以参与"几"的思想、境界。第一步要修"谨言慎行",否则永远打不入核心。

"知至"还得"至之"。了解那个境界,还必达到那个境界。"与几",可以参与几,几即我、我即几。真懂得我的言语了,才入境界。真明白,叫你做坏事都不做。

做任何事皆一窝蜂,不能"有始有卒",因为不能"知至至之,知终终之","有始有卒者,其唯圣人乎"(《论语·子张》)。

"存义"，不懂得"存义"，那"义"从哪里来？不许耍小智，"人之视己，如见其肺肝然"。

不能守口，人不敢委以重任。用其鲁，用其愚，不用诈。用诈者，可能快，但最后可能全部翻车。诈，两眼老转，没人敢信你，难以共患难。有些人的聪明，是占小便宜，吃大亏，不明大利。看谁是愚、是鲁？

想在事业上有所成，必得有功夫，"知终终之"，不可以半途而废，中间得吃多少的苦头。我未达此，故常骂同学，因为往上有一至境。想在这五十年有一好的结果，但知道办不到，才要同学特别注意。

"是故，居上位而不骄，在下位而不忧，故乾乾因（按）其时而惕，虽危无咎矣。"

"居上位而不骄，在下位而不忧"，小人长戚戚，既患得又患失，则无不为矣。

什么是忧？虞、娱、乐有何区别？真了解一个字，就启发无限的智慧。不忧己私，包含太多。

"乾乾"，健而又健；"因其时而惕"，随时而惕，小心谨慎。必得识时，时不同，警惕亦不同，不能一成不变。多少警惕些，可以减少些失败。

"有始有卒者，其唯圣人乎？"我最近两年常说："哪有结果？非圣人也。"知此，又何必如此劳神，劳神伤财还可怜！做事不在早晚，而在于时。有一"新"的观念，必须有清新的人物，还得"终日乾乾"，才不动辄得咎。"虽危无咎"，环境有咎，更要谨慎小心，才能无咎。

几千年前的东西,在今天看来犹新得不得了,我们都做不到、达不到此境界。我如此讲,于你们做事可有好处?如能行一爻,只有成功,绝无失败。何以没有成就?就是因为没有做。没有做,所以永远是新。

乾、坤两卦,为父母卦。了解此二卦,一生可以取之不尽,用之不竭。我看《易经》,得很多帮助,感到良知上没有什么亏欠。

一个人的人格特别重要。你们现在应利用好环境,就客观地为民谋福利。

人没有不能的,"诚"字很重要,对自己诚,"诚者,自成也"(《中庸》),得自己造就自己。你们聪明、智慧不低,就是没下功夫。我小时候每天有人看着读书,休息时写字、画画,偷偷下棋,因为受限制。人对正事不会着迷的,如对写字着迷,那就成为"书圣"了。溥儒收徒弟,必须先站着磨墨一百天,才能提笔画。练手劲、气,是功夫。必须懂得利用时间,练字也是功夫,是一种运动。

照自己脚样做鞋,绝对合适;定做的,不见得合适。要按自己的志趣去做事业。智慧无新旧,《易》为智海,取之不尽、用之不竭。仔细研究,每天练达智慧,而非读死文字。有智不易,如聪明睿智运用得当,即为"神武",以神武治天下,就不用杀,故曰"聪明睿知(智),神武不杀"。"神武不杀"能成事,秘方何在?何以无人研究?《孙子》虽是兵法,最后仍强调"全",可见动兵达到目的不易。既是强调"全",但中间有些接不上,应再接着想兵法,配上神武之器。

《孙子》第一章真明白,看后文与前面的立意不尽相同,不似一个人的东西。第一章如经，自此领悟治兵之道，再配上其他智慧，也能成"神武"。应将兵家系统化，兵家之道、兵家之术，各家不同，必详细分析。读《孙子》，应知其弊，再兴利。

今皆"殡仪馆的化妆师"，应是清算其弊。如同学都肯努力，中国东西整理不完。接前面的破烂整理，每个东西都流弊丛生，应知其弊、兴其利，而成新学，此即温故能知新。在中国，稍有智慧，将来都有成就。全视"慎思""明辨"，但"博学"最为重要，否则怎么知其弊？现皆俗学认识，并非自学术本身认识。现在都这么讲，即俗学。先自学术本身认识，然后认识时学。知弊，一定能生新。

自研究问题的本身认识。有专学就得细心，要言之有物。有志无才，则江郎才尽。才可以培养，遇事要深思，首先要培元，最后为元培。要培，要下功夫，有所准备。你们的心太散漫，因为心有所系，此最大的失败。说："只要我愿意，有什么不可以？"岂不是为所欲为？

看弊，看是时弊，还是流弊。如果时弊丛生，那太可怕！没有线索可循。不要净看热闹！热闹，乃癣疥之疾，不要为流俗而耽误了己志。

你们要善用脑，到什么境界才是聪明睿智？知道境界了，然后充实之，才能达"神武"。"聪"，"舜好问而好察迩言"（《中庸》），耳的最高境界，耳听八方。聪者绝不孤陋寡闻，必博学；博学是用目。"明"，助耳之一步，目的最高境界，眼观六面。聪要耳闻，必出门；秀才不出门，能知天下事，是博学。应明白什么是用聪明得到的，要无所不闻。在台北，绝不能不东走西走，散步有一定的路线，走则可以四处看看。一定时间走多远。必须广闻博见。

"聪"放在第一，不闻天下事，怎了解天下事？"明"，看《论语》"子张问明"章，知人为其一，尧、舜其犹不足，谈何容易？详细深入分析，以实际事印证之。一问三不知，岂不同于活死人？即行尸。何以星星之火可以燎原？如星星之火即毁，又焉有燎原之势？岂不是神武，又何必动兵？有超人之智者不杀人，如诸葛亮七擒孟获，以不杀来维系人心。

真悟，为培才的不二法门、步骤。水、肥料、土壤，缺一不可，要借肥料、土壤，得用得当，慢慢吸收。不求快，慢慢琢磨。真有建树，看东西不要盲从。有志，要好好培养，要有慢功与耐力，否则揠苗助长。慢慢待时，所以要用初爻"潜"的功夫，急功近利绝成不了大事。"治大国，若烹小鲜"（《老子·第六十章》），必慢慢等，是火候，圣祖（康熙帝）"戒急用忍"。多了解，培智如烹小鲜。真深思，得的启示不尽。

《易经》绝非出于一人之手，自其文笔之不同，可见并非成于一人之手。熊十力以为：乾、坤两《彖传》，非孔子不能作。《论语》多半有些可靠性。仔细研读，不盲目接受，不谈今古文，片言只字于智慧有益皆接受。称"夏学"，打破一切不合理的东西。"夏，中国之人也"，讲成就。夏学社，凡是中国人的东西都收。

"入中国则中国之"，是指文化而言，非民族观、人种观。楚，在种族上是汉族，故《春秋》"夷狄之"。

《春秋·庄公十年》："秋九月，荆败蔡师于莘，以蔡侯献舞归。"《公羊传》:"不与夷狄之获中国也。"何休注:"夷狄谓楚。不言楚言荆者,楚强而近中国,卒暴责之,则恐为害深,故进之以渐,从此七等之极治也。"《穀梁传》:"荆者,楚也。何为谓之荆?狄之也。何为狄之?圣人立,必后至;天子弱,必先叛。故曰荆,狄之也。"

《春秋·隐公七年》:"戎伐凡伯于楚丘,以归。"《公羊传》:"不与夷狄之执中国也。"何休注:"中国者,礼义之国也。执者,治文也。君子不使无礼义制治有礼义,故绝不言执,正之言伐也。"

最重要的是目的,志,为达目的尽一切努力,"无所不用其极"(《大学》),没有地方不用尽心力;"无入而不自得"(《中庸》),无论进入什么环境,必得是自己的目的,得是己之志。读过《大学》《中庸》,会用这两句话?有术,就得用其极。不会用,就是不懂;懂了,就会用。我的学生得会这两句话。人每天做事都要达自己的目的,另辟蹊径也要达目的。

不服输,但绝不卖国。什么教育就得什么结果,"上好下甚"(《孟子·滕文公上》"上有好者,下必有甚焉者矣")。

孔子死两千多年了,人类还要跟着跑。孔子不是神,是人。何以我们的成就少?因为没有他碰的壁多,周游列国,厄于陈、蔡,饿肚子。成事,是自百难中求来的。

读书,要活活泼泼,深悟,用心深细。中国历代是亡朝,并没有亡国;遭日本蹂躏,险有亡国之辱。每个国家都有其长,如山地人亦有其文化。

信佛的天天念经,却没将"念"与"诵"分开,要点怎么会清楚?倒背如流,只是能诵。学术在乎实践,即念,念兹在兹。

"三称佛",非"三念佛"。念,想念妈妈,念兹在兹。天天念佛,必照佛行事,真正学佛。"称佛",即诵佛,读佛学。证严念佛,一步一脚印。好好念书,"无入而不自得","无所不用其极"。明白一句话,就可以用于世。

九四曰"或跃在渊,无咎",何谓也?

"跃渊"二字为要,如临深渊。每天行动即"跃渊",宇宙就是个渊。怎么跃法?宇宙如一苦海,在此"上下无常"。如认识环境,就不发牢骚了。

"或跃在渊,自试也",人必自讼、自试。做不合理事,别人不一定知,但自己动念自己知,必须自讼。自己能否,也必自试。"蒙以养正","君子道长,小人道消也"。

《杂卦传》:夬,决也,刚决柔也。君子道长,小人道消也。

读完一东西,必分析之。《阿Q正传》有鲁迅的思想,看懂者少,但受人喜爱。周作人、朱自清,文意清新,但没波浪。《背影》,人性的流露。思想,人性的升华。没有思想,愚、鲁!

有自己的原则——"三十而立",从"志于学"到立于自己之所学,要十五年的功夫。"而立"之后,经十年才到"不惑";"五十而知天命",才成形,能尽性,孔子五十才安于性、安于仁。颜回"其心三月不违仁",其余弟子"日月至焉而已矣"(《论语·雍也》)。要活活泼泼地读书,以做人为第一要义,什么都得过去。

《孟子·尽心上》曰"君子有三乐，而王天下不与存焉"，《孝经》称"无念尔祖，聿修厥德""夙兴夜寐，无忝尔所生"，自此，可以得许多启示。"自试"，做自己要做的事，做大事不要做大官。不要自小就为人站台。

要运思，必须加以分析。问，不正面答复，教小孩如何运思。早期的《古今文选》解释得好。无深的运思，乃写不出高的东西。

要过智慧生活，才能贫而不穷，安贫乐道。有智慧的人，不叫百姓受苦。过智慧生活，则家庭愉快。"智者不怨"为第一境界，"不怨"则环境少有纠纷。但境界高，则是"不怨"，"不念旧恶，怨是用希"（《论语·公冶长》），当然没有怨。伪装，则做事毛病百出。有无将所学用上？学张良"功成不居功"，你成在哪儿？分析"似是"，得用心。

子曰："上下无常，非为邪也；进退无恒，非离群也。

"上下""进退"，为"十"字，代表四方。

"上下无常"，无常、无恒，即无定规，随遇，因其时而上下；"非为邪也"，也非作邪，守正，非为邪而不正。

"进退无恒"，进退，无一定的恒规；"非离群也"，也不是离群也，离同类。无横的关系即"离群"，离群即成"独夫"。

"无常""无恒"是为了什么？无处不常，常道就一条道，此外即不能行；"不离群"，无处不群，即处处是群，即"同人于野"，"安仁者，天下一人"，没有分别心，才能世界大同。

因时应机，退而求其次，如有群德，应在中国成就一番事业。做事业必须像追女朋友一样认真。证严有信德，是《法华经》的实行者。德比什么都重要。

有些人不懂读书之道，天天看书，越看越浑。我为你们解谜，在惊涛骇浪中能不翻船，读书人应是时之舵。"传不习乎？"（《论语·学而》）习，也得有传，还要"得真传"。

一个时，有一个时的物。《易》为智海，焉能一次即看明白？刘师培家四代传《左传》，今已第六代。熊十力晚年来不及写。何以不早写？早，没有境界。学术非简单，不是别人能代理的。天下有一件事能成就，都不容易。要善于利用时间，成功者即善于利用时间。

巧言、巧笑、取巧，"巧"字用得妙！非好词。真想成事，绝对要有真学问。一个聪明人绝对必先把儿女教好。权倾天下又如何？康熙帝有成就，真下功夫，有实学，会用脑。

培元→元培，自根上讲，培智→智培，智慧是慢慢培养的。种树，要栽、培，两步功夫。培，得用土，土代表本，"本立而道生"（《论语·学而》），大本不立，绝不能成正智。中国既有优秀的文化，何以要受外人的凌辱？内奸绝不可以原谅。必须找出活路。

"蒙以养正，圣功也。"没有秘诀，熟能生巧，己欲达而达人。通了，不一定达，"辞，达而已矣"（《论语·卫灵公》），要知其深意，"通""达"是两回事。天天琢磨，则日久渐通。

"大易"与《春秋》不通，无法懂中国学问。我重视"大易"与《春秋》。《春秋》"其事则齐桓、晋文，其义则丘窃取之"（《孟子·离娄下》），齐桓、晋文，代表一个时代，借事明义。孔子"志在《春秋》"，有所取义。读书要明其义，非止事而已。

《史记》看不出有多少司马迁之义，何以称"上承麟书"？

桐城派宗《史记》，阳湖派宗《左传》。叶玉麟（1876—1958），桐城派最后的传人，二十七岁即点翰林，与郑孝胥是儿女亲家，我的老师中最后一位故去的。

《史记》中最有用的几句话："拨乱世反之正，莫近于《春秋》"，"《春秋》者，礼义之大宗也"，"我欲载之空言，不如见之于行事之深切著明也"。"贬天子，退诸侯，讨大夫"，即《春秋》主要之旨。《论语》中孔子有两次要"讨大夫"。

研究思想，体用不二，贯穿了才有意境。学问之道，有我就不成，得淡泊、无我。"有我"，好名，必"作伪"。没有自主能力，就如潮水之涨落，升沉不定。有守才足以有为，不为人当狗腿、鼠腿。不做御用文人，要做时之舵。遇"似是"，就得加以研究。

今天的小说，连波澜也没有，因为没有思想。鲁迅文，波浪无穷。才子书，就因为有才。金圣叹写："秉烛达旦看《春秋》，干柴烈火岂有不燃之理？"忽飞来一棒，有急智，笔下一转，成"亘古一人"。无急智，焉能治国、平天下？读书，用智慧，不分男女。

《通鉴辑览》是一部小二十五史，上面有乾隆帝御批，枭雄所见自不同于文人之见。

"君子进德修业，欲及时也，故无咎。"

"欲及时"，时过境迁，等于无用。知此，应每天拼命"进德修业"，就会有无穷的成就。

"进德修业"，事业并非一下子就成，得年年修，不要老是彷徨，彷徨复彷徨，没听说"筑室道谋"有成的。一个大丈夫也得有自主的智慧：听谁的话，谁的话值得信？"明日复明日，明日何其多"（明人文嘉《明日歌》），"欲及时也"。"进德修业，欲及时也"，机会错过就没了。不合时，就没用，"生乎今之世，反（返）古之道。如此者，灾及其身"。圣人不能生时，时至而不失之。不失时，何等及时！明人、昏人各半，使对方知，就好办。

"因时应机"有深意，我均退而求其次。同学难以为台湾地区谋大幸福，智与德均不足。你们永远是中国人，我"知其不可而为之"，做买卖是为你们布局。头脑清楚，去私欲，清净心。心，性之用，"在身曰心，在人曰性，在天曰命"。要学会用脑。隐是什么？显是什么？用心，千万要用心，不可以马虎。

乾、坤两卦，真读明白，足以用世。《乾坤衍》，解释乾、坤两卦的《彖传》。

深入，必须有时间。书读百遍自通。昔日先背书，再讲书。我现在散步也能读书，想。不必贪多，每读一句，问：何以如此说？喝茶，用心，随时用心。

读书时忘了读书，入社会才要读书，根本是本末倒置，结果所得者少。老师怎么讲，并不代表你的思想。懂得怎么耕耘，往前下功夫，"惟精惟一"，几十年的深思功夫，岂是一般人所能有的？下功夫，非成为书呆子。每天干什么，自己知。

练习有群德，出钱、出力都是爱。行为有无爱的表现？慈济犹有人性之美。爱心的表现，不在多少。

你们生在盛世，何以没有感觉？中国开始倡导"盛世之学"的即熊十力先生。看完熊先生的书，有如打了一针强心剂。盛世与衰世，视如何识时。有些人的文章无要点、无生命，不能圆时，如何领导别人？

熊十力遍读佛学，最后归本于"大易"。龚自珍分析《法华经》特别好，经他一改，《法华经》可以读下去，真是聪明绝顶！昔日明知经书有错，就是没人敢动。对一东西不明白，不敢追究，即盲从、迷信。

为达目的，不要做伪君子。壮志未酬，就是写几本书也没有用。一句话，可以使人成功。

九五曰"飞龙在天，利见大人"，何谓也？

"九五"，中正，阳爻居阳位，当位，君位，利见大德之臣——"九二"。"九二""群德"，人人都有德，亦利见大德之君——"九五"。

知人不易，知人才能成事。知人都绝对识时。所治之学是盛世或是衰世？积非成是，最为可怕。你们从小就受衰世之教，天天感到末日要到来，所以大家拼命移民。

读书人无人格，还以为光彩。

子曰："同声相应，同气相求；水流湿，火就燥；云从龙，风从虎。

"同声相应，同气相求"，宇宙间同声的有多少？此为自然现象，如"水流湿，火就燥"，水往湿处流，火往燥处烧。

"云从龙，风从虎"，有龙就得有云，风跟着虎。龙要是没云，如何显出其为龙？就是龙，也要有所凭借。况非龙乎？因此，得"同声相应，同气相求"。应知自己是谁，该找哪一类的凭借。"不识其人，则视其友"，有情者，迷于情。

臭味相投，情投意合，不必强求。

同学未必是同志。同学中有卖国贼，能是同志？同声才相应，同气才相求。

"圣人作（ㄗㄨㄛˋ）而万物睹。本乎天者亲上，本乎地者亲下，则各从其类也。"

"圣人作"，造作；"万物睹"，万物（含人、事、物）才值得看，看其成就。

"本乎天者亲上，本乎地者亲下，则各从其类也"，通德类情，从类，专业，不可杂业。不懂从类，没法有成就。

智周万物，道济天下，没有什么神秘，有一自然法则："各从其类也。"通德类情，仰观俯察，"通神明之德，类万物之情"，"各从其类也"，为一自然法则。伏羲画卦之终极目的，在通德类情。

好好造就自己成人才。求，求学、求婚、求师，均是主动的。懂大环境得相求，如唐太宗与魏徵。康熙帝"撤藩"是在什么环境下？俟三藩没有外援时，自己有七分实力足以灭之。要懂时与势，水可以载舟，亦可以覆舟。

喝茶，从拿茶杯，即可看出一个人是否有智慧、有文化。盖杯掀盖，是要闻香。

根，往下长。类情，从类，"各从其类也"，皆一丘之貉，不只是猫狗。必慎己之所就。卖身、卖土、卖国求荣，有何区别？

我死在台，绝对是"厉鬼"，查《大汉和辞典》。

迷信的观点认为，人死时怨气太重，无法转生，便会化作厉鬼，在阴司路等着自己的仇人下来，才转生。

一个人总要龙飞凤舞，不要天天如睡着般。人死就完了，何以鬼不自己报仇？有些人不敢面对现实，净说鬼话骗人。迷才相信，迷信。

上九曰"亢龙有悔"，何谓也？子曰："贵而无位，高而无民，贤人在下位而无辅，是以动而有悔也。"

《系辞传上·第八章》："'亢龙有悔。'子曰：'贵而无位，高而无民，贤人在下位而无辅，是以动而有悔也。'"以《系辞传》做参考，看孔子如何解释卦与爻。《系辞传》若不清楚，《易经》就没法读。《杂卦传》必费功夫。

"贵贱"，指地位而言。地位高，但不能位乎天德，故"贵而无位，高而无民"，贤人在下位，不帮你，天天骂你，"贤人在下位而无辅"。孤高自赏，谁也支配不了。"德"与"位"不相称，百姓不拥护。尧、舜，贵而有位。真有天德，还用宣传？三公，要有三公之德，才有三公之位。

"是以动而有悔也"，所以一动就有悔，真是动辄得咎！骄，乃失败之源，"贵而无位，高而无民"，独夫！国君无德即独夫，"贼仁者谓之贼，贼义者谓之残，残贼之人谓之一夫"（《孟子·梁惠王下》），"一夫"即一人、独夫。

湖南人，特别坚强。民风特别重要！我的终极目的，要改变有些人的习性：胆小怕死、见利忘义。不一定成功，但慈悲亦能成佛。

孔子如何重视乾卦，重言之。

潜龙勿用，下也。

有龙德，在下位又能发挥什么作用？人微言轻，不足以影响别人。

现在年轻人器识不足，所谈皆娃娃之论，生不逢时。

见龙在田，时舍（止）也。

王弼死得太早，可惜！解"出潜离隐"，真是金科玉律！

不隐了，应有所作为，时止于田，非止息于田。"止于至善"，即止于至善之境。"见龙"止于田，就得发挥田的作用，所以才"利见大人"。"田"，绝非游泳的地方，乃是生息之本。"德施普"→"时舍"→"天下文明"。

读书要细心，"时舍"能解成"未为时用"（朱熹《周易本义》）？

"舍"，旅舍、宿舍、黉舍，没有待一辈子的。宅，自己的私产；寓，租来的房子。用"舍"，不用"止"，有深意。内心能"舍"一个时，就有点成就。时如"舍"不住，就完了。教授以教书为业，并不每天看书，却每天打"卫生麻将"（指不赌钱的麻将，纯属娱乐，不涉金钱）。如知为什么而活，每天就忙不过来。

止，舍止，暂时止，"日月至焉而已矣"。知止，至死不变，不得了，"死而后已，不亦远乎"（《论语·泰伯》）。

"冠者五六人，童子六七人"（《论语·先进》），代有才人出，才有希望。前人种树，后人乘凉，此即华夏精神。

终日乾乾，行事也。

人，得天天奋斗，行而又行，健而又健。每天问自己：我能干什么？干，考察之；不好，再干。

真想将《易》读入门，非三年功夫不可。我现在看注解，即知道对不对，无一满意的，都是集注，未经大脑。思想必经大脑，属于智慧的，怎么想都行，放诸四海而皆准。丛书，净抄书，无法自圆其说，不能一贯。思想应是一贯的，如《庄子》，《内篇》多半出庄子自己之手，《外篇》则为衍流。

乾、坤二卦弄通了，则取之不尽、用之不竭。天下大变，"乾道乃革"，另有新境界。"或跃在渊"，跃跃欲试，"自试也"。因知天下要大变，乾道就革。识时，何等重要！从下卦到上卦，跃也。易，变也，《易经》就是变经。

喝茶时，好好玩味，上下玩味，日久就通。有些人就是色庄，拿洋文书当装饰品。字都不认识，如何读书？每天正襟危坐，静心思虑，才能有所得。中国的东西确实需要整理。

极，物极必反。打狗太急，反咬你一口，恐要你的命。打猎三围，网开一面。留转圜余地，此即中国文化。

乾、坤二卦玩味通，保证这辈子做什么事业都成功。

天德、奉元，两步功夫。有天德了，就得奉元行事。无德，焉能位乎天德？成事者，绝对有德。天有好生之德，故曰"君子体仁，足以长人"。

发元始性，才能天下一家，不能有际界。"民吾同胞，物吾与也"，没有贵贱，众生平等。

与时偕极，穷极最不好，无转圜的余地。天则，自然律。

违背自然，不合道理，必垮。战争不可以有，但有时又不得不有，谁也控制不了。

龙，图腾。伏羲以龙命官，意义如何，不得而知。

或跃在渊，自试也。

天天考自己，"自试"于环境中，看能够得几分？多发人深省！明白一句，就不虚度此生。自明者，知自己的长短、多少，才能"自试"；"自试"，才能自立。

读过的，要会用。好勇斗狠，焉能成事？自一举一动可知你是什么料。"必也临事而惧，好谋而成"（《论语·述而》），有好的谋略，才成就事情。遇事，要用聪明智慧。谋事，先谋失败。成功，是做事的目的。成、败，是相对的。哀兵，才能求胜，要保持低调，没有双赢。

愈老愈知"祖文"的重要，即传统文化。"时习祖文，率性复文"，率性，不是说怎么办就怎么办，顺性就是道。今天之纷扰，既无时习，亦无率性。自己的吉凶未卜，焉能为人卜？

龟卜筮占，仪式隆重、严肃。"臧文仲居蔡，山节藻棁"（《论语·公冶长》），孔子讥其无资格养龟。"子入太庙，每事问"，"是礼也"（《论语·八佾》），有深意。

筮草五十根，用四十九根。占，必须有"极数"的功夫，才能"知来"。"空城计"是万不得已而用之，因"失街亭"，发展至"斩马谡"，一部《失空斩》。

真想发挥作用，中国人真到"时习祖文，率性复文"的时候了！智慧犹存，但要培养。

自己造就自己，谁也造就不了你。真明白得自度，而非佛度你。想有成就，非任何老师能助，必须自度。"吾未见能见其过而内自讼者也"（《论语·公冶长》），想成功的第一步要"自讼"，即告自己的状。其次，要"自试"，好好下功夫。

人皆望子成龙，是龙，也必各任其职，无一废物。龙生九子，个性不同，责任有别。皇宫门环，狮子头下含的环，上有龙纹，亦龙子（即椒图）。

传说龙生九子不成龙，九龙子性情各异，各有所好。九子：一赑屃（又称霸下）：形似龟，好负重，这便是石碑下趺的由来。二螭吻（又称鸱吻、鸱尾）：形体似兽，习性好张望或好险，成为今日庙宇殿顶、堂塔楼阁等高处的龙或屋上的兽顶、殿角的走兽，也可压火灾。三蒲牢：形体似龙而体积较小，性好鸣叫，成为今日钟上的兽钮。四宪章（又名狴犴）：形体似虎而有威力，立于官衙门扉或牢狱的大门上。五饕餮：好饮食，立于鼎盖，成为中国古代铜器最重要的装饰图案。六蚣蝮（又名趴蝮）：性好水，所以立于桥柱。七睚眦：性好杀，立于刀环等兵器上。八狻猊：形体似狮，性好烟火，立于香炉两旁。九椒图：形状像螺蚌，性好闭，最反感别人进入它的巢穴，铺首衔环为其形象。

"谁能出不由户？何莫由斯道也？"（《论语·雍也》）见仁见智，就看你的脑子有什么。

飞龙在天，上治也。

"九五"之尊，有德以惠民。上位者之德行够了，有德者有其位，如尧、舜，是"上治（zhì）"。如是"上治（chī）"，则是奴才学，以威权统治。

帝王时代，完全是奴儒作注，不敢批评在上位者。"天德不可为首"，所以应是"上治（zhì）也"。

亢龙有悔，穷之灾也。

"上九"，到头了，穷极之灾也。穷途末路，没有职业。

"穷"，极也，到头了。死了，就完了，还做七七？若有鬼，何不自己报仇？迷信，耽误了多少事。

太亢，少有成功者，应学会"滴水穿石"的功夫，以柔克刚。穷了，要能变，不可以一条道跑到黑。变必循路变，不违背人性，"穷则变，变则通，通则久"。

乾元用九，天下治（zhì，太平）也。

"用九"，九之为用。"用九"，人人都能用九，"见群龙无首，吉"。都是龙，还能有领袖？

"民吾同胞，物吾与也"，都同一个根。中国观念，生来即自由，是天民，"天德不可为首也"。

回去好好看《庄子·齐物论》，中国的传统思想太美了！

《庄子·齐物论》：齐者，平也、均也，同天人、均彼我，焉有高下、美丑、小大、真伪、是非？"道恶乎隐而有真伪？言恶乎隐而有是非？道恶乎往而不存？言恶乎存而不可？""物无非彼，物无非是。自彼则不见，自知则知之。""方生方死，方死方生；方可方不可，方不可方可；因是因非，因非因是。是以圣人不由，而照之于天，亦因是也。是亦彼也，彼亦是也。彼亦一是非，此亦一是非。果且有彼是乎哉？果且无彼是乎哉？""以圣人和之以是非，而休乎天钧，是之谓两行。""天地与我并生，而万物与我为一。"

人必须脱俗，"中立而不倚，强哉矫"（《中庸》）！倚，即随俗。骄者必败，自取灭亡。

刚开始，人人皆有士君子之行；更进一步，人人皆可以为尧、舜。中国人在几千年前就有此思想，元首出自众人，万国皆宁，"天下治也"。《春秋》以天子为一爵，一等爵。孟子称"天子一位"。《公羊传》说"天子僭天"，没这回事，故深斥之。

孔子三言之。

潜龙勿用，阳气潜藏。

"阳气潜藏"，并非没有阳气。男人不能没有阳刚之气，否则没有威仪。

见龙在田，天下文明。

"见龙在田"，见龙止于田，满街都是龙，得干一套，其成绩即"天下文明"。但天下不总是文明的，"天下文明"也非一步即至，入手处："德施普也"，即德化普及。

见龙止于田，如不止，则流失快。以人事言，常说要把握时机，但往往智者过之，愚者不及。抓住时机者，即时中，时舍。自以为什么都知，但一经印证，完全错了，自绝于日月，愚者之不及也。

台湾地区有几个大师讲衰世之学，其弟子可以抱残守缺，守一阵子就过去了。熊先生则不然，看其《读经示要》中《儒行》

篇，即讲盛世之学。

熊十力于"前言"谓："今世衰俗敝，有过五季，贪污、淫靡、庸暗、污贱、浮诞、险猜，毫无人纪，吾为此惧，爰述《儒行》。"总结："《儒行》皆人生至正至常，不可不力践者，故经者常道，不可不读。人生一方固须从事知识之学，以通万变；一方尤须从事超知之学，以于万变中而见常道。人生如不闻常道，则其生活纯为流转，绝无可据之实；其行事恒随利害易向，而不以公正为权衡。此古今以治日少，乱日多也。呜呼！此意不可与今之人言，而不忍无言。"

自己不知道自己不懂，最可怜，还说："'四书'读完了。"能舍于时，必有一段辉煌。"日月至焉而已矣"，时一过，即完！"三月不违仁"者少，只有颜回一个，所以颜回死时，孔子才哭得那么伤心。

一个人定得住，有所得，特别不易。哪个朝代没有几年太平盛世？

终日乾乾，与时偕行。

终日拼老命，在"与时偕行"，即不可离时，焉可以守旧？多么时髦！

"终日乾乾"，健而又健，行而又行，不只"及时"，已是"合时"了。

或跃在渊，乾道乃革。

有识时之跃，仍为一活跃之龙，否则不合时了，就要被淘汰。

革命，换时，得变革，谁叫你守旧？不合时，得革命。此一变革，含无量义，乃生生不息，有无尽的生命力。

飞龙在天，乃位乎天德。

"乃位乎天德"，乃见天德；天德好生，好生不杀。

因为有天则，才要则天，法自然。自然法则，如日月之运、四时、寒暑。现在更应则天，因为无法跟上自然。上月球，即法天则，自则天来的。老子"法自然"。

本位，"乃位乎天德"。"天德不可为首"。天德好生，即仁，"杀一无辜而得天下，皆不为也"（《孟子·公孙丑上》）。书院原来称"天德黉舍"，表示反对战争；后称"奉元书院"，要和平。

亢龙有悔，与时偕极。

得适时，如"与时偕极"，超过即出毛病，所以有悔。

《易》至既济卦（䷾），即接着未济卦（䷿），以"未济"终焉，因不能"与时偕极"，才有厚望焉。

"中庸其至矣乎"，中国以"中庸"为至德，讲"时中"之美，"君子而时中"（《中庸》）。过犹不及，时转则失。

乾元用九，乃见（现）天则。

有"天则"，才能则天，尧则天。始于则天，终"见天则"。

天则永不变，日月之运，应按天则做事，则天之自强不息。

天民，天德，天爵，天禄，天则。就因为有天则，才要则天，法自然。自然法则，如日月、四时、寒暑。老子即知"法自然"，好好读《老子》，中国思想源于道。

《老子·第二十五章》:"有物混成,先天地生。寂兮寥兮,独立不改,周行而不殆,可以为天下母。吾不知其名,字之曰道,强为之名曰大。大曰逝,逝曰远,远曰反。故道大,天大,地大,王亦大。域中有四大,而王居其一焉。人法地,地法天,天法道,道法自然。"

"天则"永不变,不可越过"天则",否则"有悔"。尧则天之"则",故成其大。武则天,聪明绝顶。一个人必得有真智慧,不可以执迷不悟。

要深入看,要精。我此讲为"独门货",所有注解都没有。善用脑,宁可过之,绝不可不及。以体验印证所学。

有大智,何不借机团结同志?不离群,即合群。太愚了,为抢一臭骨头而两败俱伤。即使是假的,也得摆出样子。

要懂,一步一步地。自试完,不合格就变,另辟天地,还殉什么葬!仔细,就能用上。你们真是乖到极点,什么也不敢写,最大的冒险就是找女朋友。人活着应有活力,不可以"心残"。学的是精神。

要学做人,责任很重。见利忘义,连父母都可以出卖。行险侥幸,将来什么都没有。千万别钻尖取巧,自以为最聪明,其实是最糊涂。

一个人如格调都没有,那就完了。同学伤品败德的我都不要。《孟子·滕文公下》云:"昔日禹抑洪水而天下平,周公兼夷狄、驱猛兽而百姓宁,孔子成《春秋》而乱臣贼子惧。"

完全没有正知正见,就以利。《易》言"能以美利利天下,不言所利,大矣哉",今专以私利害天下。同学应检讨自己,看还有多少缺德的种子。必自己是真人才行，"人之生也直"，即真，直人即真人（道家）。空口讲没有用，应怎么知怎么行。

我天天喊，在为这块土谋福利，必找一帮清新有人格者。做事以诚，非靠花言巧语。必须知道怎么建设未来，既有的不能丢，缺的必请他们补上，称"老大哥"。自己力不足，要请"老大哥"帮忙。

必须检讨自己的缺德处。"天德不可为首"，我五十年没与人争过名。每字皆是活的，不是会背就好。

孔子四言之。

君子以成德为行，日可见之行也。

"日可见之行"，每天都如此，而非"时舍"。始终如一，曰"成德"，一切善行见之行事，造次、颠沛皆必于是，"其心三月不违仁"。

有些人净爱名爱利，一旦到手了，就有"婚外情"。要了解精神所在，知道了就要去做，不要利令智昏。

现在"奉元学会"的学生在大陆有一百多人，在北大有五十多位。你算谁！还嫉妒？永远比不上！要好好学。

要清白、没有包袱，才有作用，"修辞立其诚"。是"乘龙"，非为龙所乘。

潜之为言也，隐而未见，行而未成，是以君子弗用也。

此段文字，与一气呵成之前文，显然非出于一人之手。

熊十力批评被窜得太多。熊子以坤《象》到"先迷失道，后顺得常"即结束，后面为窜入的。

"君子弗用"，虽已成德，但时为潜，不敢以德用世，必大智若愚。

君子学以聚之，问以辩之，宽以居之，仁以行之。

看这段像不像《中庸》？

人都得经过这个。内圣，"学以聚之，问以辩之"，辨所学之道；"宽以居之"，人必须宽，无所不容；然后"仁以行之"。做大事业必先养魄力，"君子深造之以道，欲其自得之也。自得之，则居之安；居之安，则资之深"（《孟子·离娄下》），守之安，才能资之深，左右逢源。什么都有一定的节奏，懂了，如何去实行，有无"学以聚之，问以辩之"？

要用脑，愈用愈灵敏。上课细听，再回想，用联想，意义记住，就会背了。

要重视局势的演变，世界地图有总图、有分图。每件事，用一小旗做代表，看其演变，可知来龙去脉。如此训练自己，才可成就外交。对有智者言，不强求。一事发生，可以看出五六步，绝对有把握了，才可以捷足先登，否则为马后炮。

《易》曰"见龙在田，利见大人"，君德也。

"利见大人"，人人都受化了，人人皆有士君子之行。

君者，群也，《白虎通·号》云"君之为言群也"。《荀子·君道》称："君者，何也？曰：能群也。""君德"，群德，人人皆可以为尧、舜，"见群龙无首，吉"。

人为什么活？为了智周万物，道济天下；通天下之志，除

乾卦第一

天下之患。脑子没有受感染过，才能灵活。思想——民族与土，必须先尽己之性，才能尽人之性、尽物之性，才知天下之患，进而除天下之患。

旧时东北的汉人多半是忠臣之后，因为犯罪而被贬至此。过了开原（今辽宁省开原市），就是西太后的老家——叶赫部（海西女真四部之一，1619 年被建州女真吞并），都是被贬谪的地方。

九三重刚而不中，上不在天，下不在田，故乾乾因其时而惕，虽危无咎矣！

"九三"被架空了！"重刚"，以刚接刚，交接处，遇事要特别小心，得"乾乾因其时而惕"、因其事而惕，以惕渡危，则"虽危无咎矣"。此乃处危之道。

九四重刚而不中，上不在天，下不在田，中不在人，故或（惑）之。或之者，疑之也，故无咎。

"九四"，"上不在天，下不在田"，指六画卦而言，为人位。"中不在人"，不在众人之中。

"或"者，疑也。近君之位，是权臣，伴君如伴虎，"四多惧，近也"。疑而自试，"故无咎"。许多人不懂自惑，因此不知怎么躲开危险。

在对一东西不清楚时，必须多体验，以求其真实性。说安贫乐道，欺世之言。有多少人真能安贫？大多是不得不贫！含糊过去，将来就不懂。人愈老，愈有孺慕之情。

既不在主流，又不在非主流，又非核心，应自得其乐，就能无咎。但我非如此，所以前门被喷"王八"、后门被贴讣文。

既不在环境当中，说那么多闲话干什么？但是教书，必须将学生教明白。

真明白，没什么神秘，是哲学思想。"揭谛"，是宣传用语。

《心经》后文：故说般若波罗蜜多咒，即说咒曰："揭谛揭谛，波罗揭谛，波罗僧揭谛，菩提萨婆诃。"

夫大人者，与天地合其德，与日月合其明，与四时合其序，与鬼神（先民）合其吉凶。

《大学》，学大，学大人之学。好好从头至尾看《大学》，马上就能用。

"大人者，与天地合其德"，天地之德尚公，"生而不有，为而不恃"，"能以美利利天下，不言所利，大矣哉"，第一要去私，《易经》最初步即进德修业。

天地尚公，但无私太难了。我天天警己，看看自己有多少私。制药、开面粉厂，不要好高骛远，做最笨的买卖。人必须有安定的生活，才能谈其他，"仓廪实而知礼节，衣食足而知荣辱"，所以要优生。不吃面不饱，面亦一系列。在台湾地区，何以方便面大家都吃统一企业的？因为货真价实，童叟无欺，"本立而道生"。做自己力所能及的事。聪明绝顶者不一定都有成，愚、鲁者虽慢亦有成。人必须自知，无自知之明，最愚！

"与日月合其明"，能有日月之明？"与四时合其序"，礼，天理之节文、四时之序，伦常之始。

"与鬼神合其吉凶"，鬼，人死曰鬼，祖宗，中国人以祖先为最伟大，故与祖先合德。神，有遗爱在人者，有孔庙（**文庙**）、武庙、祖师庙，每个发明家皆列入。中国若无孔子，中国文化无如此的辉煌。中国是"鬼神观"，拜神在崇功报德；"保佑观"是自宗教来的。鬼神是我们的榜样，所以要"与鬼神合其吉凶"，即和他们一样好，在人世间必留有遗爱给后人。学扁鹊、伏羲，吉凶相应与，即同一好坏。

孔子集大成，孟子称其与大禹治水同一功劳。奉元也要完成划时代的责任。

普通人与势利争，超人与历史争。必记住：每天要"与鬼神同其吉凶"，否则白活了。他与草木同朽，骂你，你动什么心？有精神力量，才能做事业。

应争怎么共福。有思想、有抱负者做领导人。一民族是靠文化存在，名利之徒怎能成大器？我省吃俭用，奖学、供同学读书。要做事得有才，百事非才莫举。人活着，要有目的，非靠巧取豪夺。我看你一眼，就知你搞什么，"人之视己，如见其肺肝然"，还要你用嘴说！

先天而天弗违，后天（动植物）而奉天时。天且弗违，而况于人乎？况于鬼神乎？

"先天而天弗违"，即乾元，"万物资始，乃统天"。后于天，"奉天时"，即万物，过时即不生，"鸡豚狗彘之畜，无失其时"（《孟子·梁惠王上》），吃东西，感到有无尽的生意。唯人不必奉天时，天天生。

"天且弗违，而况于人乎？况于鬼神乎？"有天则，"与天地合其德"，天民，必得则天，"与日月合其序，与鬼神合其吉凶"，此自然律，谁也无法违背。

盛世，必须有盛世的思想，今天要产生中华盛世的思想。你们有福生在中华盛世，如不抓住机会，则有如坐地狱。我自懂事以来，旧时的中国就乱，十三岁介入乱，现实悲秋。如果换作是你们，弄不好是悲哀，不只是悲秋。

不要有哀世的思想。要识时，生逢盛世，不要哀世。

"奉元"是什么意思？"君子体仁，足以长人"。体元，体；体仁，用。仁，元之用。奉元，要体仁、长人。

坐井观天，小智穿凿，读完书有用？有时读《资治通鉴》，只会控制人。

好好造一个盛世的思想，宋明理学皆不足以挽救时代的危亡。万法唯心，"衰世之学"有哀声，衰世之后接着盛世，盛世之学有生气。熊十力是第一个在中国衰败时懂治"盛世之学"者。"天德"到"奉元"，讲"盛世之学"。

一念之转，万事唯心，皆系于一念之转。何以十几岁就等死？死后上哪儿？书读百遍自通。练达思想，好坏在后人接受与否。

亢之为言也，知进而不知退，知存而不知亡，知得而不知丧。其唯圣人乎？知进退存亡而不失其正者，其唯圣人乎？

安于潜，潜得住，必须有正知正见；潜不住，即失德，理智很难胜过情与欲。"知进而不知退"，不见棺材不落泪。要恰到好处，"知进退存亡而不失其正"。

有些人不改变习性，永远无法成功。不能合作，绝不能成事。人世就是热闹，人生不易，懂了，必到我这年纪。成败事小，常一言丧人，而当政者则一言可以丧邦。

这七八年，不知有些人所为何来？何以自欺还掩耳盗铃？

有三五个人，就可以讲学。《孝经》，讲经的部分（《开宗明义章》）即可。

仲尼居，曾子侍。子曰："先王有至德要道，以顺天下，民用和睦，上下无怨。汝知之乎？"曾子避席曰："参不敏，何足以知之？"子曰："夫孝，德之本也，教之所由生也。复坐，吾语汝。身体发肤，受之父母，不敢毁伤，孝之始也；立身行道，扬名于后世，以显父母，孝之终也。夫孝，始于事亲，（**中于事君，**）终于立身。《大雅》云：'无念尔祖，聿修厥德。'"

"先王有至德要道，以顺天下"，"非至德，至道不凝焉"，每个人都率性，先觉觉后觉，"率性之谓道"，先觉觉后觉，则"民用和睦，上下无怨"。

"复坐，吾语汝"，证明是汉儒写的，已坐椅子，非席地而坐。

"身体发肤，受之父母，不敢毁伤，孝之始也。立身行道，扬名于后世，孝之终也。夫孝，始于事亲，（**中于事君，**）终于立身。"其中"中于事君"一句，系汉儒所加，因为汉朝倡"孝悌力田"，汉室以孝治天下。"无念尔祖，聿修厥德"，不要忘记祖先，继续修他们的德。中间加的，思想接不上。思想是"和顺于道德而理于义"，义者，宜也。理于宜，办事恰到好处。

《坛经》即一部《中庸》，讲"明心见性"，为了"见性成佛"。我不反对宗教，但亦知其然，不知其所以然。欲之可怕，何以要走那么多的险路，还履险如夷？何不好自为之？本立而道生。

易经日讲

自讼、自试，不自欺，最后绝对像个人。本身要不迷、无欲，又如何受骗？我在台五十年，不上任何贼船，即无欲乃刚。人所需，够就好，超过是个累赘。人若无情，是木石。懂得人的滋味了，才有活的价值。如"役于人"，焉有滋味可言？"大人者，不失其赤子之心"最难，赤子之心的时间好短。

为自己的名利，可以牺牲别人，才是大过。第二次世界大战，群魔乱舞，希特勒真是魔鬼！人类就是斗智，战争是不得已而为之。智慧，非争总统。历代帝王不得了，但时过境迁又如何？伟人是与历史争。

智周万物，道济天下，物，包含人、事、物。智周万物，把人、事、物都研究通了，其结果即道；道济天下，将所得的道济天下。每天问自己："为何而活？"即智周万物，而非偷鸡盗猫的。

"财（裁）成天地之道，辅相天地之宜，以左右民"，"左右"，帮助。天地之道，得如做成衣，要下裁之、成之的功夫，靠人智裁之、成之。成立农业试验所，是在试验农作物在当地宜不宜，以帮助百姓。

人为何而活，如何活得愉快？用智慧研究一切，是为了济天下。证严是慈济，奉元是道济。观世音，即察世音，寻声救苦，没有分别心。普通人就有分别心，多少人都以不知为知，以无知衡世。

你们应当知为何而活，要智周万物，道济天下。智慧之产物，才能名垂千古。不要将有用的智慧浪费于无用之地。你们记住：发挥作用，如救人一命，胜造七级浮屠（*即佛塔，是音译*）。

乾卦第一

"不怕不识货，就怕货比货"。社会上是斗智，得培养智慧。

有知识了，要用在有用之处。一落笔如要人命，焉有良知可言？要将智慧用在有用之处，"以左右民"，即利于人。不要净是东扯西扯，王婆似的逼死人。人要是不怕死，就无不能成的事。为文，必须有利于人，宣传道德的事，守道德。活着要有点意义，不可以不知为何而活。

"不曰坚乎？磨而不磷。不曰白乎？涅而不缁"，究竟何所指？不能只是照字面讲，要求其深意。

在台教五十年书，同学中等才智的不多，总要你们培元。在台浮沉之士，亦无中才之人。非生而知之，得学而知之，必须下功夫。

不能含藏，焉有智慧？何以都要暴露？许多话只能放在心中，不能说。在旁多看，增不少智慧。浮沉千古事，都得垮。

"不曰坚乎？磨而不磷。不曰白乎？涅而不缁"，什么最坚、最白？人性也，"率性之谓道"。中国学问，以性为本。人性之坚、之白，谁也毁不了你，"匹夫不可夺志"（《论语·子罕》）。好好培养你们的智慧。我自失败中，得不少的启示。

本不立，道不生。修齐治平，好好读《大学》《中庸》，绝对有用。格致诚正，"本心"非肉心。必须严格培己，才能有担当。

学校应是最圣洁的，却还有派系，能有格？"知进退存亡而不失其正"，正，止于一。知止，才能有成。《大学》讲"知止"。

中国的东西是智慧产物，绝对有用，得下真功夫。跟着派系走，微不足道，没有自我，焉能做思想家？胡适提倡白话文，《红楼梦》的白话不错，宋明儒写的"语录"也是白话。

要尽量培己，绝不能关门做皇帝，所想、所做完全与外面的背道而驰。知人难！

"所恶于左，勿交于右"，今在台湾地区，可以学很多事。

要用事，学办事的方法，贵精不贵多。要保持"坚、白"，人格永远是人格。当老师的要以人格做学生的表率，中学生就懂做人。

没有大才，自根上培己，先齐家，齐家亦得有品德。格，包含一切。有文化的民族，怎么做事也不失掉格。所谓的"真乐园"，子孙焉能承袭此一职业？

想成事必须有德，证严有信德。证严讲经，婆婆妈妈，但皆肺腑之言。有德，才能成事。"巧言令色，鲜矣仁"（《论语·学而》），应学会吃亏，能舍才能得，舍得舍得。

时与机，非巧取。人无万能，必知己短。遇事要留心，好好研究，我看得多，没有德绝不能成功。有德者居之，看其后人，人活着最要在"裕后昆"（《尚书·仲虺之诰》），有好子孙。妄想，不等于志，各人各性。孔子是高才，可惜"知其不可而为之"（《论语·宪问》）的成就都没有。

深深玩味乾、坤二卦，特别重要。《易经》的宝贵，自现在所见的书，可以说无一句废话，接受就能够聪明睿智。业精于勤，一勤天下无难事！

真有抱负，都得深思。如大家都能立于元，才能奉元，又何事不成？不论教书、搞政治……一切都有元。信宗教是一种高尚的情操，但是不能迷信。我们的立说皆一以贯之，伏羲、女娲是我们的亚当、夏娃。既是死后上极乐世界，那庙为什么要烧冥纸？

没能立于礼，又如何行礼？"不学礼，无以立"(《论语·季氏》)。元，礼，是大本。我们是奉元学派，表明是自根上来的。文史哲是根上来的。想成事，必须立于元，才能够奉元。

"首出庶物，万国咸宁"，尽己之性，尽人之性，尽物之性，"各正性命"，则与天地参矣！动物、植物、矿物皆在内，必了解其性，才能尽其性。神农尝百草，是要尽物之性。中国人动、植、矿都吃，因为中国人能尽物之性。

见一人眼动，即知他在想什么，此乃尽人之性。从一人的行动，即可以看出。如不能尽人之性，焉能耍人？观其眸子，人焉廋哉？告诉人家事的，莫过于两只眼睛了。凭什么了解人与物之性？凭己之性。自己是人，乃能以己之性类推人之性。尽己之性，得了解自己。是人，就能了解别人。

"各正性命"，最后"与天地参"，平视。天生之，我役之，得有"保合太和"的功夫，才能使万物生生不息。

冥冥中有一最高的造物主——乾元。道家的最高神"元始天尊"，"尊"，是尊词。名词不同，但均承认有最高的主宰。不要自欺，主宰最后会审判。从古至今，无一捡便宜者。

活着应有高的境界，要为人类做些事，谋人类的幸福。人在迷时，永不能悟。没有至德，至死不悟。千万不要从欲，人之为道，自己也不知结果如何。看今天社会，违反人性的事太多了，如再不从家庭着手，完了！智慧有层次，到什么时候用什么智慧。了解了高智慧，应知要怎么走下去。

应记住我所讲的不同处，才能"通六经"，知"吾道一以贯之"。孔子"述而不作，信而好古"(《论语·述而》)，曰"周因于殷礼，所损益可知也；其后继周者，虽百世可知也"(《论语·为政》)。

《大学》《中庸》好好看,《大学》乃修身之基,《中庸》为用事之方。

"文,经纬天地",有伟大的政治思想才叫文。中道,即王道,孟子说"养生丧死无憾,王道之始也"(《孟子·梁惠王上》)。孔子仍讲"中道",即尧舜之中道,"允执其中"(《论语·尧曰》)。

我看《易经》,每句话真是"金不换"。你们不下功夫,将之当白水喝了!讲《易经》,不是讲文章,而是要会用智慧。熊十力的《乾坤衍》,专讲乾、坤两个《象传》,此处崇敬熊夫子。奉元书院则讲做法。讲《易》,为用其智慧。人家骂,只要你不呆就好了,也不必骂人。新的讲法,不如新的做法,是合乎今天的做法,而不是索隐行怪。应是救人的灵魂,现在有不少不完整的家庭,应好好地自本身做起。书讲得再好,也没有用,是针对时代而做,而非说是要为时代治病。

学科技的,对人类有固定的贡献;学文的,不能造谣生事。知识分子,再不善用智慧,完全是书呆子!天下文章一大抄。真正的史学家就只一个,至今犹未有超过司马迁者。

熊夫子不喜人称其为"新儒家",但他的确开出新的路子。他感到必自思想救起,转而研究学术。

家庭如何不破裂很重要。不知如何做,就回头看看老成方子,《大学》讲"齐家",得从当家的开始,自诚意正心→修身齐家→治国平天下,中国人就为此而活。自根上来,《大学》与《中庸》相表里。自人性开始,负起责任,最后达天下平,此即华夏精神。平天下,是在"夏""诸夏"的境界;平天下而后天下平,"华夏"的境界。多少人至死犹不知"中国人"是什么。

脑子得如空气般流通，成为人人所必需的。每天应得许多启示，必须面对问题。它引起我想，更是重要。有用之学，让你的脑子活起来，用到事上。是中国人，爱中国就得了解中国。中国的大问题在什么地方？知问题之所在，就得解决问题。

看许多破碎家庭的小孩多么可怜！要解决实际问题。扪心自问：有几个美满的家庭？几对夫妇不斗嘴、发脾气？家里三天不宁，回到自己的环境，没有新生活。再不惊醒，恐怕……"听讼，吾犹人也；必也，使无讼乎！"（《论语·颜渊》）自"孝友家庭"使"无讼"，"'孝乎惟孝，友于兄弟，施于有政'，是亦为政，奚其为为政"（《论语·为政》）？今天很多教学者皆从心所欲，没有经过严格的训练。某些幼儿教育者并没有经过实际的训练。

你们现在所享的福，是上一代创建的。你们的下一代吃什么、用什么？有些地方所谓的繁荣是花钱的繁荣。你们的父母以前都是"日出而作，日入而息"，你们这一代能吗？没有想问题，又如何建设这块土？懂得想问题，就知如何解决问题，建功这个时代。要知道谁说真话、谁说假话。

确实没有比中国思想再丰富的了！杨朱"人人为我"，根本不必人家救济，不必"拔一毛而利天下"（《孟子·尽心上》）。人人不为我，社会如此多的慈善家，问题都解决了？

各人所好不同，必须选你们所好之书，熟了，则可以"取之不尽，用之不竭"。什么书都不熟，做事如同盲人瞎马，有什么办法？人活着，就得负起人的责任，起码要齐家，至少不要成为社会的累赘。如再能治国平天下，岂不是更好？由此，可见中国人的人生观。

中国人的思想就"一以贯之"。"用九",九之为用;"用六",六之为用。中国的学问如讲得前后矛盾,就不对了。尧、舜,是中国的好帝王。文王,是死后追封的,评《武》乐:"尽美矣,未尽善也。"(《论语·八佾》)"素其位",国君"恭己正南面而已矣"(《论语·卫灵公》),否则即大盗盗国,下面的小盗就盗民,所以百姓苦。化民,必得使百姓都看懂了,才有用。如年轻时未能培养正知正见,又如何能负起拨乱反正之责?

我母亲教导:"到办公室得启动一下,叫部下知。"我有一姐,非我母所生,但我母视如己出。当年的月俸均一,我常不足,常向姐借。我母亲知道后要调查,姐要受训。问:"有借就有还,何时还?"答:"我们还怕什么,这堆不就是你的!"

我结婚那天,晚上陪父母谈话,我母亲说:"先太福晋生三个女儿,如生一个阿哥,你的财产就去了一半。她们三个就算拼命花,也不会花掉你的一半。"我母亲是续弦的。此后,姑奶奶要什么给什么,我和姐姐之间没有红过脸。家教的重要性在此。

懂了,必须按礼行事,有一定的规矩。因为是书院教育,必须懂得读书的精神,用以升华自己。读书明理了,才能改变器质。父母让你们读大学,你们应像个受过大学教育的人。就是做祖母了,坐在那儿,也必须有个样子。

"大易"与《春秋》乃中国人不传之秘的智慧,必须叫人人懂才有用。写给外人看,看他们是否懂。

《乾坤衍》衍乾、坤两《象传》。我的讲法与熊十力不同,衍法有别。熊十力活用佛学,援佛入儒。我依经解经,学问绝不能躐等，必须按层次。从黉舍开始，即要造就士。古时称黉宫，后演为书院。为文章，是文丐，不是文人。读书，要培养器质，士尚志。

孔子思想源自老子，而更进一步；容乃大，君子不器，"德合无疆"。由一到元，改一为元。太极生两仪，合德就生生不息，"德合无疆"。做智慧的接连，而非文字的接连。知道根据什么去想。道家未必是老子之意，若要大家成仙，老子又何必说"治大国，若烹小鲜"？每个人都有智，均可以讲一套，但不可以离开中国的道统范围。

《易经》如说都是孔子作的，亦有问题。"太极生两仪"并非孔子说的，孔子"改一为元"。老子说"道生一"，孔子"改一为元"，说"大哉乾元，万物资始，乃统天"。老子智慧固然高，但孔子的境界更高。元，没有两样，但有两面，一为乾元一为坤元，一上一下。

何以古人可以想得同今人一般？阴中有阳，阳中有阴。中国人画画亦有智慧，看"阴阳图"。不是替古人宣传，而是启示：古人何以能如此想？中医对人体构造想的，与西方解剖的不谋而合。那何以今天有些人连接收的能力都没有？

孔子之后，儒都分为八，何况是我？一样与否，并不重要，重要在讲。都一样，那岂不是依样画瓢？

何以中国人会那么想？做事要找到窍门，老子谈"窍"。

《老子·第一章》："道，可道，非常道。名，可名，非常名。无名，天地之始；有名，万物之母。故常无欲，以观其妙；常有欲，以观其徼。此两者，同出而异名，同谓之玄。玄之又玄，众妙之门。"

针灸治病，连黑人都去学。人体之病，微妙到极点。"良相医国，良医医人"，医国之道很粗，不若医人之道，但必须找出窍门。找出穴道，岂不是就找出了医国之道？没有医生是先祈祷再治病的。现在有些人尽往迷信里钻，哪种人才到哪种地方。有那个地方，但不一定人人去。什么都具备，但不一定俱用。

中国书多，任何人也无法让老师教遍，必须养成如何用自己的智慧，智慧放诸四海而皆准，必须懂得如何善用智慧。将每个都摸清，即尺度，一尺可以量尽天下事。

中国有文化时，外国人还没穿裤子哩！文化的目的何在？立这么多说，有这么高的智慧，为的是什么？从古至今，到底为什么？立说者乃先觉者，为什么？就为了"万国咸宁"。乾坤道尽宇宙现象，一切都有了。明，能终始，故大之，曰"大明终始"。明，同于元，元为体，明为用，《大学》讲"在明明德"。

"万国咸宁"，即天下太平、世界大同，从古至今有无实现过？从有历史的夏朝往下看，哪一朝代实行了？没有。可见这些良相的药方都没有用，得再劳心补充治国的药方，因为它不灵，不能治天下的病。孔子是第一个修改药方最厉害的，但他留下的药方也没有用上。春秋时代，诸子百家均拿出一个药方，但也无一用上；有的用之一时，病又复发了。

历代智者皆劳心尽力修药方，但都没有用上。宋朝值危亡之际，出了一位程老夫子，其后朱老夫子到福建讲学、修药方，到金门看马（金门是当时的养马场，而马为当时的"坦克车"），但仍无法阻止宋朝的覆亡。

明朝将亡之际,又出现王阳明,后来又有王夫之、黄宗羲、顾炎武。清末,也出了谭嗣同,自《仁学》看出其人才智不得了,但中了外国毒,政变后不逃,坐屋中等死。应是"谭康变法",因为是谭影响康(康有为),梁(梁启超)出《新民报》,成"康梁变法"。当时梁并未入军机,是康的私人秘书,手抄南海先生的诗稿,所以清廷没有通缉梁。梁到日本,擅长文宣,乃将变法之功冒名顶替了。谭嗣同以血写药方。

廖平影响康南海最大。孙中山也出药方,提出三民主义、五权宪法。诸子百家,立方;以之服用,即成方。

我十三岁读完"十三经",我母亲说"没出息"!送我到日本去学习。我在母亲面前立誓"长白又一村",认为得"另辟天地",故曰"奉元",将古人失败、用不上的方子加以研究,看何以用不上?历代对孔子的主张,皆"挂羊头卖狗肉"。但是旧的并不是都要毁掉,而是要"穷则变,变则通"。

每个大家均著书立说,都想要福国利民,但是都用不上。有人办法想绝了,也没用上,气得说"圣人不死,大盗不止"(《庄子·胠箧》)。到底要哪一种圣人死,大盗才止?何以大盗没止,还变本加厉?这是一个害天下的圣人,第一步要突破造就这种圣人的环境,这才是"仁"。什么环境造就什么圣人,所以要突破这种环境,就得自根上解决。总之,得研究造就这种大盗、圣人的环境。

庄子的"圣人不死,大盗不止",说得有点像王婆骂街。荀子说"上下易位然后贞"(《荀子·臣道》),多有思想!绝对读完《易经》了。"首出庶物",领袖出自群众中,即老百姓也可以做元首,"首出庶物,万国咸宁",至今犹未至此境界。从上古至今,立说真能切中时弊者少,此句话切中时弊了。

现代许多人缺少刚健,立德、立言者,很少至立功之境界,也没能达"万国咸宁"的境界。要自"元"开始,所以要奉元。真有伟大的抱负,华夏、世界、宇宙,视"天下为一家,以中国为一人"(《礼记·礼运》),"一人"即"一员",为家族中之一成员。真有此思想,每天多精神!压根儿就没有产生"大盗式圣人"的环境。但是受旧思想的传染太深了,要马上去掉可是不易,连孔门的子路、子贡亦如此,常用旧思想质疑老师。

老子逃亡时,写下了《道德经》,留下五千言,骑青牛出函谷关。他是经验之谈,但也没能解决问题。以五伦不足,再加一伦,李国鼎(1910—2001)倡第六伦"群己",能够解决问题?

何不想方设法使大道不废?既然诸子都未能救世,再弥补旧方有用?应是重打锣鼓另开张,另辟天地,"天地须另辟,日月易新悬"。

你们将来不要做俗儒,更不要做腐儒。你们天天所接触的到底是什么?今天所讲的"本土文化",有三分之二都是外来的。真想学中国东西,必得好好下功夫,均一以贯之,就一个脉络。应自中国东西发掘,自传统寻觅,将之翻转过来,要突破既有造成"大盗式圣人"的环境。把每一家的要点(核心)都拿出来。如果仍由腐儒代代接着扯,能有作用?

有些人不会动脑,就是会背书也串不在一起,就是懂了也抓不到要点。如看法比别人深刻,就可以比别人成功一步。懂得运用智慧了,于你们可有无穷的帮助。

"万国咸宁"是读书人的责任,《易经》六十四卦所有的爻都应达到此之术。

解铃还得系铃人,应自人欲入手。避欲不谈,立说乃背道而驰。如将"性"研究至"满汉全席"的地步,那就没有病了。要返元、归根,就要将所有的"伪装"拿掉。"道不远人,人之为道而远人"(《中庸》),"率性之谓道",伪焉能治病?所以,今天要自人性入手,"人之生也直","举直错诸枉"(《论语·为政》),都太平无事了,才能"万国咸宁"。

人奋斗的目标:福寿康宁,"万国咸宁"。何以不懂得自求多福?各有信仰,但必须有一定的规矩。某个人一生都是跑龙套的,累死还一事无成。但要做有意义的事,得"不易乎世,不成乎名"地干下去。

从古至今,儒家尽做点缀品,治世用上就得改变。威仪是自"自重"来的,"君子不重则不威"(《论语·学而》)。

"以夏学奥质,寻拯世真文",不否定本,即元,"元一以为质"(《人物志·九征》)。中国学术自"元"开始。要去掉中国的病根,"学则不固"(《论语·学而》),"非敢为佞也,疾固也"(《论语·宪问》)。固陋,不合时宜,违反时代发展。如何治固陋?第一步要"好学"。"学则不固",拼命学就不固陋。"疾固",讨厌固陋,得吸收新知识。历代学人知有毛病,在去毛病、改药方,结果自己吃不饱。

天天学文史哲,没有馒头钱,还得饿死。《尚书·洪范》是中国最古的宪法,以马一浮的《复性书院讲录》讲得最好。

《复性书院讲录》六卷,其中卷五《〈洪范〉约义》,总论:"《洪范》为尽性之书，六艺皆尽性之教。"

光知道"疾固"，却没有治固之术。学，就有术。没活用，白读了。要做活学问。真能用，"吾道一以贯之"。良相医国，必须知为何生存，有责任感。书皆成方，当药方读。多读书，有成方子。

我从元立本。真不知你们什么时候也能传元之道。从元立本，要行元之道，奉元。"权变"是儒家最高的境界。"可与共学，未可与适道；可与适道，未可与立；可与立，未可与权"（《论语·子罕》），权，易，龙。

孔子的学说是一个"时"字，孟子"愿学孔子"，称孔子是"圣之时者"。夫子的政治主张，当时全天下皆知。一、"首出庶物"；二、"大道之行也，天下为公"。所以饱受冷嘲热讽。

乾、坤两《彖传》，就如同《易经》的双眼。"知者观其彖辞，则思过半矣"（《系辞传下·第九章》），应会背，才知道《易经》在说些什么。要知经书有问题处：六十四卦中有多少地方谈及"首出庶物，万国咸宁"？与之相应的有几处？得把一东西横看、竖看、前看、后看，真明白了，则每句话都不落空。要发知识分子的良知，否则别人写一个字都是助人为恶。

先有目标很重要，人文亦有科学。提醒你们，希望你们能做事。读完文史哲做什么？于你、于民生有什么关系？

"小孝奉亲，大孝奉元"。父母养你的小，你就得养父母的老。你怎么好，也不如你父母对你的好。是孩子要的，父母都不敢吃。孝父母都不能夸口，现在不打父母已经不错了。说"我们有代沟"，是最不孝的话！

"桓公九合诸侯，不以兵车，管仲之力也。如其仁！如其仁"，"微管仲，吾其被发左衽矣。岂若匹夫匹妇之为谅也，自经于沟渎，而莫之知也"（《论语·宪问》）。此乃"奉元之孝"，对国家民族的孝。"仁者无不爱也"（《孟子·尽心上》），没有一样不是自"元"来的，奉元，即无不爱也。

教学生不易，子路犹不脱"小人儒"，"以道殉人"，临死还不开窍，谈何容易？如明白那段，可能对中国的贡献大。有些人的思想并未解放，还没有为元奋斗。"安仁居士"，"安仁者，天下一人"，反对苦难，没有比战争再苦难的，要反对战争。

现代教育存在很大的失误，孙子说："爷爷您天天看书做什么？又不考试！"你们读书就为了考试。一句话，教育部门的责任太重要。孩子的脑筋变成考具。小孩从小的训练很重要，教得好，十几岁就可以到大学生的境界。

必须弄明白几个原则，才懂得儒家思想的指向：政治思想最高境界是"大同"，之前是"小康"，即小安。

看到老是小康，老百姓只是小安，循环报应无已。原是天下本无事，有些人却天天制造名堂。孔子感到必须到"大同"才行，要"不独亲其亲，不独子其子"（《礼记·礼运》）。如谁的父亲谁养，则有人的父亲永远养不到标准；"不独亲其亲"，使之享受同一种待遇。

从小康到大同世，并不是一跳就能达到的，所以《春秋》有三世：据乱（小康）世、升平世、太平世。慢慢地过渡，由据乱世开始，第一步贬天子，第二步退诸侯，第三步讨大夫。《大学》云："有国者不可以不慎，辟则为天下僇矣。《诗》云：'殷之未丧师，克配上帝。仪监于殷，峻命不易。'道得众则得国，失众则失国。是故君子先慎乎德。"从小康到大同，得经过"据乱、升平、太平"三世。据乱世的三部曲：贬天子、退诸侯、讨大夫。

周文王在孔子看来是"小康之最"，六君子之首；评《武》乐"尽美矣，未尽善矣"。赞美文王，因为他没有真当天子、做缺德事，乃以文王作为"小康世"的代表人物。尧、舜则为"大同世"的代表。《春秋》"拨乱反正，乐道尧舜之道"。

《公羊传·哀公十四年》："君子（孔子）曷为为《春秋》？拨乱世，反诸正，莫近诸《春秋》。则未知其为是与？其诸君子乐道尧舜之道与？末不亦乐乎尧舜之知君子也？制《春秋》之义以俟后圣，以君子之为，亦有乐乎此也。"

孔子"不为东周"，乃另有所为，要另立新王，创王制，新王之制，公天下之制。

《论语·阳货》子曰："夫召我者而岂徒哉？如有用我者，吾其（岂）为东周乎？"《春秋》以鲁当"新王"，立新王之制。

小康，世及制（兄终弟及，家天下），乱制；与王制相对。拨乱反正，即拨除家天下之乱制，返回尧舜公天下之王制。

正，止于一，即止于至善。知此，读中国书即活活泼泼，无读不通之处。故曰"孔子志在《春秋》"（《春秋公羊传何氏解诂》何休序）。有一套办法，可惜现在没人懂了。你们太忙，根本没工夫读书。

乾卦第一

讲到最高的理想——大同世。志与行事，是两回事。一边读书，应一边做笔记，有治乱世之术。"或从王事，无成有终"。串在一起，即为政治之术。

脑子必须唯一，不要有太多的杂念，"惟精惟一，允执厥中"。小康世天天在我们面前，而大同世乃是将来的事。

《论语》必须重排，依孔子思想的转变再分一分：一、"郁郁乎文哉，吾从周"，述而不作，信而好古；二、"久矣，吾不复梦见周公矣"，四十而不惑；三、"吾其为东周乎"，不助东周，已另有所助。三变，均有他自己的评语。此孔子的人生三部曲。

"五十以学《易》，可以无大过矣"（《论语·述而》），可以无害人之事。"五十而知天命"，思想与前面已有所不同。孔子五十岁到死，是"作"的时代，"删《诗》《书》，订《礼》《乐》，赞《周易》，作《春秋》"。其余则讲内圣之修，即如何做人；外王之术，王天下，小康到大同。自内圣打下基础，到外王之业。《庄子》称孔子之学为"内圣外王之道"。

《庄子·天下》："古之人其备乎！配神明，醇天地，育万物，和天下，泽及百姓，明于本数，系于末度，六通四辟，小大精粗，其运无乎不在。其明而在数度者，旧法世传之史尚多有之。其在于《诗》《书》《礼》《乐》者，邹、鲁之士、搢绅先生多能明之。《诗》以道志，《书》以道事，《礼》以道行，《乐》以道和，《易》以道阴阳，《春秋》以道名分。其数散于天下而设于中国者，百家之学时或称而道之。

"天下大乱，贤圣不明，道德不一，天下多得一察焉以自好。譬如耳目鼻口，皆有所明，不能相通。犹百家众技也，皆有所长，时有所用。虽然，不该不遍，一曲之士也。判天地之美，析万物

易经日讲

之理，察古人之全，寡能备于天地之美，称神明之容。是故内圣外王之道，暗而不明，郁而不发，天下之人各为其所欲焉，以自为方。悲夫！百家往而不反，必不合矣！后世之学者，不幸不见天地之纯，古人之大体，道术将为天下裂。"

尸子（尸佼，商鞅老师）称"仲尼尚公"（《尸子·广泽》"孔子贵公"），中国思想必须将之科学化。

"元"，是全能的，可以到处乱滚，是最自由的。讲思想，有了智慧，可以放诸四海而皆准，解除人所受的束缚。有些人天天喊自由，自由了吗？生了，就有自由，何必净用别的来约束自己？伦常、礼，约束人，法，"大道废，仁义出"（《老子·第十八章》）。老子逃亡时，著《道德经》，留下五千言。

杨子"拔一毛而利天下，不为也"，此为大同世。时不同，所以做法也不同。杨子因为超群拔俗，才不容于众，书被毁了，被骂"无父无君，禽兽也"（《孟子·滕文公下》），其实是"不独亲其亲，不独子其子"的境界。思想是有层次的。

孔子一辈子弄了几部书，想得太仔细了，可惜后人就不看。我以为古代的成方太多，需要整理整理。整理要有才，才可以随机应变，脑子得灵活。

坤卦第二

（坤为地 坤上坤下）

坤卦，讲主从之道，即伦常之道，"阴阳合德而刚柔有体"，"男有分，女有归"（《礼记·礼运》），乾施坤受，"君子之道，造端乎夫妇"（《中庸》）。

《论语·学而》"贤贤易色"讲五伦，夫妇伦为第一个，"君子之道，造端乎夫妇"，找对象，要爱其贤德，而轻其色貌。昔娶妻以德，纳妾以色，同姓不婚，但纳妾不问姓氏，特别自私，还说是礼。

"妻者，齐也"，与夫齐也。夫妇之道，讲柔与顺，顺并非盲从，夫唱妇随，坤顺承乾。夫妇有别，别内外，分工合作。

坤，元亨利牝马之贞。

乾、坤，为一物之两面，皆具四德，源一样，但不同，各正性命，就不同。不同在什么地方？在贞。"乾，元亨利贞"，"坤，元亨利牝马之贞"，坤为"牝马之贞"。贞德不同，坤为"牝马之贞"，即母马之贞。不能做女强人、女汉子，坤必得顺承乾。女强人，就得不到坤卦之利。

"龙马负图"，龙马，八尺高的马；牝马，高不过八尺。牝马，个儿小，不称龙。"牝马之贞"是什么？柔顺利贞。一处来的，仍有先后。有智、有德，但有先后、有层次。天下不能人人都做领袖，后来者就得柔顺。后一步，虽亦具四德，必须有柔顺之德。如两个都刚，那岂不是天天吵？宇宙的定理，宇宙之律。都争上风，就乱了！

乾坤一体，夫妇亦一体，元的两面。贞，事之干。乾、坤，包括天下之道，得知其所以然。都是人，但不一样。可见祖宗智慧之高、理路之清楚、辩证之分明。夏学，乃中国人的智慧。

"生生之谓易。"第一个"生"，元的生，太极生两仪，生之谓性，"天命之谓性"。元，有乾元、坤元，阳中有阴、阴中有阳，没有纯阴、纯阳。性，都自元来；又生，"阴阳合德而刚柔有体"，是情，"以通神明之德，以类万物之情"，情必加以类之，"类万物之情"。自此一致密的思想中"寻拯世真文"（此语出自毓老师对联："以夏学奥质，寻拯世真文"）。易，生生之象。社会都是象，智慧放诸四海而皆准。

我整天琢磨，孔子"志在《春秋》，行在《孝经》"。必好好从根做起。我不写回忆录、自传，要写"忏悔录"。我不是守旧，而是"返正"，每天在屋中为返正努力。思想的东西是结晶的产物。我对不合理的都反对。日本人恨我，但不能枪毙我。我抗日而不反满人。武则天虽被骂，但有建树。"私"字不要太重,乱局,即一个"私"字来的,私字太害人!

今天做学问,应先明理,绝对会改变器质。华夏,中国人最高的理想。夏,中国;诸夏,有关系的邻邦,"入中国则中国之"。要将眼光放远,21世纪是中国人的世纪,思想也应属于华夏的,必须具有远大的志向与抱负。成功不必在我,有接着的人就成了!人必须往前走,才能不断地往前开拓。

社会何以乱、争?乃因不知位。知位,就能"六位时成,时乘六龙以御天",就顺道而行,没有纷争。不知位、不识时者,碰到知位、识时者,岂不是背道而驰?

我虽不当权也不失权,就没有失权的顾虑。不当权永不失败,此乃不传之秘。愚者好自用,贱者好自专。我一生失败的教训太丰富了,四十二年间历经多少事,从光绪三十二年(1906)到中华民国三十六年(1947)。成事了都靠不住,聪明人必须了解时事。不能不为子孙谋,此必须有大智慧。

君子有攸(所)往,先迷后得主,利。

"君子有攸往",有所往,不能等着,必须有所行动,即每天有所作为。小孩哭即是运动,不必非要小孩不哭,哭才灵敏。

有三个读法:一、"先迷,后得,主利。"柔顺利贞,一处来的,仍有先后。二、"先迷,后得主,利。"先迷,并不绝对错。人都难免有迷,但最后懂,得其主,就利。就怕先迷,至死不悟!三、"先迷后得主,利",即知止,而后有定。我主张"先迷后得主,利"的断句。

"先迷后得",年轻小孩到社会上,没有不迷的,迷于所欲。现在成名,将来可能吃亏。旁观者清,沾事者迷。什么颜色一染上，永远洗不掉，千万不要迷于欲。但人人皆"先迷后得"，此乃人之常情。

迷有阶段。孔子亦有"郁郁乎文哉！吾从周"之时；其后后悔，"久矣，吾不复梦见周公矣"！最后脱离关系，"吾其（岂）为东周乎"？明白了，谁也不梦，乃自己诌一套，成就自己，成为"素王"。人无永迷的，一段就明白。先觉觉后觉，迷焉能导航？

"先迷后得"是功夫，看孔子一生的几个境界。想有点成就，必下"培"的功夫。读史不读经，没从经入手，不懂得"仁"。

要留心，了解过去，对自己有所助益。大才人何以没有能成才？太私、太贪。康南海很能造谣生事，成立保皇党，到处募款，但以家中开销为第一要义，别墅太多。孔子说"管仲有三归"。聪明太过，又留下什么？吃亏，就是占便宜。贪，一见好东西，爱不释手，贪完了，但什么也带不走。去贪心！富贵不过帝王家，珠履三千、锦衣玉食。溥儒，是恭亲王之后，庶出，其书画精品今在"故宫"。人皆放不下，但何不看看历史？

知止，而后有"定、静、安、虑、得"五步功夫。五蕴，色、香、味、触、法，"照见五蕴皆空，度一切苦厄"。无"虑"的功夫，焉懂得自己是迷？深思熟虑，看是否迷于利、色？老年人"戒之在得"。

在迷里聪明如曹操，临死一口气仍在迷中断。临死嘱咐有用？在迷中死。迷，根本没有悟，否则公平、平安选一足以担当之才者，三个臭皮匠亦可成一诸葛亮。告诉同学，办事不必老问我，否则迈不开步。自己才能不足，要找几个臭皮匠。如自以为是，完了！练习群德，不要嫉妒，否则不能成事。"不

易经日讲

伎不求"(《诗经·邶风·雄雉》),试问自己:"看人家好,心里是否就不舒服?"如净学曹操的奸与诈,那就完了!时来,亦得有时之才。我的亲孙子至今未花我一分钱。给愈多,沉愈深。没钱,会准备明天如何得到面包。因迷才贪,迷包含很多。

真,直人,"人之生也直"。一个人都不真,到哪儿找真?直到什么,就得什么成就。做伟人,有无考量你是否是伟人的材料?

我在台五十年,连诉苦的地方都没有。几十年经验告之,要你们跑接力。今天最需头脑冷静者。

西南得朋,东北丧朋,安贞吉。

坤是阴性。"西南",阴方;"东北",阳方。哪有结婚还带着闺中密友同去的?女人结婚得"丧朋",才"安贞吉",即安于正固之吉。人事之例。社会上"方以类聚,物以群分",有时也必"丧朋"。明白,必脱离朋党,才是"安贞吉"。"丧朋""得朋"的抉择,得有智慧,但不容易!

读书,每字都不能放过。读坤卦,就得"安贞吉",永不能"疑(拟)于阳",就不会战。

迷,不必怕,看有无"后得"。不要自作聪明,害了自己。"无入而不自得",一点也不放松,做一事有其目标,必须按目标得,才是真得。有人奋斗一辈子又如何?得代用品,自我满足而已,然非真得。人到底要得什么?坐着冷静想:得到了?有时连个代用品都没得到。一辈子为一个目标奋斗,最后成功了。或一辈子净打工了,因为没有目标,不知止。知止,才能奋斗,不失其正,没有假的。退休日子如同死期,不知自己要

坤卦第二

干什么，无所适从。每天入一事、入一思想，想出即自得。

"大一统"从哪儿来？此为立本之道。首先要学正，"蒙以养正，圣功也"，即"大居正"。从生来，就得止于一，守正，"子帅以正，孰敢不正"？"元"有雄心万丈，重要的是思想。"有攸往"，即有所作为，包含举止行动。

前后都弄完了，才决定一文通否。非人云亦云都接受。愈深想愈觉得鬼话连篇，怎会相信？要把现世变成"人间乐土"，即"王道乐土"。自《周官》可以看出制度的完整。

中国学问就是求仁，"求仁而得仁，又何怨"（《论语·述而》），安于仁，造次、患难、颠沛皆必于仁。"安仁者，天下一人"，没有分别心，是大爱。

"安贞吉"，"仁者安仁"（《论语·里仁》），"定、静、安、虑、得"，想一想是何等境界？"无所不用其极、无入而不自得"，法家之言。

真有能，是本能。必得发挥自己的本能，伪则不能发挥。来这宇宙间，如一无成就，岂不是可惜？做任何一事，都得有成绩。

《彖》曰：至哉坤元，万物资生，乃顺承天。

"至（⚱）"，鸟初学飞时，从高处飞下，头倒至地。必须懂得字的本义。"至"，到来，到达。前面有一个标准，要达到那个标准，中间有个际。

"齐"，两个并立，见贤思齐、并驾齐驱。"参"，往前平视，一般高，"与天地参矣"，天地人，三才之道。前有一东西，前去参拜。"至"，无论怎么接近，中间必有际。

乾、坤是一体,一个东西的两面。坤至,承、顺,"直方大",直仿天,天有多大,地也就多大。坤顺承乾,中间无间,乃"至哉"。但是无论怎么至,中间仍有分际。"际"与"间"有别,夫妇一体,有际无间。"无间言",很亲切。"交际能力",社会上特别重视交际。有际无间,两人如一人,绝对相信,诚信。真想合作,就是诚信。有一点虚假,对方马上知,"人之视己,如见其肺肝然"。

无论到哪儿做事,必须永远懂"际"的观念。"际"与"间"不同,好像一个,但就不是一个。庖丁解牛懂"间",游刃有余。弄清楚,处理事情才不会出毛病。

"万物资生,乃顺承天","至"与"大"齐,但中间有际。一个"至"字表明"顺承",乃自然之势。乾施,"资始"。坤承乾之施,坤受(承),"万物资生"。独阳不生,孤阴不长,无父之施,母焉能生?一"统天",一"顺承天",自生理而言即如此。"借"与"资"的分别,借妈妈的肚子生的。乾施,坤受;一"资始",一"资生"。既"资生",何以要"拟于阳"?乾、坤,即以男女之形立卦。男女违背乾、坤的关系,即反常;反常,就添很多麻烦,还包含生病。"顺承",即自然之诀。

"始"与"生",有何不同?两个劲儿有什么不同?"资始,乃统天";"资生,乃顺承天"。"率性之谓道",讲"顺"不说"承",因乾施坤受,养孩子即承,无承如何怀孕?所有研究的问题,皆在此中间取智慧。拉纤,费劲,却要喊唱,此即机微处,这样人才不会吐血。诊脉,要知究竟是什么病,才知如何治。

"大至之要道",大哉、至哉,至有际,同德,可非一个,仍是两个。怎么至,中间必有际。你大哉,我至哉。乾施坤受,

坤卦第二

资始资生。坤之德在顺承，承受，孤阴不生，独阳不长。今天医学发达，仍必自几个问题学起。要用古人的智慧启发自己的智慧，绝不能同清儒般，净成杂货铺。不成功没关系，但必另起天地，"盘皇另辟天"。

第一个宗旨"泯际界"，才可以"大一统"。中国人讲"天下一家"，没有际界。佛讲"三千大千世界"，仍有小圈子。地狱、天堂都分那么多层，岂不是愈陷愈深？中国人的智慧不然，就大一统、天下一家。

智慧不单为自己用，只要是需要的都进来。定于一，就有超人的智慧，如证严。必须学会"以小事大"之智，以智慧探索。《周易》由"坤乾"至"乾坤"，有一宣言：

《系辞传上·第一章》："天尊地卑，乾坤定矣。卑高以陈，贵贱位矣。动静有常，刚柔断矣。方以类聚，物以群分，吉凶生矣。在天成象，在地成形，变化见矣。是故，刚柔相摩，八卦相荡。鼓之以雷霆，润之以风雨，日月运行，一寒一暑。乾道成男，坤道成女。"

要成功，其间得经过多少麻烦？

"乾知大始，坤作成物。乾以易知，坤以简能。易则易知，简则易从。易知则有亲，易从则有功。有亲则可久，有功则可大。可久则贤人之德，可大则贤人之业。易简，而天下之理得矣；天下之理得，而成位乎其中矣。"

此为自然现象，谁也违背不了！

"至哉坤元"，每字皆有深意。至哉，没有距离，只有际。际与间，有别。男女一体，有际无间。

不懂得"坚、白"，永在迷中。知机就投机。不投机，怎能是"圣之时者"？就看怎么投法。最善的投机，"与时偕行"，"圣之时者"。机先可不得了，是马前课。但如不识机，焉能投机？至少要有智慧。

读书如没用，是虐待自己。许多父母望子成龙，是虐待孩子，所学的不得其用。要你们学做事，不要做伪君子。没根，绝成不了大事。济时，有梦，才有劲、有盼头！

乾卦讲完，究竟得何启示？得什么法门、机术、处事之方？重视实际事，人生就是戏台，戏既唱了，终有落幕一天，停不下。究竟是天天玩火，还是投火？你不叫他舒服，他能让你舒服？伸手要打人时，要考虑对方还你一拳时舒服否？

社会上无间亦有际，非一个东西。两个人很好，也不能变成一个，要慎微。面对现实，不要做白日梦。昔日有孔明，但有把握也不过一半，能"借东风"却有"失空斩"。可以练达自己，不必天天歌颂孔明。刘备想恢复祖宗的江山，孔明答应出山，最后亦只"三分天下有其一"，若非欺世盗名，即是骗人。打破一切偶像，"焉知来者之不如今也"（《论语·子罕》）？脑子要活起来，才可以应付活东西。能识机，才能投机，子贡不受命，"亿则屡中"（《论语·先进》），即投机。

"甚矣，吾衰也！久矣，吾不复梦见周公！"迷有阶段。吾岂为东周乎？读明白了，谁也不梦，成就自己。立功，也不过是施琅，并非完璧。保持完整，可是不易！

坤卦第二

读书，不必求多。用事，要熟能生巧，贵乎精；教书，则要有杂货铺。

不是卜得上上签就好，必须有德，否则也是凶。一个东西含两个性——阴、阳，是一东西的两面。探究何以古人会那么想？在复杂的环境中，应有什么想法？窗外事不知，天天在屋中梦孔子做什么？

"顺承"，就是顺承。可以想，但许多环境使你达不到。顺承，即自然之诀。你们永远是中国人，得识机。

坤厚载物，德合无疆。含弘光大，品物咸亨。

"坤厚载物"，坤德，以厚载物。

"德合无疆"，乾"大哉"，坤"至哉"，你多大，我就多大，"德合无疆"。"无疆"，代表大。将来中国以"无疆"对付野蛮人。

"德合无疆"，作用即"含弘光大，品物咸亨"。含、弘、光、大，一步骤接一步骤。乾施坤受，故曰"含"；含乾，而弘光大之，则"万物资生"，而"品物咸亨"。妈妈伟大，称慈光。含，才能弘、光、大，因为"德合无疆"。乾、坤之合，乃"二人同心，其利断金"，品物皆通，生生不息。"品"，有神品、妙品、能品。

得修坤德，无分别心、是非心、善恶心，都接受，有容乃大。"顺承天"，承乾，"德合无疆"（*乾*）。"阴阳合德而刚柔有体"，乾坤一体，一东西之两面，元含乾、坤两性。王夫之"乾坤并建"说错误，成两个元。

坤，"含、弘、光、大"四个德，经此四德，才品物皆通。乾，经"刚、健、中、正、纯、粹"几个步骤，才达到"精"。知道用智慧了，还用卜？不卜而已矣。"不恒其德，或承之羞"。

修德，丰富知识、学问素养。活着为"智周万物，道济天下"，在宇宙间奋斗，不逾此八字。天下，"日月所照，舟车所至"，华夏。华夏、奉元，在泯际界。

一施一受，乾施坤受，否则没法生生，此即"近取诸身，远取诸物"(《系辞传下·第二章》)，有形的都有身。"统天"，"顺承天"，乾坤的至德，也是要道。

人的至德：礼者，理也、履也。礼，用事，天理之节文，成人事上之礼。理，自然之理，乾施坤受，阴阳合德。礼运，以礼运天下，治天下、御天下，此即华夏精神。"时乘六龙以御天"，六代表无量数，终始之道。"秉大至之要道，行礼运之至德"。

礼，天理之节文，以时为尚，故"礼以时为上"，不可为典要。运天下，不能不看天时，所以是"圣之时者"。

人算不如天算，谁也不知明天怎么了。宇宙为一大天地，人为一小天地，所以亦有二十四节气的变化。夏至，专讲升火盆，等于煽火。节气，并非牵强的。看人的颜色，就知节气。

乾"云行雨施，品物流形"，坤"含弘光大，品物咸亨"。"含"，因为受了。"品"，一品一品，品种、品类。"秉大至之要道"，天无疆，地亦无疆。柔顺，才是坤的利贞，君子所行。"顺承天"，与天合德，非什么都顺从。

日月之伟大，在以光华（*动词*）。我们要"与天地合其德"，所以要"华夏"。"华"，动词；"夏"，大也。夏→诸夏→华夏。

人精神愈集中，悟力愈强；精神散漫，悟力迟缓。中国人的智慧丰富，可惜今人无工夫去玩味，我在屋中净琢磨，真是着迷。现在很多人皆囫囵吞枣，根本没有品味。粪土之墙，当

坤卦第二

然不可圬也。

牝马地类，行地无疆。柔顺利贞，君子攸行。

乾之健，天马行空般。坤，"牝马地类"，只能"行地无疆"，无法"飞龙在天"。

天无疆，地亦无疆，齐也。"柔"，对刚，指性。"顺"，自然，生理趋势。"柔顺"，得以柔顺；"利贞"，得利于正。地得载物，"行地无疆"，柔为其本质，顺则其德，"柔顺利贞"。

"君子攸行"，成德之行。男女皆君子。"唯女子与小人为难养也"（《论语·阳货》），证明此话有问题。

"柔顺利贞"，老子讲"以柔克刚""上善若水"。孔子绝对受此影响，拼命赞美水。

《荀子·宥坐》：孔子观于东流之水。子贡问于孔子曰："君子之所以见大水必观焉者，是何？"孔子曰："夫水遍与诸生而无为也，似德。其流也埤下，裾拘必循其理，似义；其洸洸乎不淈尽，似道；若有决行之，其应佚若声响，其赴百仞之谷不惧，似勇；主量必平，似法；盈不求概，似正；淖约微达，似察；以出以入以就鲜絜，似善化；其万折也必东，似志。是故见大水必观焉。"

水如何代表柔？随圆就方，无形。水之德，"盈科而后进"（《孟子·离娄下》）。"上善若水"，因不失其性。人必不失性，否则作奸了。人最难的是欲的试探，保持本色谈何容易！不失己性最难，人无形更难！有几人能超越环境？

没有用的事不必想，何必花脑筋！

一般人都是俗人，你争我抢的，不过热闹一阵子，又烟消云散了！

读书必清楚每一个字。看《经传释词》。

清代王引之，自九经、三传及周、秦、西汉之书，凡助语之文，遍为搜讨，分字编次，以为《经传释词》十卷，凡百六十字。

我先讲我认为不对的。自己如细心，都能够立说。不是显己，而是要显时代。脑子愈用愈灵活。人生必走正路，绝不可以"放辟邪侈"（王安石《上仁宗皇帝言事书》）。不要好高骛远、索隐行怪，要留一退路。记住：人就是人。

本身有可取之处，何不利用此一优势，使对方重视？就如吃，也要恰到好处——既不可以多吃，也不可以少吃。自此，想出解决之道。社会就是需要而有用，看谁有一套办法，谁就当领袖。如有真爱，发现对方的胖瘦都会关心，增一分则太胖，减一分则太瘦。

一切皆掌握在自己手中，即"乘"；都听人的，即"承（命）"。学术是有用的东西，"时乘六龙以御天"并非空的。没有文化，乃因懂得太少。太顺遂了，都没有伤风过，能懂得人生？要培养良知，绝不可以人云亦云。一个人的人格，品德很重要。要多经验，才知一个人如何。

我自去年以来反省很多，这八十年可说一事无成。有承认自己错误的？要好好奋斗，文教方面更是要注意。多练达、养脑，好好地建设这块土。

乾施坤受，《象传》都能实行。"贞"，不单给女人说的，男人之贞，如文天祥、史可法、苏武，不事二朝，贞松。

贰臣（汉奸），活时红得不得了，如范文程（1597—1666）居然称自己是范仲淹（989—1052）之后，他对清入关贡献良多，但死后仍将他列入《贰臣传》。我的观点虽然旧，但真理一点也不旧。今天仍然讲贞德。人的自私，可是没有古今的。你没品，他在心中打问号。

自己如无修"准德"，如何能为"四海之准"？道观（guàn），即道中之日月，可以观（guān）天下、观诸生。"观"比"贞"更高。王国维号"观堂"，他与罗振玉（1866—1940）结为儿女亲家。

弟子，弟中之子，非子。犹父犹子，师生关系。

要好自为之，一切皆操之在己。天下事就如此，人活着，必须活在智慧中，大至国家大事，小至闺房之秘，要知道怎么塑造自己成为有价值的人。

每天用上的，才是真学问。不要让社会至无伦无序、黑白颠倒。《孙子》说不能因怒而兴师。全无按所知去行。

我要造就些奇才，天天所谈，皆不传之秘。真悟通了，家庭绝对美满。识微、察微，"莫见乎隐，莫显乎微"（《中庸》）。何以一个女人不能使丈夫回家吃饭？何以摆在眼前的东西，都变成讨厌的？隐、微，看不见的，都要重视，何况其他？用什么以取胜？要投其所好。如建设得比你想象得好，那他怎会忍心破坏？你用武，我以文对；你用力，我以智对。此即"以小事大"的智慧。

有一位同学，她婆婆不喜女人多读书，有成见，我告诉她，先拍小姑的马屁，以知婆婆之所真好。人之所真好，不一定说得出嘴。每次回家带给她，不到半年即受宠。依此类推：一、己之好恶，绝不能让人知。二、想打动一人，必知其所真好，而投其所好。

御夫，包含在御天内。凡事早预备好，丈夫回来，一进门想什么有什么，他能不常想回家吃饭？如此，岂不是"七（'妻'谐音）龙以御天"？有御夫术，就能御天。

放诸四海而皆准，为四海之准。有正德，"子帅以正，孰敢不正"？有准德，"子帅以准，孰敢不准"？你们学"准"了？智慧随时翻版，不可以僵化。有道道，看用在大范围，或是小范围。要知道怎么用脑深思，如不对，要找证据。不可以竞俗，否则岂不是一丘之貉？智库，是德准。日久见人心，说话绝对发于良知，一言一行都四海皆准。冷静想，绝不盲从，要用智慧深植文化。

我怎么和坏人斗，好好学，嫉妒没有用。事在人为，好自为之，还没办法？

先迷失道，后顺得常。

"先迷失道"，"率性之谓道"，先迷失性；"后顺得常"，顺性就有常，"后得主，利"。失道，"过，则勿惮改"（《论语·学而》），"改而止"（《中庸》），"不贰过"（《论语·雍也》）。贰过，才是过。

潜龙，可不易！柔，亦不易！非空话，可以办到，要随方就圆，可不能变己之性。在复杂环境中，靠哪边？不如随方就圆，不失己之本性，"不见是而无闷，确乎其不可拔"。先为别人想，再做决定，不会有大的错误。

坤卦第二

人皆有欲，走太快，就出毛病。不失己性，即利贞，利于正固。处乱世，太难了！至乱之世，跟哪派跑，都是迷，失道、失性，年轻人经事少，又不懂得冷静想。

一提《三国演义》，大家就提诸葛亮，以他为核心人物，事实上是曹操赢了。罗贯中以"蜀汉"为"正统"，历代君主多提倡"正统"，用以维护自己的帝位，则子孙可以不亡国。但"正统"的不一定成功，成功的可是奸贼曹操。《十一家注孙子兵法》，其中即有曹操的注，好好研究。打破一切迷梦，去掉封建遗毒。

西南得朋，乃与类行（háng）；东北丧朋，乃终有庆。

到时必结婚，自然之道。男女结婚，是伦常，没有男女之道，焉有人伦？"丧朋"了，"乃终有庆"，此即常，是人伦之常。如不"丧朋"，能和阳在一起？做事，是"与类行"，还是要"有庆"？"有庆"，就得"丧朋"。"乃终有庆"，庆，庆贺，庆祝。生了，就庆，"庆生会"取名有学问。

得主，当然"丧朋"。结婚，怎么把女友带去？主，对象，就一个。所谈即人事（世）。"西南"，在阴方，属阴，当然"得朋"；"东北"，到阳方，得主了，就"丧朋"。不"丧朋"，能和阳在一起？一个女人出嫁，必得"丧朋"。

我无家像有家，可不容易。许多没有关系的人处在一起，得有量。你们要怀少、安老，亦一乐也，活着不易，必须自己找乐趣。做事要有始无终，遇事一窝蜂，绝不会持之以恒。"不恒其德，或承之羞"，此一民族性必须要改。这就是《易》，卜是假的。

安贞之吉,应地无疆。

女人叫"安贞",柔顺,才有"安贞之吉"。男人叫"安仁",《礼记·表记》称"安仁者,天下一人而已矣",把天下看成一个人,即"爱人如己"。教一辈子书,有一成才的足矣!学生的成就,就是老师的成就。

柔者当戒迷,以贞针迷,贞者,正固也。社会无论怎么变,仍有正的标准。迷、顺、得、失,此为人生的四个境界,谁也逃不出。人人都有好恶,此第一感;见好,心喜,乃迷。迷包含太多,要迷途知返。

戒、定、慧。戒物,宇宙间有万物,戒得来?守五戒,那第六呢?率性,不失本性,才能得戒、定、慧。唯有守性戒,见什么均无是非。本心要是无是非,那自性岂不就守了戒?是非,是主观的。人性之戒,没有是非。什么是美丑?"爱之欲其生,恶之欲其死",要戒。智慧,是外来的?要守住本身的慧。痴,有石痴、琴痴……乃失其本性之慧。痴,焉有高下之分?拜石与拜神,又有何本质区别?

本心不乱,就不失本性之定。看本心每天乱到什么程度?看到好东西都想要,社会之形形色色爱不尽!脑子无是非,则不迷、不痴。从本性去了悟。全天下都是你的又如何?

得主了,还得"安贞",方吉。安于贞,得知贞,求贞。求仁,得仁,安仁,永仁。知贞,求贞,安贞,永贞。有层次。安贞,必永于这个贞,无论什么环境都不变。看古代所立的贞节牌坊,其中含多少血泪,多不道德!贞,就是第一眼看见时,那种"非你不娶"的情境。贞,安得住,是避雷针。社会、家庭皆如此,

坤卦第二

宇宙亦然。得安于正固，才是吉。不懂"贞"，如何"安贞"？更谈不上"永贞"了。

知仁→安仁→永仁。读完书，没有进益，就不能改变器质。口耳之学，皆非实学也。一个人有先见之明，一般人未必真明白。人世即需要而有用。

读熟，心会神通，即"默而识之"（《论语·述而》），可以生无穷的力量。没事时，要玩味之，读小本书。一个人必须有守才能有为，臭味相投就凑在一起。"丧朋"，有得罪人的勇气，才有庆。

将乾、坤两《象传》比照着看。乾"云行雨施，品物流形"，坤"含弘光大，品物咸亨"。"德合无疆"，天无疆，地亦无疆。"柔顺利贞"，"柔顺"，才是坤的"利贞"，君子所行；"顺承天"，与天合德，非什么都顺从。道，本，体；德，行，用。"大至"之德，即乾坤之德。"秉大至之要道，行礼运之至德，天下同归一人"，此奉元书院之宗旨。

《象》曰：地势（像）坤，君子以厚德载物。

"地势坤"，指卦体说，足以为据。"地势坤"，相同，但不一样，地不就是坤。"地势坤"，以某为形势。《易》，即"理"与"势"。

"君子以厚德载物"，指人事说，足以为法，法地。君子得以"厚德载物"，即德不能薄。说自己"德薄能鲜"，乃自谦之词。

地，能"厚德载物"。坤厚载物，无分别心，有容乃大，"货恶其弃于地也，不必藏于己"（《礼记·礼运》），"生而不有，为而不恃"，天无私覆，地无私载，天地之德完全是牺牲的。

佛讲空，解空为无一切，不对。应如宇宙之空，因空，才能无所不容。空才能容物，而无不容也，没有好恶。当领导人得大、无疆，没有好恶、不讲主观，但非不知好、坏。厕所与皇宫，同样重要。所有东西，都有价值。主观，是偏僻，以好恶论。"万物皆备于我"，无一不重要。

率性，不失本性，才能得戒、定、慧。唯有守性戒，见什么均无是非。心多么复杂，焉能定住？受多少戒，都没有用。走哪条路，能达上上乘？有千朝，必有一时，一时就完了！有仇恨，要小心，回马枪最是难防，哪有不报复的？要随势乘时。

应如何养己？"君子以厚德载物"，载皇宫也载厕所，不要有分别心。人一有分别心，则愈弄愈小。但知有是非、黑白、枉直。"举直错诸枉，能使枉者直"，举，用也；错，教育，能使枉者自根上直。"舜有天下，选于众，举皋陶，不仁者远矣"（《论语·颜渊》），不仁之事远离，都变成仁者了。如是不仁者跑了，不管跑多远，仍有敌人。"仁者无敌"，根本没有敌人，"箪食壶浆以迎王师"（《孟子·梁惠王上》）。

"据于德，依于仁，游于艺"（《论语·述而》），看其层次多美！"兴于诗，立于礼，成于乐"（《论语·泰伯》），乐以和性，必须读《礼记·乐记》。"诗言志"（《尚书·舜典》），所以兴于志。"诗者，持也"（《诗纬·含神雾》），"持其志，无暴其气"（《孟子·公孙丑上》），不要将浩然之气暴露，如气球，应"直养而无害"（《孟子·公孙丑上》）。"养心莫善于寡欲"（《孟子·尽心下》），这个做不到，身体不会好。

长大得找女朋友，此为第一个志，就得用《诗经·关雎》的办法：

坤卦第二

关关雎鸠，在河之洲。窈窕淑女，君子好逑。
参差荇菜，左右流之。窈窕淑女，寤寐求之。
求之不得，寤寐思服。悠哉悠哉，辗转反侧。

恋爱，必得"辗转反侧"；"乐而不淫"，就是乐了，也不能过分，因尚未奏响婚礼进行曲；失恋了，得"哀而不伤"（《论语·八佾》），不能伤生人之性，更不能跳楼、杀人。《诗经》第一课即恋爱学。《诗》，是社会学。学《诗》，才懂得社会的形形色色，故曰"不学《诗》，无以言"，言生人之性。"不学《礼》，无以立"，立于礼，成于乐。

皆依经解经，述而不作。许多事皆真实，许多都是自欺。中国的学问是行，皆实学也，不是讲的。

初六。履霜，坚冰至。

阴之初始，以天地之道取象。有履霜之戒，一生就不失败。

读坤卦，须重初爻，得其用，则圣道备矣。"不卜而已矣"，自己做事应知结果。

晨霜，太阳一出，即没了。"履霜"，出门一脚踩到霜，就知道霜来了，再不小心防备，就"坚冰至"。北方有霜，有经验，才如此写。古人在简单的生活环境中想得那么好，他们很善于利用环境来表达其智慧。

牙痛，知掉牙至；打喷嚏，知感冒至。乱，知劫运将至，不必自我陶醉。劫，有自劫、有外劫，家中亦如是，小两口见面老瞪眼，就要准备图章，办离婚了。小孩说话不对，就应知防霜。今天说小假话，早晚说大假话。所以，要闲邪存己之诚，就邪门才害己之诚。诚保存不易，如守不住，邪门来，就得上道。都喜看好看的，或存于心，或想……但结论不同。结论不同，因心不同。

看每天履多少霜？见好、利、漂亮……都动心。应防未然，大小皆如是。

有智慧，随时都可以用。有人以斜眼看你，就要加以小心。做事有目的，必须以智慧达一切目的。不提为别人活，而是为自己活。笨人自我陶醉，尽为别人牺牲了！

《象》曰：履霜坚冰（"坚冰"二字衍文），**阴始凝也；驯致其道，至坚冰也。**

《易》讲象，《春秋》为况。几千年前的人很会用智慧。

看《易经》多么实事求是。《易》为智海，不能用，那就只有望洋兴叹了！

"履霜"，要认真，责无旁贷，实事求是，不可以说"太阳出来就没了"。应马上提高警觉，知"阴始凝也"，一会儿就至坚冰了。

"驯至其道"，"驯"，驯狗。驯，不是顺，以渐而至；"至坚冰也"，自然而然就至坚冰了。"坚冰"，不能救的环境，应防范、遏阻，不可顺。应快快准备夹克、厚棉衣、皮衣……有敌人，应知怎么对付。"坚冰"要化掉，得"阴道乃革"，即变，结束时代。

智慧是放诸四海而皆准。真都教明白，那就好了！

没有考虑好，就不要结婚。小孩何辜，没有母亲心里多痛苦！自己错误的决定，应自己吃苦，不要叫小孩吃苦。旧道德，嫁鸡随鸡，为了孩子忍耐。老一代，有时老两口斗了一辈子，愈斗愈健康。

想揭开坚冰，得改变时代，社稷都革，帝王当然也得革。知民心之向背，据以拟定政策。什么是智慧？真懂、会用，可比诸葛亮厉害。

明知不好，还要做，即没有直养。"直养而无害"，要按花、树木的性养。说"出埃及"，环境不同，是主观，并无顺民之性。"直养而无害"，很多地方都用得到。

"贵通天下之志，贵除天下之患"，故曰"仁者无敌，王请勿疑"（《孟子·梁惠王上》），就行王道，不必疑惑。回头认真看，中国人的智慧真是不得了！

你们练习为文，文章愈写愈巧，要努力、有系统地整理出一套。每天都是个题目，何以不写？不精读，能进步？必须勤，每天写点东西。

学统，自《汉学师承记》可看出每一学术均有家法与师承。

《汉学师承记》，清江藩撰，八卷。阐述清代学者的学术思想、师承关系，列为传记。

所以，我强调"大易"与《春秋》必讲师承。近百年来，中国学术的学统乱了。蒋庆的《公羊学引论》，就师承而言，乃今文经学统。今后"今文经师承记"就等你们写了，这不必用脑，抄书即可。

我要你们训练头脑，你们脑中完全没有反应。听什么，不是全盘接受，脑子要马上有反应。读任何书都要有问题，看看是否无法自圆其说。

不可以照单接收，也不可以盲目崇拜。有些人著作等身，但是何休一本《公羊学注》传了，司马迁却以一部《史记》成为史学之祖。可见，即使是著作等身，也未必能传。郑康成遍注群经，但是又有几人重视了？王羲之留下的字迹不多，却成为"书圣"。记得就"精一"。著作等身，代表功夫而已。遇事，都必须用脑。

读书的目的，在改变器质，即习性，"性相近，习相远"，人的样子乃不同。人的一举一动，与其家庭背景绝对有关，出声、一举一动很重要。一般人总是道听途说，孔子评"德之弃也"（《论语·阳货》）。遇事必须明辨之，否则证明你没有头脑。同听一演讲，每人所得的启示不同，因为注意的地方不同，要"博学之，审问之，慎思之，明辨之"，而后"笃行之"。我看电视做笔记，不因人废言。你们不要天天守着童智，要好好用脑，任何一件事必须细心，经过大脑。

许多人费许多劲做许多事，但是成就不大。玄奘自小研究佛学，但愈研究愈是不懂，乃决心到印度取经，十多年后回国，开始译经。凡是好文章，我不必三遍即会背。看《心经》译得多美，很多和尚不懂得《心经》，它包含一部《大般若经》。

《大般若经》为大乘空宗主要的经典，其中部分经典位于大乘佛教最早出现的经书之列。般若，在梵语是"智慧"的意思，与世俗的智慧不同，专指佛陀开始的指引人超越世俗，来到彼岸的智慧。《大般若经》的核心思想，是空性与慈悲。空性，在于体验到一切存在皆空而不可得；慈悲，在于强调救度众生的利他精神

坤卦第二

和种种方便。这二者是《大般若经》乃至大乘佛教体系的两根支柱。缺少对空性的体悟，或者缺少慈济众生的心愿与实行，都是不能成佛的。

玄奘留下"法相宗"，但只成文人的玩物，老百姓知道吗？

法相宗，又名唯识宗、慈恩宗，属于瑜伽行唯识学派，为汉传佛教宗派之一。法相宗，是中国众多佛教派系中，以法相立宗的大乘佛法派系，也是直接修证和修炼佛法，融理论与实践于一体的最高佛学宗派。法相宗，起源于到印度游学十八年，而后回国的唐代高僧玄奘，他全面学习印度佛教理论，全程考察如来佛业迹，了悟佛及佛法之后，而创立有益于修行、修炼、修持的方便之门。法相宗，微妙玄通，深不可识，非专业人士难以窥其奥妙，而真正懂佛法、知佛性、明佛理的人，则可以由此踏上坦途。

玄奘译经，部部皆精，结果……就因为字斟句酌，太过完美了，乃变成高级知识分子的玩物。文人酒足饭饱之余，谈论"法相宗"，以显自己博学，如苏轼、龚自珍之流。龚太聪明了，将《法华经》重理。

同学必须学会用脑，不然读书做什么？字斟句酌不能用，只能摆在博物馆。文人根本不信有极乐世界，不过酒足饭饱之余，以佛经谈玄罢了。玄奘忘了接受的对象，费了许多力气，也未能成"普门品"，使人人能接受。六祖不识字，性生万法，《坛经》至今人人接受，其理安在？人人喜谈禅，自称"七（欺）祖"。

《易》为智海，懂得智慧了，能不用脑？如无精一的功夫，又如何传世？今天，究竟是要"象牙塔学问"，还是"大道之行也，天下为公"？根本未见道，还不好好努力，早晚有一天，你们会后悔。现在要"为往圣继绝学"，要下功夫。

"履霜"，因为人的思想境界不同，反应乃有别。《易经》要这么读，这叫作智慧。《小象》又好又传神，非圣人不能写。"驯致其道，至坚冰也"，接着发展，到坚冰为止。真是一爻一乾坤，一爻一世界、一宇宙。

"驯至其道"，乃是自然的发展。顺着道自然发展，至"坚冰"以后，才会还原。圣人不能生时，时至而不失之。一叶落而知秋，看你们的反应如何？有些人的脑中，净想些什么？不懂什么叫"智慧"，除了"利"外，什么也不懂。

任何人来，在你面前有表情，都有其目的。人家的一举一动都要想，不只是谈恋爱时。"履霜，阴始凝也"，即"一叶落而知秋"。不培智，怎能将下一代培养成有智慧者？"驯至其道"，乃是自然的发展。满族人穿皮做的鞋，里头必有乌拉草，可不沾雪。可见不仅是康熙帝有智慧，康熙帝的祖宗更是有智慧。

注解讲得不错，可是与你们的生活并没有多大的关系。我骂人，没人骂得过我。骂人，得有高度的智慧。

六二。直方（仿）大，不习无不利。

"六二"阴爻居阴位，中正，直，人之生也直，"直其正也"，直己正也，"蒙以养正"。

"直方大"，天为大，方者，仿也，直仿天，天怎么样，地就照葫芦画瓢，"天圆地仿"，仿天的大，还用习？所以，"不习无不利"。"大哉至哉"，如不直，焉能达到目的？此表现"至哉"，即跟定了。

"易有太极，是生两仪"，"两仪"即男女、公母、阴阳。有子，也必一样，就是屯（䷂）。几千年前的构思，生了公母，就睡觉去，何等智慧！

你们光知利，不知有好处就有坏处。治国之道，与齐家之道同。

《象》曰：六二之动，直以（因）方（仿）也；不习无不利，地道光也。

"六二"阴爻居阴位，当位，中正。"六二之动，直因仿也"，"天圆地仿"，坤顺承乾，仿你，还用习？"不习无不利"，与生俱来的，不加人为功夫，是本能，顺性，不必习，乾施坤受，含弘光大，"地道光也"。

"习"，"学而时习之"，习相远，习气。必须把脑子培养灵活，天天在那个环境里，随那个环境变。"习"，不是一次，朱熹注："习，鸟数飞也。"朱子的功夫绝对到极点，尤其是《四书集注》。一如玄奘之于"法相宗"，可是今天有几人懂得"唯识学"？熊十力深入唯识，作《新唯识论》，将佛学批评得淋漓尽致。

熊十力先作文言本《新唯识论》，后多次改定，于1942年写就白话文《新唯识论》，1944年印行，作记略述："识者，心之异名；唯者，显其特殊。《新唯识论》究万殊而归一，要在反之此心，是故以'唯识'彰名……辨妄，正所以显本；妄之不明，本不可见。"

熊子深懂佛学，而攻击佛学，与其师欧阳竟无打对台。

欧阳竟无（1871—1943），原名欧阳渐，字镜湖（五十岁时改"竟无"），江西宜黄人，人称"宜黄大师"，我国近现代著名的佛教居士，佛学教育家，唯识宗代表人物。1914年，他刊行了唐代玄奘自印度带回并据梵文翻译的唯识宗经卷。

1922年，欧阳竟无出任南京"支那内学院"（佛学院）院长，熊十力从欧阳竟无学佛教唯识学。1928年，熊十力在国立中央大学（1950年10月改称南京大学）讲学，逐渐离开佛教唯识学，形成自己的一套观点。1932年《新唯识论》（文言本）出，引起儒佛之争，欧阳渐批评熊"灭弃圣言"，并为其弟子刘衡所作《破新唯识论》作序；熊十力则作《破〈破新唯识论〉》反驳之。

"地道光也"，承了，作用在光大地之道——"厚德载物"。真有德，得为别人牺牲。《老子》说"生而不有，为而不恃"，如此，则"地道光也"，即仁，利他。儒家东西真明白了，确比佛家东西高明。熊先生研究佛学，觉得不合理，乃归本儒学之"大易"。

《新唯识论》白话文本，序言："中卷申明体用，因评判佛家空、有二宗大义，而折衷于《易》。《易》者，儒道两家所统宗也。既已博资群圣，析其违，乃会其通，其相违处，辨而析之……实亦穷极幽玄，妙万物而涵众理……上卷所陈义趣，至此而后见其根极。"

坤卦第二

要真下功夫，在知识上，无比中国人学术再合乎人类需要的了。

我母亲以前拜经，每天至少一个时辰。我小时淘气，会看人眼神，天天与太师母斗智；年纪大了，跟她开玩笑，说："现在已经没有皇帝了，还求什么！"人聪明，但这一关就打不破。无量寿，死后是无量的。令人着迷，理智就没了。官迷、财迷、色迷，人天天在这三昧中，黑金挂钩就是其中两个。糊涂，忘了人间的冷暖。

这些日子净说真话，了解世态炎凉了？世态原本炎凉，赵孟贵之，赵孟贱之。但许多人无法真正明白，不知正视自己应做什么，想尽方法违背良知，达到目的又怎样？

人生最愉快的，是做完事，于别人有好处。我无一刻为自己打算过。我家古玩、名瓷、夜具……不知凡几，当年如知要逃亡，必带夜具来。以前王妃结婚穿珠履，我家"珠履"至少有十代。地之德，"生而不有，为而不恃"，最高的品德。何以每天不从良知里寻找愉快，而要从情色中寻找愉快？大人、智者，是与历史争长短，"确乎其不可拔，潜龙也"，"天德不可为首"。争名夺利的，都是昧之人，在财、名、色中迷。何以不冷静想？想通了，就天天做良知愉快的事。

我录音，在为往圣继绝学。讲不好是一回事，但绝对不会错。如活得长，必将今古文都讲一遍。但是先讲今文，是正统。《左传》是不传《春秋》。奉元，研究"大易"与《春秋》。有志，好好下功夫，要承学。

我什么都做，不管困难与否，因为只有爱，人类才会进步。

历代思想的转变，离根已远，所以应奉元。熊子是整理思

易经日讲

想的第一棒。我的着重点不同，自人性推，所以屡次讲《大学》《中庸》。

你们应练习用脑，读《孙子》，怎么看？呆头呆脑地读什么书？现在丰衣足食，要好好下功夫。

六三。含章可贞，或从（顺）**王事，无成**（为而不恃）**有终**（终其事）。

坤"受"，必得"含"。"六三"讲人事了，"含"。

生孩子，弄璋；不"含章"，能弄璋？"章"，像个条件，含这个"章"，才"可贞"。"可贞"，自含的是"章"，章→璋，《说文》云："半圭为璋。"弄璋，生男孩。章，音十，十为数之终，《说文》云："乐竟为一章。"《系辞传下》称："物相杂，故曰文。"经纬天地曰"文"，文之成曰"章"，天地生生是大块文章。

"或从王事"，在人事上，为国家服务。国家大事，"无成有终"。地道，臣道，妻道。说自己有成，可能被贬；不说，还可能有结果。不懂得保密，绝不会成就任何一件事。何以要对没有关系的人说？

就是有美德，也要含而不露。天天吹牛的，绝无内里的功夫。好名者，必作伪。好好下功夫，不必扯闲，也不要乱靠拢。要做真事。用书麻醉自己，活得有人的意义。我就与书本打交道。

周朝的老祖宗太王迁豳，许多人跟着。武王不忘旧家风，故《诗经》中有《豳风》。继祖业，称"咏豳"。我的"咏豳轩"字，是"复辟"（1917年）剩下唯一的纪念品，康南海的字，历史的无价之宝。我自年轻就是有心之人，有"保皇党""宗社党"

坤卦第二

的印花。

"或从王事","王",归往,"王事",为国家服务。政事,管理众人的事。"无成有终",因为"善世而不伐"(《易·乾卦·文言》),不自己报功。古人如此,今人到处丑表功。做"王事",永远不认为自己有成。"无成","民无得而称焉"(《论语·泰伯》),故曰"有终"。

现在有些人,有成无终,以为别人都要为你活。你们不留心,并不是没智慧。没有观变之智,又如何御天?老谋深算的必然不同。书写太多,无德没用。必须做划时代的人。研究古书,是要成为"殡仪馆的化妆师"?回去要深思,悟一悟。不深思,绝无所得。你们学了,既不写也不讲,岂不是白学了?奉元书院的学者,必须是个智者。

我天天琢磨,心静,愈晚愈精神,一边喝茶一边写笔记,不浪费时间。你们自幼儿园起,就只知为考试而读书,能有脑子?自己要时常写,脑与手不能合作,就因为不常写。记日记,写长了,则成流水账。应写笔记,有要点。学问,是点点滴滴累积来的。散步时,一看到怪物,诗就来了。随时写,不必拉架子写,想起来就写。随时写,日后可以汇集在一起。每天要彻底用功,好好留心。谋生特别容易,要愉快地过日子。

既没有发财,也没有求幸福,到底为什么?活着,在乎有意义。什么职业都不重要,最重要的是德。

《象》曰:含章可贞,以(因)时发也;或从王事,知光大也。

"含弘光大",有"含章"之美,就能"弘光大"。社会上的形形色色，都是章之美。母鸡含鸡的章，可以下蛋。

"章"，是自"乾施"来的。如无妙物之神，怎会那么美？含天地之精华。精，章；华，结果。

因时发，多美！待时而发，有内圣功夫，智周万物，道济天下。要为别人想，才知人生为什么而活。

不识时，怎知因时发？我总是提醒你们："此何时也？"净用你父母给的本钱耍，能够耍得开？所说皆声东击西，就看你是否能够引申了。

"或从王事"，表现自己的机会到了；"知光大"，"乾知大始，坤作成物"，知光大，代有终；"无成有终"，母之道，不说自己有成就，为而不恃。要为别人想，有利他的观念，才知为什么而活。《易》为智海，要用以培智。

历代成功后都杀功臣，否则皇帝还做得下去？杀完，才说自己有"三只眼"。"从王事"，非要有成，而是要智光大。何以三国最后为魏、晋所统一，而非吴也非蜀？赞美诸葛亮，因为历代帝王强调正统。

我已经两晚没睡，想出多少东西来，要"因时发，智光大"也。我是中国人，绝对爱国，比你们看得远，认为对的，不在乎别人贴讣文。今天到我这儿请示的，什么人都有。

有智不用，还等别人来看才写？不健全的人，无知，就懂得干。智慧者要加肥料。讲一点，要你们养智；说太多，于你们无用，是浪费！有智，必须光大你的智慧。

古代学理学的很少有德，伪道学。我在台五十年，绝不吃政治饭、不住不花钱的房子。我绝不为文歌功颂德，"你写，只要于我无害，绝对盖章"。但是到学校上课，必讲自己的。

读书人必须有人格。

当局者迷，我们旁观者清，要为国家做贡献，不在人知，不求有终。"与天地合其德"，"生而不有，为而不恃"；"厚德载物"，无所不载。"或从王事"，在光大己智。不是做官才有机会爱国。

因时而发，时至而不失之。因时发生智慧。"先时"，计、策、谋、略，将要用的。"含章"，是智库，因时发也；发对，则百发百中。不是计、策、谋、略，是章。昔日做官人家门上四字——文章华国。"夫子之文章，可得而闻也"（《论语·公冶长》），"行有余力，则以学文"（《论语·学而》）。章，是经纬天地的东西。日月用光华，日月光华。

六四。括囊，无咎无誉。

四为"多惧"之爻，居上卦之始，下卦之上，"或跃在渊"。"括囊"，将囊口绑紧，贵人话迟。

"无咎无誉"，出头的椽子先烂，有誉，就有咎。无誉，固然不好，但无咎，也就平衡了。中国尽讲"中道"在此。

君主专权的多半是魔鬼，明君是在权势之下犹有头脑。利令智昏，做了虽会得好处，但最后跳到黄河也洗不清了。

《象》曰：括囊无咎，慎不害也。

"慎"，就"不害"。怎么讲，都不如看时事的启发性。

四爻，多惧之爻。所以不要多说话，要"括囊"，"慎不害也"。要少说闲话，嘴要有遮拦。谨慎，在"慎不害也"。管事者，要守口如瓶。

"慎"，真心，得用真心去想。又何必自欺？何以一失足成千古恨？因无真心去想。什么都没得到，却惹了一身臊！

"慎"，你做的事，与此无关的绝不叫他知。米酒风波，事先走漏风声，而造成囤积。遇事无构思，就手忙脚乱，因无慎思。

研究中国学问，有资料必须搜集。遇事不敏感，能做什么？这块土上有什么都不知，能有什么用？有的东西都得知，否则以什么去"智光大"？我为了解慈济，去慈济医院住院十天。我遇事绝不盲从，必须深入了解。必须求真知，大小事都一样。必得都接触了，看到不必批评，但心里绝对明白。做事，是要成功，必经过"博学、审问、慎思、明辨"几步功夫。得真知后，还要"笃行之"，否则是自欺。自知如马虎，怎可给别人用？

害，是自"誉"得"咎"来的。誉，好名，祸端。慎思，"慎不害也"。慎，动用真心，极为不易！"阴疑于阳，必战"。有强大的国力，才有强大的外交。你们懂我话的真意就明白了。

要用什么避害？就一个"慎"字。同学要是听我的话，也不会无有一成就者，无能主导一件事。我要你们好好用头脑。

人生就立德、立功、立言，简言之"德功言"，太简单了，但就为此忙得不得了。有时立功，有时立德，有时立言。就争立功？有无立德？争立德，不抢。养德，不在争名位，要树德，以立德为第一要义。有伏笔，为后文铺陈。为争一根臭骨头，两败俱伤！没用真心去考量一问题。"有德者必有言，有言者不必有德。"佛经"如是我闻"，是弟子记的，即我闻如是。

遇事必须慎思，因为"不易乎世"，一般人则必偶世（俗）；"不成乎名"，因为"天德不可为首"，如此，遇事绝对客观，

坤卦第二

慎思。慎思完，"乐则行之，忧则违之"。"不害"，乃自"慎"来的。"早辩"，亦是"慎"，用了真心，就辨了。

自然界真没法形容，不能不承认造物之奇。人没死，总是有希望的。自2000年开始，重打锣鼓另开张，但要慎思、明辨、笃行。慎思，是为了明天。得些什么结果、做些什么？社会事总有轨道可循，看乾、坤的关系，"先迷失道，后顺得常"，顺着轨道走，就能得常。

自2001年开始好好想：小，要怎样走，可以活得愉快？大，对人类能有贡献。天天讲书，是要御天。我们应发挥自己的思想，不是为了当大官，而是要御天。

女人御夫，但可不能"阴拟于阳"，失位。失位了，阴要与阳比，能不吵？宇宙就是颠三倒四，乱！有无"拨"的智慧？"大易"叫"顺"，大禹治水，即顺水性。水要是"浊"了，还得了，早晚遭劫。

御天之要道，即"拨"与"顺"。顺，主动地趋就。《春秋》讲"拨"字功，"大易"讲"顺"字功。中华民族精神就一个"正"字，养正、居正。顺，就正，趋正；拨，返正。《中庸》是一部小《易经》。

胡言乱语，失位了，得拨，得顺。一、"思不出其位"，慎也。二、素其位而行，不愿乎其外。三、不在其位，不谋其政。

我不信顽石不点头。脑子会动，能生万法。法因人而设，十二部经，十二个环境，十二个对象。

"十二部"，就是佛教经典的体裁，分为十二类。有一首偈颂说："长行重颂并授记，孤起无问而自说，因缘譬喻及本事，本生方广未曾有，论议共成十二部。"十二部经的"经"，是契经之谓。契经的意思，就是契于理、契于机的经典。契于理，谓契于"佛道之理"；契于机，谓运用佛所说八万四千法门，应众生根机说法，是名契于机。故应省思"观经"所说为"临终人"赞说"十二部经首题名字"的意义，绝对不是"照本宣说"而已，一定是在为临终人开示"十二部经首题名字"的内涵要义下进行的。

《大般若经》，以《金刚经》最为上乘。

《大般若经》，全称《大般若波罗蜜多经》，简称《般若经》。为佛教经典，系宣说"诸法皆空"之义的大乘佛教般若类经典的汇编。该经为唐朝玄奘法师译，共六百卷。"般若波罗蜜多"，意译"智慧到彼岸"。此经主旨在阐明万事万物都出于"因缘和合"，故其"自性本空"，因而后世也称"空经"。

《心经》，是《大般若经》之"胆"。

《心经》，是《大般若波罗蜜多经》加以浓缩，近二百六十字，原文如下：观自在菩萨，行深般若波罗蜜多时，照见五蕴皆空，度一切苦厄。舍利子，色不异空，空不异色。色即是空，空即是色。受想行识，亦复如是。舍利子，是诸法空相，不生不灭，不垢不净，不增不减。是故空中无色，无受想行识，无眼耳鼻舌身意，无色身香味触法，无眼界，乃至无意识界。无无明，亦无无明尽，乃至无老死，亦无老死尽。无苦集灭道，无智亦无得。以无所得故，菩提萨埵，依般若波罗蜜多故，心无挂碍。无挂碍故，远离颠倒

坤卦第二

梦想,究竟涅槃。三世诸佛,依波若波罗蜜多故,得阿藐多罗三藐三菩提。故知般若波罗蜜多,是大神咒,是大明咒,是无上咒,是无等等咒,能除一切苦,真实不虚。故说般若波罗蜜多咒,即说咒曰:"揭谛揭谛,波罗揭谛,波罗僧揭谛,菩提萨婆诃。"

不能预设明天、后天,必视对象而讲。《孝经》是对百姓讲的。圣严,有思想;证严,有佛行;印顺,有开辟,手不拿念珠。称佛,诵佛,和尚念佛,念兹在兹。

培脑力,乾坤,《乾坤衍》必须细看,看熊先生用什么形容坤卦?一个"慎"字,即坤卦之要,才知顺、逆,"先迷后得"。"慎",能避祸,能远祸。知道下步棋要怎么走?为众生开辟一切的思路。"故君子必慎其独也","唯我独尊"。人世的成就,皆"独"的发挥。性与独有何不同?重视思维、怎么去想,要解决中国未来的思想问题。想辟天,必得先利其器。回去多思考半个小时。中国的路子宽得很,时也。

我知道低,才天天喊。环保,就为苍生。"慰苍"是我母亲给我的图章,结果我连腹都没慰。人都得活,绝不能自杀,但魔天天杀。今后,中国的路愈走愈平坦,应好好弘扬中国的思想——慰苍。

人活着,必须有目标,人生是跑接力,"述而不作",不必忘了述的责任,而妄自创作。无一民族像中国这样有系统。但今天必"为往圣继绝学",此乃责无旁贷。我守着"错"五十年,绝不改。同学开始路子都走对,但中间受台湾地区政治强权的影响,现在又回来对我歌功颂德。真理终战胜强权,真理就只有一个。必须按步骤走,天下绝无巧得之事。今天有"做人"

的样子？有些人就趋利、忘义！

我上庙，要找一环境。多少得有点脑子，否则思想从哪里来？仔细讲，抓住几个要点，再入门读书。如什么都不做，著作等身也未必传世。对时代有慨叹，大家都有往前跑的精神。游泳的姿势好，因为有真传。人必须适应环境，要善用智慧。"有誉"，动辄得咎；"无誉"，动有方向。

做事的智慧，无成有终（卒），"有始有卒者，其唯圣人乎"！求"有终"，术，在躲开"有成"。"无成有终"，无成，才有终。今人没等做事就要有成，一旦倒下就再也起不来。有成，绝无终，都得夭亡。

六五。黄裳（喻百姓、下民）**，元吉。**

"黄"，中色、正色。上为衣，下为裳。"裳"，喻百姓、下民，"黄裳"，连下裳都用正色，完全正了，能正其裳，上下一体，至此境界才善吉，"元者，善之长也"，元吉，至善之吉。人得表里如一，"诚于中，形于外"（《中庸》）。

女人穿衣服，也得"黄裳，元吉"，守其正色。京剧的青衣，是正旦。旧时代，姑娘没结婚时，出门穿得朴素，以丫鬟竞相比美。旧时英国赶车的比坐车的穿得还美。文饰，并不代表德行。订婚后，女子天天练习化妆；上轿前开脸，有一定的规矩。男人，得有英气。

《象》曰：黄裳元吉，文（文明）**在中也。**

中国以"裳"居次位。不因人废言，不因言举人。"元吉"，是自"文在中"来的。文明，在每个人的"中"，"人人皆有士君子之行"，以"中"华于天下。中国人有动作，终极目的在"中华"，日月则是"光华"。

"终日乾乾"，才能中华，不失为夏。"夏，中国之人"，多么完整，是将"中道"完全表现出来的人。中道华于天下，即成华夏。知此，才知怎么做人，最低限度得有个人样。心平气和，不要好名、好利、好作伪，要脚踏实地去做。

我行加冠礼时，我母亲送"慰苍"图章；结婚了，号"安仁"，后有"兰亭主人""汲修"……父母对儿女都有无穷的盼望。

华夏，御天，"居天下之广居……行天下之大道。得志，与民由之；不得志，独行其道。富贵不能淫，贫贱不能移，威武不能屈。此之谓大丈夫"（《孟子·滕文公下》）。自己有人样，为夏→诸夏→华夏。御天，华夏→一统，因一而统。大一统，即华夏、太平世。

《大学》《中庸》讲怎么达天下平。《大学》歌颂宇宙，在明明德；《中庸》崇自然，顺自然。明白思想的要点，才知道怎么做人。

德不足，天天讲口耳之学，对谁有影响？没有德，能有好结果？孔子至少有颜回。

我到慈济，看一"伪"字，证严本身绝没问题。总是少数几个人往前推动。要判别顺逆，在一个"慎"字，从真心出发。真心，第一个得无我，有我即主观见解。

中国人是以"中"华天下，故与日月合其明。宇宙为一大天地，人为一小天地，"天之历数在尔躬，允执其中"（《论语·尧曰》）。

上六。龙战于野，其血玄黄。

"太极生两仪"，所生皆龙子龙孙。阳，直接点出是龙，"龙马负图"，八尺以上的马曰龙。牝马，不到八尺，但两个是一个种，所以有时会出问题。"龙战于野"，阴阳混战，都出血了，既有阴也有阳，有的玄色，有的黄色，故曰"其血玄黄"。

"战于野"，"礼失求诸野"。什么环境"其血玄黄"？不管什么对象，只要是战，就得"玄黄"。既得利益交出，必费劲。防事，必防于始，要斗智不斗力，做事必须留余地。战争，不论成败，其损失皆一也。

"战"，焉有圣战？亦得"其血玄黄"。"龙战"，亦"其血玄黄"，要懂得深意。

《象》曰：龙战于野，其道穷也。

"其道穷"，阴道穷也。处处想用战，都是"道穷"。短见之士，遇事没法用智光大，只好打了。

用阴，先问本身有无永贞之德？"空城计"唯有诸葛亮可以用，因他平日谨慎小心。骗人，只能用一次。"穷则变，变则通，通则久"，穷、变、通、久以应天下事。

"群龙无首"，《易》讲圣功、返正、一统。遇事，要追究何以"道穷"了？要以智生道，性智，元生之智。

我今天所讲，通通是今文家的思想。今文家学问属哲学范畴，《易经》配《春秋》，活活泼泼地，讲微言大义。古文家是开当铺的，讲训诂考据，《易经》配《左传》。必须正学风。

穷词，要懂"穷"，其词穷也。一个地方乱，其智穷也，不懂率性、顺自然。人性中专有许多逆性，如喜吃辣椒，习以为常，则非吃不可。

倒霉，接着迷，动辄得咎，不识时也。人要"穷"，上帝都不帮忙，什么都来了。做时，认为必得到表扬，没想到却是动辄得咎。你们读书总是不深思，似乎一切与自己无关。

伏羲何以要画八卦？一、"以通神明之德，以类万物之情"，神物合一。《易》为君子谋，不为小人谋"。二、"智周万物，道济天下"，比"通德类情"低一级。以人为本。三、"道济天下"，所以要"裁成天地之道，辅相万物之宜"。此即华夏文化。

你们读书用智慧没？你们净想些什么？最低以"天下"为对象，中国思想"天下一家"。道，是济天下，而非济哪一国。《春秋》"三夏、三世、三统"，达到"天下一家"有步骤。你们的结果，我早已看清楚，才发菩提心。现在才知你们的文化基础弱得可怕，之前完全是胡言乱语。

用六。利永贞。

"用六"，六为阴、柔、母，知用六，就要懂六之为用；六之用，阴之为用、柔之为用、母之为用。九、六即公母，一切生生之源，公与母合而为一，"阴阳合德，刚柔有体"，得其大用，乃生生不息。

"利永贞"，"永"，《说文》云："水长也。"引申为凡长皆曰永。"贞"，正固之道，其利在于永远守住正固之道。

"永贞"，永远正固，"不可须臾离也"。但能"有始有卒"太难了！故曰："其唯圣人乎？"

易经日讲

开始难免有阴私，但进德修业，其利在于永固。走得正，行得正，无人看不起。"不恒其德，或承之羞"，颜回"其心三月不违仁"。

日本学中国文化，就固守，一成不变。学唐代，有遣唐使。海外有唐人街。

《象》曰：用六永贞，以（因）大终也。

阴，是六。坤卦都是六，那六有什么用？永于正固。以正固之德，才有善的终。"永贞大终"，乃坤不可改变的德。

"以大终"：一、必永守正固，有"利永贞"之德，才能大终其事。二、因天而终，因"坤顺承天"，故能永贞，而"有始有卒"；赞之，故曰"大终"，圣人的境界。

每个人都想求"大终"，都有？清朝，避暑山庄是康熙时期修的，立碑告诉子孙要简朴。宫里规矩，皇后的宫才可以是香的，故称"椒房之室"。

"上与眉齐，下如授"，昔男女授受不亲，不可以亲手给东西，一定放在桌上；除母亲以外，就是姑嫂之亲也不可。

柔中之刚最是可怕，道家表现得最清楚。生固重要，机亦重要，"枢机之发，荣辱之主也"。你们如无留心，怎么担当大事？任何事的转折点太重要了，得"真传"了，起死回生之术。起死回生，即"机"，有无后续智慧？教着唱曲，总差了一点，成不了梅兰芳。"机"不同，得"利用机"。独身，违背太和。个人的"机"不同，时代不好应遁，但也有人飞黄腾达。

要随"机"应变，有人懂得投"机"，必须有智慧。识"机"，才能投"机"；不识"机"，拍马屁拍到马腿上。如果从

坤卦第二

上至下都是"飙车族",什么都不明白,就会随心所欲!你一说出,就有一百个人对付你至零,以此审判你有无知识。其"机"如此。

清朝修外八庙,修得如皇宫般辉煌,皆琉璃的,以此换取了两百多年的太平,此乃笼络之政术。做事都要有企划,随时用智慧,此契机也。

如所学在你们生活中不生变化,也没有用。知其所以,才近道矣,近乎真理。每天发生的事,必得领悟,必须跟着时代走,有反应可以福国利民。既无"喝彩"也无"说不",岂不如同动物,没有"是非"的观念,"好坏"都没有反应?一个人必须有"智慧"的反应,而非完全"情欲"的反应。情智、欲智、理智要分清。

做事,应留有余地!将来会有人为你说句公道话。对事要知怎么分析,没有真功夫,用骗,最后都有报应。脑子要灵活。

《文言》曰:坤至柔而动也刚,至静而(能)德方(仿)。

孔子对乾卦不厌其详地解释,但坤卦就解释得简单了。

"坤至柔而动也刚",坤"顺承天","承天而时行",乾"其动也直,是以大生焉"(《系辞传上·第六章》),坤"直仿大",故其"动也刚","行地无疆"。得"动也刚",也就是动得和乾一样,这就是"阴阳合德"。本能"至柔",与相配合者"合德",非得全部发挥自己的本能去主使。

"效法之谓坤"(《系辞传上·第五章》),效仿,摹仿。坤之德"至静",就效仿乾之"动也直","动也刚"成柔中之刚。何以仿?因为"不习,无不利",就承顺。"直仿大",生生化化,各有其形，静中之方。"大哉、至哉"，不"动也刚"，焉能"至哉坤元"？乾跑到哪儿，坤就跟到哪儿；乾怎么大，坤就怎么至。做事，必须弄清楚是主使，还是配合。

说"民之所欲常在我心"，但民不能用欲，是好恶，"民之所好好之，民之所恶恶之"。批评，在知其所以然。值此争胜之际，如何借机争胜？重要关键处，知识分子如用不上，那读书做什么？国家兴亡，匹夫有责。

很多人做事没有原则，净坏人家事，那人家为何对你忠心耿耿？岂不是太愚！称自己"孤陋无知"，还算是好的。这是起码的做人方法。是非者即是非人，要说是非就公开说，不要背后说东说西。

后得主而有常，含万物而化光。

乾、坤两卦，是"孝友家庭"的基础。

"后得主而有常"，坤得乾为主了，而后有夫妇之常，"君子之道，造端乎夫妇"，有夫妇而后有五伦，伦常。孤阴不生，独身违天和，人就是人，圣人也是由人来的。

仔细理解其道理，何以"后顺得常"？因为"丧朋"。不丧朋，就无法得常。"得常"，就发挥作用，"含万物而化光"。"含"，为坤之能，《乾坤衍》称"坤能"。"化光"，德。怀孕，能；生了我们，德。每个词的深意领会了，用事（世）才能有所本。《系辞传》"乾知大始，坤作成物""乾以知来，坤以藏往"，看古人用字多么神！

《系辞传上·第十一章》："神以知来，知以藏往。"师尊根据熊十力《乾坤衍》改为"乾以知来，坤以藏往"。熊先生谓：汉宋群儒治《易》者，其于此处或置之不问，或未通而胡说。此处有错误字，从来无发见者。称：乾有昭明之性……乾卦称乾曰"大明"……"乾以知来，坤以藏往"之义甚深弘大，足以发乾坤之缊。

孝道，最重要的是"续莫大焉"（《孝经·圣治章》)，即"不孝有三，无后为大"。"坤以藏往"，"含万物而化光"；"乾以知来"，故"续莫大焉"。往、来，乾坤之机，两个机不同。

遇事，得用许多智慧断事。千言万语，在随机应变。如你处处捷足先登，谁嫉妒也没有用。有人幸灾乐祸，种下无穷的后患。

坤道其顺乎，承天而时行。

"坤道其顺乎"，"坤，天下之至顺也"（《系辞传下·第十二章》)，坤顺，顺承乾，女顺男，承男而时行，此即六之为用。九六之为用，男女之为用，乾坤之为用，"阴阳合德而刚柔有体"，生生不息。

"承"，继承。"常"，本，因；"时"，机，新。因而不失其新。

不违时，顺天，一施一受，施受必有时，顺时而行才为永贞之道，故曰"仿"，无痕迹，即真功夫。顺天则，谁也违背不了。

积善之家，必有余庆（善）；积不善之家，必有余殃。

"积"，日积月累的功夫，皆非一朝一夕，能积则能久，行远自迩，登高自卑，不怕慢，就怕站，一曝十寒。很忙，不影响成事，下"惟精惟一"功夫，选一专门，终生玩味之。

"余庆"，"庆"，善也，余善，永远善；"余殃"，"殃"，咎，祸，享不完的祸害。一个"余"字，特别重要，取之不尽，用之不竭。"年年有余"，中国人过年时常用的话。

能积则能久，要养积的功夫。"余善"，有余，用不完的德，"种瓜得瓜，种豆得豆"。半点德也没，天天变，"积不善之家"，断子绝孙。"积善之家"，必有好子孙。

现已至瞬息万变、燃眉之急了，还装糊涂？没那么多时间做没有用的事。

臣弑其君，子弑其父，非一朝一夕之故，其所由来者渐矣，由辨之不早辩也。

"臣弑其君，子弑其父"，多指家天下之争位，上梁不正下梁歪。

"渐"，"履霜，坚冰至"，"其所来者渐矣"。"辨"，察也，《大学》"明辨之"，坤卦"由辨之不早辩也"。中国人很早就懂得辩证。

重要的是防未然，不多说话。非有秘密，在防传讹。做事业，本有成功的希望，但愈传愈讹而失败。

中国经书确实需要整理了。"通神明之德"，神德、明德，"大学之道，在明明德"（《大学》）。"类万物之情"，类，人类、物类，"方以类聚"，第一步得知性，尽己之性才能尽人之性、尽物之性。己、人，是人类；物，物类。尽性，乃一步功夫，是孟子发明的。

坤卦第二

《说卦传》称"穷理尽性以至于命"。《孟子·尽心上》谓:"尽其心者,知其性也。知其性,则知天矣。"《中庸》亦谓:"唯天下至诚,为能尽其性;能尽其性,则能尽人之性;能尽人之性,则能尽物之性;能尽物之性,则可以赞天地之化育;可以赞天地之化育,则可以与天地参矣。"

由"性"怎么去"通情"?"六爻发挥,旁通情也"。看八八六十四卦之错综复杂!每件事都必得如此分析。

《易》曰"履霜,坚冰至",盖言顺(顺事而来)也。

辨之道,"早辩",就防未然。"盖言顺也",没"早辩",顺着发展,就"履霜,坚冰至"了!防微杜渐的功夫,识微、察微、谨微,知微之著。

"顺",顺时,顺自然的,谁也违背不了。顺人性,"先王有至德要道,以顺天下","率性之谓道"。

人为万物之灵,猩猩会学人的动作,但智慧无法与人比。就以中国这些立说者言,其境界实非后世比得上的。

"公羊学""三世义",有几人懂?根本不知其所以。我教过多少状元,皆试过,不过记忆力好而已。我常说:"没有梧桐树,哪有凤凰来?"必须学会善用智慧。

为了解山地人,我费尽心血,在山地待六年。许多事只讲不行,得身临其境。绿岛,台湾地区最高的村,我住过。我爬上始皇陵,一次走上去,令人震惊。

要体,不光是知,是行的力量。要实际想问题,必须真看书。"其所由来者渐矣",必"早辩",才能防未然。

批评别人容易，但批评完，是不是对最重要。对实际问题，怎么看？既知错了，何以不学，就只骗人？根本不学无术，是学就有术。但你们也没有进步。不考虑成败，而考虑应做否、怎么做。做事，就看应不应该做。不是俗人认定你的成败。知道怎么做很重要。

怎么做？奉"元"，"正其谊（义）不谋其利，明其道不计其功"（《汉书·董仲舒传》），应该做的绝对做，但怎么做要明白。你们应细心，重要资料要留下。学问，知识很重要，学就有术。

我为你们上一课："毋自欺也"。

《大学》："所谓诚其意者，毋自欺也。如恶恶臭，如好好色，此之谓自慊。故君子必慎其独也。"

生死存亡，不在成败之内，为所当为。怎么做，得有术。无术，冒险，自欺，行险侥幸。应知哪个人做事，在哪个位上。要识时、知势，《易》讲理与势。旁观者清，说必然的结果，皆得应验。应该做、怎么做，必须有方法。做坏事，有做坏事的办法、做法。真的就是真的，假的就是假的。不能自欺欺人，胡说八道。自己应怎么做，此乃实际的。

必须有实际的玩意儿，对方才能接受。有权主张，但对方接受与否，又是另一回事。有些人处心积虑想出卖利益，以换取自己的立足之地。有些事应做，而有些事则不应做。我有立足之地，也有埋身之地。真有胆，也可以翻车。要客观地看，看其真意之所在。

坤卦第二

了解时势，然后怎么做，要用真智慧。没办法就不要做，否则误己误人。

做事的、成功的不一定是做大官的。曼德拉退休之言："退休后，要做一个平凡的人，游山玩水。希望白人不要只关心自己，应叫关心此事的老人含笑而去。"对一级人物的一举一动，必须留心，作为启示。谁距真理近，谁成功。立德、树德，未来才有希望。像样子，而不是真有样子，所以不成功。真成功，得履险如夷。

乾、坤两卦，好好看熊十力的《乾坤衍》，衍得特别好。

直其正也，方（仿）其义（宜）也。

主敬立人极，"敬以直内，义以方（仿）外；敬义立而德不孤"，"成性存存，道义之门"（《系辞传上·第七章》）。实际怎么运用这功夫？

"正"在儒家思想所占的地位很重要，"蒙以养正，圣功也"，"各正性命"，《春秋》"大居正"。从正到性命，中间有几个机？性命，与生俱来的，必须好好养，下"保合太和"的功夫。"人之生也直"，直其正也，"各正性命"。性，性直，必须养，不外求。思想，法也。性生万法，佛能，自己亦能。

如"藉用白茅"（《易经·大过卦》："初六。藉用白茅，无咎"）是在哪个环境？今天用保丽龙护器具。思想系针对环境而发，性生万法。所以要"政教之始"（公羊家所谓"五始"之一）、思想之始。

坤，顺承天，承天而时行。"天地位，万物育"，正，养（育）正。《大学》《中庸》两个首章要深究，则"大易"之道至少入门。

儒家，王道，民主的，人人所归往之道，所以"首出庶物"。《尚书》《孟子》歌颂王道，倡民贵。中国思想必须好好自根上弘扬。

今天有些读书人不敢说真话，何况以前，所以要拨。"公羊"说"天子僭天"，"僭"，偷来的。现在必须正视中国传统思想到底是什么。《孟子》谈《春秋》处，必当思想读。《易经》好好读，词句都能焕然。

如人人都懂得《诗经》，则人性都复了。想复性，必自《诗经》入手，看先民人性之美，以短句表达的意境。《诗经》每日一首，一年可读毕。

经书有其时代性，今天的环境更为丰富。先自人性培养，到完整境界，则面对环境都是新说。同学应喜一样，深入研究。现客观环境更进步，应想得更多。

君子敬以直内，义以方外，敬义立而德不孤。

"敬以直内"，主敬以立人极，性分中之礼，"敬人者，人恒敬之"（《孟子·离娄下》），"敬其父，则子悦"。

《孝经·广要道》："礼者，敬而已矣。故敬其父，则子悦（同'悦'）；敬其兄，则弟悦；敬其君，则臣悦；敬一人，而千万人悦。所敬者寡，而悦者众，此之谓要道也。"

人无不知爱其亲者，"敬义立而德不孤"，"德不孤，必有邻"（《论语·里仁》）。

"千里修书为一墙，让他三尺又何妨？万里长城今犹在，不见当年秦始皇"，知此即不争。求不得之苦，乃自"私"来的。

坤卦第二

无私，就能成事，"无成有终"。

直方大，不习无不利，则不疑其所行也。

"不习无不利"，利，乃自真功夫来的，不必习，人为之道，不可以持久。

"不疑其所行"，因"直仿大"，如有疑，焉能仿他？必须"不疑其所行"，才有号召力，即言行一致，责己也重，责人也轻，"无诸己，而后非诸人"（《大学》），"施诸己而不愿，亦勿施于人"（《中庸》）。

这是按人的实际讲的。"含"以后，才能表现其德、能，"含弘光大，品物咸亨"。"含"，不露。熊先生用心深细，但含英咀华的境界更高。"含英咀华"四字要悟通。

我所讲，在教你们做思想家；所谈，皆为精华之所在。所以，要多绕弯了解一东西，费许多劲。如"止于至善"，必须知道怎么做，才不落空。"不嗜杀人者能一之"（《孟子·梁惠王上》），违背此一原则，即为败类。定于一，止于一，止于至善，《大学》谓"为人君，止于仁；为人臣，止于敬；为人子，止于孝；为人父，止于慈"，何以没有做到？

著作等身，有无人的思想？要树立"真"的思想，用以拨乱反正。《孙子兵法》讲一"全"字，既保全自己，也保全敌人。同学随时都要拨，要将精华之所在发挥出来，此即拯世。

阴虽有美，含之。以从王事，弗敢成也。

女人虽有章之美，但得"含之"，懂得"含"之德，则将来有成功的机会。阴的美,在于"含之",故曰"含章可贞"。

坤顺承乾,但其德并不亚于乾,但因位不同,虽有美德,亦得"含之","因其时而发",因其时而发其美德。母亲的章美,在含。昔日无生儿育女的,可以出妻,在家中无地位。

"文",治国经世的大法。经纬天地,有纲有目,即"章"。

有真东西,得做正经事,"以从王事"。"我从王事",被动;"我之所从,王事也",主动。

"弗敢成也","力恶其不出于身也,不必为己"(《礼记·礼运》)。

我不厌其烦地说,在使思想起变化。对什么事,不敢自成,如此,焉有嫉妒?没有种子,地道没了!地道能"厚德载物",可非独自能办到的,《大学》"未有学养子而后嫁者也",谁也不敢自成其事。

地道也,妻(齐)道也,臣道也,地道无成,而代(代乾)有终也。

"代有终",代乾而有终,坤顺承乾,然其德绝不亚于乾,但因位不同,虽有美德,得"含之"。"无成而代有终",多美!结果,含英咀华。

母亲代父亲有终也,其成就为"代有终","代"字多传神!本身如无"阴阳合德",则什么也办不到。孤阴不生,那章美并不是阴自己的。

必须熟,才能用上。先记住,没事喝茶、玩味、想问题,想什么写什么,再整理。

"阴虽有美,含之",含义甚深,除合德以外,生理上亦然。

君臣，是主从，社会上就是主和从。君，领头的，一个排头。如是两个，必两排。臣，非奴才。清朝的称呼坏，满人称奴才，汉人仍称臣。八旗有旗主，下面的旗人即奴才。老舍有《正红旗下》，我为正红旗旗主，旧时北京西城归正红旗。称"旗下"，即奴才。

只要是从，就得柔顺。二人出门，得有一人代表发言。太太非对先生完全盲从，而是相对的，刚与柔相对。男女结婚是伦常，男女之道没，焉有人伦？"丧朋，乃终有庆"，此即常，是人伦之常。

安于贞，得知贞、求真。知贞──→求真──→安贞──→永贞。求仁──→得仁──→安仁──→永仁。有层次。人的修为层次，得经几个步骤，才可以达"造次必于是，颠沛必于是"？应了解时事，才能通民之志，进而才谈得上安民。

没有厚德，焉能容人？地上既有皇宫，也有厕所。自己的嘴容得了几个人？能少说别人的坏话？你卑贱，看任何人都卑贱。多少人都以自己的眼光衡量一切。

佛教徒说"修空"，其实所谓"空"，就如宇宙之空，是无所不容。人是小宇宙，不可以说黑白、是非……着相都不可，不着相而生其心。

《金刚经》佛告须菩提："凡所有相，皆是虚妄，若见诸相非相，则见如来。"又谓"应无所住而生其心"。

社会还是需要大家讲真话的。法自然之空，真空，心里无存是非、黑白，焉有是非、黑白？凭你的主观，你就衡量别人也这么想。都能包容，就能容天下。"举直错诸枉，能使枉者直"（《论语·先进》），使枉者都成直者，就没有枉者了。

练达，要宏观。倡本土文化可以，但必须放眼天下，接受所有智慧才有用。得"君子不器"，才能无所不容、无所不能。中国称"夏"，即大也，失此，即失去中国人的精神。最低限度要学外国语，否则如何吸收世界新知？

"阴疑（拟）于阳，必战"，往往没有好结果。是阴，就得含之，各居其位，素其位而行，不愿乎其外。拟于阳，太逞强就出问题。尽责，则人歌颂你。有位，就按位行事，人会赞美你，否则人说你不识相。依经解经，一以贯之。

将已位之事做得八面玲珑，才显出自己是高手，否则别人都玲珑了，怎能显出你的能力？臣道，在任何团体，可能是个长才，计划做完呈主管，对外说"是主管指导有方"，这叫挨累讨好。

地有能，只能"成物"，"坤作成物"。如没有下种子，则什么也不长。做人之道不知，压根儿就失败。有人托你做事，是高看你；如再不尽职，且还放水，焉是高级知识分子？将来势必无法担当大任。

子路"无宿诺"，答应人家的事绝对做，成与否是另一回事。答应明天办，即"宿诺"。子路都可如此，才能"片言折狱"（《论语·颜渊》）。

你们把许多事看轻了，无信守之能，不论你有多大能力，仍不能打入核心。你们早在"患"中。棋子一摆，人即封杀。走了，是躲债；走错，必毁灭。你们如真有智，应好好为子孙谋。有智可以做许多事，为你们未来谋幸福。

坤卦第二

虽有生物之能，没有种子亦生不出。天下绝不是你一个能人而已。"以从王事，弗敢成"才有功。一个团体必须有伦有序。没声音，最可怕！要懂含，不能含就永无成。真了解我所言，你们就不错，不但"素位而行"，还要"思不出其位"。要懂其中的深意。

天地变化，草木蕃；天地闭，贤人隐。

乾卦，"乾道变化"；坤卦，"天地变化"。之所以不称"坤道变化"，因为坤离乾即不生，故曰"天地变化"。

"草木蕃"：一、程、朱解为茂盛。二、"蕃"，荒芜，杂草丛生，不正常。种地的无工夫种地，休耕致荒芜。

世界何以乱？即"天地闭"。"贤人隐"，非隐居，是"隐居以求其志"（《论语·季氏》）。"舍之则藏"（《论语·颜渊》），藏道于民。

贤如陶百川，不发挥作用，只好隐了。"用之则行，舍之则藏"，不是人人能办得到的。

太低了！就因为你们文化水准太浅了，做事太违背天意，"天听自我民明听"。报纸"要休耕"消息一出，米价马上涨。真懂我为何而说就好了。

《易》曰"括囊，无咎无誉"，盖言谨也。

"括囊"，要把口袋捆紧，就"无咎"，也没有名誉了。"咎"和"誉"相配，想"无咎"，得"无誉"。都"壮志未酬"，岂不完了！一个人真是很难活，咎誉绝对并存。

"谨"，谨言语，多言寡信，轻诺寡信，皆无谨。为政之道，

"谨而信，泛爱众，而亲仁"（《论语·学而》）。

要开拓思想，并非照单收。来知德《周易集注·序》必须仔细看。中国两本最重要的书——"大易"与《春秋》，注解皆一家之言，与伏羲、孔子的思想无关。我专讲义理。第一个依"十翼"解经的是《费氏易》。

费直，字长翁，西汉东莱（今山东省莱州市）人。《费氏易》无《易经》章句传注，只以《彖》《象》《系辞》十篇文言解说上下经。费氏传授的《易经》，是用古文字所撰定，所以称为《古文易》。

其后为王弼《周易注》、程颐《周易程氏传》、船山《易传》（《周易外传》《周易内传》）。

乱伦，如人的社会如此，怎么发达都没用。天天讲道德、说仁义，能不感到悲哀？释迦先于弥勒成佛，因弥勒要度众后再成佛。阿弥陀佛，直接到净土。

净土宗说：阿弥陀佛发四十八大愿救度十方众生，为了完成四十八大愿，阿弥陀佛又以兆载永劫的时间积植菩萨六度万行。所谓"六度万行"，是指不论世间法或出世间法，世间的善事功德或出世间的善事功德，通通包含在内。阿弥陀佛经过兆载永劫的时间累积六度万行，完成四十八大愿，才成为"南无阿弥陀佛"。如果没有这四十八大愿，就没有无量寿命、无量光明的阿弥陀佛，也没有清净、微妙、安稳、庄严的极乐世界。

坤卦第二

熊十力深于佛学，最后回归"大易"。属灵的莫过于"大易"，真知才不做糊涂事。

我是为真理说话，为和平投票。为社会谋福利，真非一日之功。有些人怎么不会用脑？会用脑最重要。

讲义理，依经解经。来知德《周易集注》是个入门。朱子自称《周易本义》。汉代有《焦氏易林》，《四库全书》收有《易林注》。清尚秉和著《焦氏易林注》《焦氏易诂》及《周易尚氏学》。焦循（理堂）学《易》三十年。

焦循学说，由正视人性对利欲之渴求谈起，以践履实证的方式，开展道德的多元面向。

都可以有自己的解释，不要有偶像包袱。必须彻底了解经文，自经文本身去悟。坐井观天，所见者小，乃胆大。

定州汉墓又出《竹简论语》，与今本《论语》多所不同。

1973年在河北定州汉墓出土竹简本《论语》。简本避刘邦讳，"邦"皆改为"国"，所以其抄写时间必在西汉。残简释文共7576字，不足今本《论语》二分之一。简本《论语》与《鲁论》《齐论》《古论》，在篇次、章节、文字上多所不同，为研究《论语》的版本流传提供了新材料。

三《易》：《连山》《归藏》《周易》。

《周礼·春官宗伯》："大卜：掌三《易》之法，一曰《连山》，二曰《归藏》，三曰《周易》。其经卦皆八，其别皆六十有四。"

《易》为卜筮之书，出入乃大。

时代变了，钦定本应淘汰。现在要为往圣继绝学，所以要奉元。两汉犹近乎孔子之道，有思想信仰。汉室乃造出古文，出自刘向、刘歆父子之手，而有《春秋》三传的说法。可见当年求守真理得多顽固！

熊十力否定旧文化，跑第一棒，做法对，但内容对否是另一回事。我跑第二棒，你们应跑第三棒，此即"述"。奉元，乃否定"元"以外的东西，自"元"开始想，其他都当作肥料。必须了解责任之所在，为往圣继绝学。培元，然后元培。必须求真知，就是做父母也得够分量。学术之道是有一定之规的，思想要另辟天地。

开始不要走错，必须自经的本文深究。我解《大学》，自圆其说，一家之言。我解张载四句，张载必定拍案叫绝！我写的"大易"名，不告诉你们，怕被抄去了。你们什么都懂，什么都不能守。

用智慧，可以海阔天空。想胜利，必得有知识，得严格训练，过智慧生活。我坐在屋中琢磨五十年。你们得会用脑子，否则没有办法。文化层次浅，应好好努力，不要叫下一代再糊涂。我对《大学》《中庸》特别下功夫，它们对你们为人处世绝对有帮助，层次清楚。

乾坤与男女有什么关系？乃"位"与"时"不同。情性，习性，习相远。中国人特别重视"情"字，伏羲画卦在"通神明之德，类万物之情"。

坤卦第二

中国思想自"则天"来。则天与法天，中间有点区别，"乃见天德"，"天德不可为首也"。则天之德——神明之德。神之德，"妙万物而为言"，"言"作"然"，即恰到好处。凡是看到、吃到、听到的……皆明之德，终始，生生不息。造谣亦有层次，不仅书要看懂，还得通。

情不可用错，必下"类"的功夫。画卦，就"德"与"情"。成佛，因有情，要度众生；无情，则成石头。要恰到好处，得"类情"，无论家、国。两口子吵，因为情没有类好。如胶似漆，不在物质，而是懂得"类情"。通情达理何等重要！"类情"是最大的功夫。"六爻发挥，旁通情也"，何等圆融！此即"大易"之道，还用卜？

怎么读《易》？得如孔子"五十以学《易》，可以无大过"，不卜而已矣，"不恒其德，或承之羞"，要恒德。自此可见《易经》不在卜，在"通神明之德，类万物之情"，因为要"类万物之情"，所以要"通神明之德"。何以关系近的都没能类好，最终闹离婚。类情的终极目的是什么？在求顺得常。因为"先迷失道"，类完情，就能求顺得常，"后顺得常，乃与类行"。

现在自许多高，将来失望就多深！平平安安过，既没登高，但也没跌深。调情多么难，调和鼎鼐必须有高智。

不怕不识货，就怕货比货。不出手则已，出手绝不会轻，解铃还得系铃人。你们每天要练习，写东西要让别人看得懂，"辞，达而已矣"。活着，必须有志趣。

以良知谈问题，领导社会。知识分子应以智慧领导社会，随时尽责。发生不合理事就谈，社会才会进步。随时注意，知道必说。对社会事得用心深细，才不意气用事。

要懂卦的变化——错、综、中爻。断一卦，必用五个卦——本卦、错卦、综卦、中爻卦、之卦，才能断其好坏。

错者，交错也，立场相同，看法却不同，便是相错，相错者相辅则相成，相背时则力量抵消。综卦，把卦象倒过来看，立场不同时，卦象也不同，从不同立场看卦象。中爻卦，又称"互卦"，由上下两个中爻卦构成，可看出内部的交杂关系。卦象变的方向称"之卦"，表示动爻后的卦象，称"卦之"则重点在卦象变化的方向，重点是动爻，即是之卦。

来知德注："动，生物所动之几；德，生物所得之止。"此说对，但是笨。现在有许多科学根据，不一定要如此说。环境不同，所用东西不同，但用途则一。必须用今天的环境、今人能懂的语汇。自己可另作注，重点在于怎么构思。看《诗经》发性发情，何等感人！可以兴、观、群、怨，想得多么周密。看《关雎》"求之不得，寤寐思服。悠哉悠哉，辗转反侧"，形容得多入神！真明白，就会写注。许多注令人啼笑皆非，尽是考据训诂，如注"藉用白茅"。

《诗经》中有关描写如何做菜、做酒的，可以集在一起成"《诗经》宴""《诗经》酒"。近则尽孝，远则为国服务，是真的。

不通，就没资格类；愈通，则类得愈精。对事认识不清，乃似是而非。锻炼智慧，与别人的类法乃不同。看自己做一件事影响了什么？智慧多低！没有在苦难环境中，就不会用脑。人在生死边缘之际，没办法想办法，环境可以锻炼一个人的智慧。必须学会用脑，要四面观测。文风不高，应好好打基础。

坤卦第二

昔人十三岁至少读完"五经"。

许多事必自根上明白。现在许多事发生了，必须追根究源，看何以出了毛病。真是是非难断，但了解一个是非还算容易。年轻人必须有好奇心。

"往者不可谏，来者犹可追"(《论语·微子》)，应对一件事要有层次，往下应追什么？用此一公式追，依此类推。知识分子要会用脑子，要求真知，"世路人情皆学问"，要智周万物，道济天下。

有事情发生，就算不能先时，也必因时。一勤天下无难事，必须求真知。许多事一发生，就如被扎一针，芒刺在背。何以糊涂了？因为不真知，天天装腔作势。真知，遇事则如同探汤般。马虎，就是自欺！自己不懂，一定要求真懂。读完书，不按道理去行，那读书做什么？格言看久了，视若无睹。常人摆什么也不看，非常人自己不会去求。

身外之物都没用，人何其愚、何其迷！今天知识分子应干些什么？

五蕴，色、受、想、行、识，除石头以外，万物皆如此。谁能"照见五蕴皆空"？自迷中，怎么不迷？遇事，要想。释迦，自觉觉人，他也是智者，但并没有觉。信佛者捧释迦，但释迦本身亦无觉，叫别人行，办得到？后学者稍沾点边，就成祖师爷了，如弘一修律宗，绝对守律，不受供养，写经，尽其所能。

儒家用"可"与"克"的功夫，"可欲之谓善"，当其可之欲，恰到好处；"克己复礼"，"一日克己复礼，天下归仁焉"。要用本身文化订正。

我来台，到山地走一遍。古地名，有其历史意义。到一处，必须求真知，否则没有反应。台北"古亭"旧名"鼓亭"，是敲鼓的亭子，改名将历史改丢了。台北最早的观音庙，在河边的"宝藏岩"。观音佛被锁了，"宝藏岩"的历史实比"龙山寺"还早。

17世纪末，清康熙打败明郑王国后，正式统治台湾，闽南人逐渐移民。有少数闽南移民沿着新店溪上岸，今天台北市公馆的宝藏岩，是郭治亨及其子女于虎空山所建，该庙呈现清代特有的长廊木结构、石柱、石窗，庙内的襟虎石窗与1798年设立的"观音亭"碑，尤为著名。

龙山寺兴建于1738年（清乾隆三年），系缘于艋舺环境险恶，瘟疫频传，泉州三邑移民将福建泉州府晋江龙山寺观世音菩萨分灵至台湾。

我每天要你们练习用脑，任何事都叫你们占下风，斗智已开始，明年为甚。丢一球，试探你怎么接，就知你有几分功夫。开始练习真知，第一步必须懂自己不知。

"大哉乾元，万物资始"，"资始"，知、易，"乾知大始，乾以易知"，"（易简）天下之理得，而成位乎其中矣"，成是什么？不知，就白忙了。《易》为智海，并非空的。必须追根究底，一卦才明白，必须知其层次。

人工不能胜天，还没有办法巧夺天工。今天克隆羊已经未老先衰了，可见人的智慧还是有限的。中国人智慧高，就法一个无限的天，法天。智慧的原动力即"终始"，有无穷的盼望。好好看《乾坤衍》。培养智慧，因为我们有无穷的源泉。水长

坤卦第二

流，都是活的。杂志命名《活水》，不是活水，叫潭、湖、池。昔日西湖荷花满，因死水才长莲花。北京称"海"，因为住龙（指代天子），有三海——南海、中海、北海，是水源地。龙怎么可以住潭？岂不是憋死了！

我绝不讲成"殡仪馆"，而是活活泼泼的。看书要深细，得求，深追。2001年开始，我半年在北京，半年在台北。我培养了十个北大博士，今后你们做事绝对有路子可循。一切必须有永远的计划、明确的思想。追也不可以乱追，得有层次地追。

有几个失败的闻人求教于我。这些人当年登高一呼，何等豪气！必须先检讨自己。先理理自己，大家再谈，才容易进入情况。我是先企划事败，再去做事。企划时除了企划成功，还要企划失败。失败了，还要知怎么收拾、怎么走下去。

想问题要有层次，没有一句话是空的。用什么方法追、分多少层次追？其结果即"成"，"易简而天下之理得矣，天下之理得，而成位乎其中矣"，有方向，有追的层次。脚踏实地的认真，才可为民众谋福利。

有些人见了外国人，就忘了自己姓什么。做事，先求诸己，而后求诸人。

我学什么绝对到一个境界，天下无难事，必须专心。我细心，看电视也做笔记。许多事必须自己下功夫，一勤天下无难事。人最可怕的是，不知道自己不懂。

处理任何问题都得有层次，分几个层次。读一东西在有启示，不可全照文章讲，有些人完全不会应事。

不要读输了，要把道理弄清楚。必须温习，有一年工夫绝不会太幼稚。心无主宰，一见异就思迁，幼稚！多学习，必须

易经日讲

用脑，非过目就算了。上句不懂，绝不读下句。每天必养静，以茶养静，去思维。心猿意马，先养静，求放心，居敬以立人极。

不要想办不到的事，人的毛病就是想入非非。我自封为督学官，到处去督学。捐一分钱就想成佛？证明没有作用。功德与福德不同，永垂不朽的是功德。

凡事光讲不行，必须懂得怎么做，实际做才是学问。如不能停止内斗，永远没有希望。人如不懂善恶，那你们的希望在哪儿？必须了解善恶，而且要合作。要脚踏实地，往实际做。知识分子必须能做事，最大长处要"无中生有"，认识什么是实际学问。

有些新闻从业人员误导视听，就会将人引至绝境，根本不知什么是正知正见，水准太低了。有些新闻人的言论，令我震惊。活学问在此，懂得用活学问者太少。

每一朝代无不重视上衣，"黄裳，元吉"，如连裳都有中色，才能有吉，因为不可以分上下。何以将下身东西看作是下贱？那可是生之源，其实最为尊贵。如观念上以之为下贱，但生活上却必用，岂不是自相矛盾？

雍和宫供的佛像很全。懂得生之源，即元，欢喜佛乃"生生"之模式。

欢喜佛，是属于藏传佛教密宗的本尊神，即佛教中的"欲天""爱神"。其中男身代表法，女身代表智慧，男体与女体相互紧拥，标记法与智慧双成，相合为一人，喻示法界智慧无穷。

必得认识什么是最尊贵的，要打破一切旧思想，才能树立

坤卦第二

新思想。乾、坤二卦，即男女之象征。儒家讲"人之生也直"，道家讲"真人"。要归真，直人即真。

明白，必须能行，千万不可以偶俗，跟着社会人跑。有文化，人必得像人。"贪婪之岛"即贪婪文化。每天净斗私，又有何希望？第一要事先去私，否则不能谈其他。

我不赞成《离骚》，但其有生命力。处处喜打前锋，故容易失败。人不怕死，没有不成的，又何必自己找死？必须脚踏实地，人身体健康就不感冒。

势力与实力都没有，还做梦？

我是中国人，有中国思想，教书是业力。与我有关者不只十万人，何不说真话？你们要善用智慧，遇事要客观，判断才准确，否则爱之欲其生、恶之欲其死。智者不惑，必须客观。惑，即主观。

君子黄中（中德）通理，正位居（守）体，美在其中，而畅于四支（肢），发于事业，美之至也。

"黄中通理"，黄色，为中色；黄中，即中道。中，体；理，用。"理"为最重要的一字，将无形的"中"表现在外，即要用"理"。能奉行中道，才能够通理，"中"在中国的重要性可见一斑，中德、中行、中道。能将中道通于理，即体用兼备。中德通理，所行皆中于德，则无恶行，即成德。

"喜怒哀乐之未发"，"中"的境界。"未发"多么难！我每天想事太多，不只千千万万，意境像海水一样，能到未发？"中德"太难，并非表面静。

"黄中通理"，最重要的即要通理。伏羲画八卦，在"通神明之德，类万物之情"，不通神明之德，又如何懂得《易经》？"和顺于道德而理于义"，即义理之学。

音乐，分五音，宫、商、角、徵、羽。"理"都一样，有标准。"理"和"律"一样，不可以乱发明。织布：竖，经；横，纬。数一定的，做事绝不是空的。"行有余力，则以学文"，文，经纬天地，处理人间事，管理众人的事，政治家得有多高的德行！

做任何事，有一毫之私，就多一毫的失败。做事先想到自己就坏。公而忘私，说容易，行是何等难！所以成功者特别少。自己必须多练达，了解少就顽固。讲书的目的，最低培智，最高培元。学什么必须像什么，绝不可以滥竽充数。最可怕的是聪明巧取者。下功夫，绝不和别人一样。

要学会理事，理事非废物。办事的原则："和顺于道德而理于义。"无中生有，所以要"无所不用其极"；建设有成，必须有德，所以"无入而不自得"。能做事，还不能乱来，办得恰到好处，无一人感到不对。

"正位居体"，"君子思不出其位"（《论语·宪问》），"阴阳合德而刚柔有体"。"正位居体"，居，我释为守，是为了要你们明白。昔日每一房皆有名，如"六必居"，居，己之所寄。"守位曰仁"，正这个位。教书的有无守住自己教书之位？皇后，正宫；大太太，正夫人；老师，师位；射箭，正中。中正，不同于正中。无论干什么都有位，必须正这个位。正己之所即居，居所，知所先后。一个观念，引申至四五个观念，才能真明白。

"居体"，我的身体。自己的身体，部分似父母，但绝不一样，故称"个体"。明白"正位居体"四字，其是个体，即自

坤卦第二

有特色，所长不同，各有所成。都是山水画，细看，都不一样。写什么字体？一看，是冒牌的。懂得"正位居体"，均可以发挥自己的所长。个体户卖得都不错。山东煎饼，放半个月不坏。都是教师，但是所长不同。社会辉煌，在每个人必须"正位居体"。一百年无再出梅兰芳，所以纪念梅兰芳。社会之可贵在跑接力，成功乃前无古人、后无来者，为集大成。

守住"正位居体"四字，最后都能有所成。写字，有某体，"九成宫"还没超过柳体，刺眼。

九成宫，位于宝鸡市麟游县境内。贞观六年孟夏，唐太宗到九成宫避暑消夏，发现一眼甘泉，解决了整个离宫用水困难的问题。为纪念当时被人们认为是天下大治、上天感应、祥瑞呈现的这一盛事，魏徵（580—643）奉敕写了《九成宫醴泉铭》，由著名书法家欧阳询（557—641）抄录，刻成石碑。其碑历经千年至今犹矗立原地，其碑拓作为我国欧体书法的代表作，广为流传。

柳公权（778—865），唐朝最后一位大书法家，楷书四大家（**欧阳询、颜真卿、柳公权、赵孟頫**）之一，其书初学王羲之，后遍阅近代书法，学习颜真卿，加以新意，自成一家，自创独树一帜的"柳体"，为后世百代楷模。字取匀衡瘦硬，追魏碑斩钉截铁势，点画爽利挺秀，骨力道劲，结体严紧。"书贵瘦硬方通神"，其楷书较之颜体，稍均匀瘦硬，有"颜筋柳骨"之称。

史记马体，文章老苏，诗老杜。墨皇（**王羲之**）字，令人愈看愈喜欢。

"正位居体"，在位上有所表现才叫"居体"。表现不够，人说你"没有体统"。"居体"，坐着有样子，是领班的。有一点妒色，就没能"居体"。说人"成何体统"？因没"居体"，让人看得不舒服。人一有权势、地位了，往往就会放纵。

"正位居体"，才能"美在其中"。"美在其中"，即"含章可贞"。美，就在于中德、中道、中行。读完要行动，表现于行事。不必外求，即美在己性。"喜怒哀乐之未发，谓之中"，性，"中国"，人性之国，本着人性做事，"入于中国则中国之"。

"畅于四支"，"诚于中，形于外"，"启予手，启予足"，战战兢兢一辈子，手、足均无做过坏事。"发于事业"，发于事、成于业，即"美之至也"。办个幼儿园，亦"美之至也"。

我年轻时喜铤而走险。有些年轻人不知自己要做什么，惰性特别强，不知用脑，没听说这么懒的年轻人！

做事必须有章法、有步骤，"不成章不达"（《孟子·尽心上》）。读完，即是个良方。"六爻发挥，旁通情也"。儒家做事得通情达理，"黄中通理，正位居体，美在其中，而畅于四支，发于事业，美之至也"。美之至极，才是"至哉坤元"。

一个男人必须"正位居体"，正男人之位、守男人之体。是什么要表现什么，绝不在威逼之下，什么都改变了。

"畅于四支"，成德于身，内圣；发于事业，成就外王。"美在其中，而畅于四支，发于事业，美之至也"，理想与事业合而为一，才是最大的成就。

人一无根，都是水上浮萍，漂东漂西。用中国知识印证民国这段历史，病根在"私"。我讲现代史，脑中都有一段一段的史实。现在的人脑子到底在想些什么？

《易》——美利、美在其中、美之至。"能以美利利天下"，用美利。什么叫美？中德，每天、每时都能用上，遇事保持"喜怒哀乐之未发"的境界。发了就叫和，必须恰到好处。可以看出，有中德就有和德，"保合太和，乃利贞"。"太和元气"，太和，你的一切都与元气相合了，唯孔子足以当之。"元者，气也。无形以起，有形以分，造起天地，天地之始也"，孔子"变一为元"，要以元正天下一切。

想深入，就得记住。你们经文都记不住，注更是不会背。注解皆一家之言，"集注"的时代已过，现在是思想家的时代。

必须学会禅坐的功夫，才能够深入。不明白，得追，并不是咒。玄奘有学问，其所译《心经》，将《大般若经》要义含在内。

阴疑（拟）于阳必战，为其嫌于无阳也，故称龙焉。

"阴"，目中无人。"拟于阳"，嫌于看不起丈夫，必战。

不疑就不惑，事事不惑就不疑。拟，嫌于无人，乃惹祸之根苗。

"疑"，拟，似也。"阴拟于阳"，太太拟于丈夫；"为其嫌于无阳也"，嫌于无丈夫。

"称龙焉"，龙与牝马，本是同类，战则两败俱伤。没能"正位居体"，各守本位，乃乱七八糟！天下本无事，庸人自扰之。

犹未离其类也，故称血焉。

"犹未离其类也"，慈禧太后称龙，自我陶醉。

"阴拟于阳，必战"，太太拟于丈夫，必战；"为其嫌于无阳也"，眼里没有丈夫，但仍存在。"称龙"，还是母则天，"犹未离其类也"。女子多少必有阴柔之道。

乾、坤两卦，即似、际、拟。两口子吵架，即双方都要做强人。阴拟于阳，给人多大的启示。

任何发言，必须有一有力的根据。读书不清楚，做事就无功。不动笔，怎知你们进步到什么程度？

"乾坤，其易之缊也"，"乾坤毁则无以见易，易不可见，则乾坤或几乎息矣"（《系辞传上·第十二章》）。坤卦不知丢多少，但就现存的文字，已够我们思维了。想得清楚了，应要练习做。

何以要"无所不用其极"？即为了"无入而不自得"。智者是无中生有。今天连有的东西都弄得破碎不堪！一假他手，即将之扯得稀烂。

每天必须有时间想入非非。旧社会一提恋爱，即说胡扯，那孩子从何来？"君子之道，造端乎夫妇"，必懂得恋爱，所以《诗经》一开始即是《关雎》。

有约束力，使人感到有希望，就不会做坏事。想入是是非非了，即是"真"的树立。

元，一点假都没有。小孩小时，必教他明白什么是最尊贵的东西。中国文化太悠久，有很多弊端。皆假古人之学，讲自己思想，如朱子，人称理学。

何谓阴之美？即母亲之美。以人言，子孙万代。地生万物，亦阴之美。没有君子之道，哪有生生不息？儿女是父母的"美利"，"能以美利利天下，不言所利，大矣哉"，生之德。自己生的孩子，是"美利"，"未有先学养子而后嫁人者也"。"母道无成，而代有终也"，为国家服务，不可以争功。

我到曲阜细看细想，想入非非，即想入是是，就可以得真的。"易有太极,是生两仪","是"字有深意。不要把心放掉,每天都可以悟很多事情。

"大易"与《春秋》,中国人不传之秘的智慧,必须叫人人懂才有用。写给外人看,看其是否懂。

夫玄黄者,天地之杂也,天玄而地黄。

后文似有脱落,并不完整。

"天玄地黄",天,玄色,黑色;坤,黄色。混沌成杂色。"天地之杂也",两个杂在一起,有所受伤。阳中有阴,阴中有阳,如后人所画的"阴阳图",各有一鱼眼。阴阳永远存在,完全看其消长,以事论,战则两败俱伤。一个人如离本,必有所损失。

乾、坤两卦明白,懂得怎么做了,可以成就事业。没有章法,就愈弄愈糟。我讲"四书",先讲《大学》《中庸》,有用意。《易》,则以乾、坤两卦为要。

培智,看事客观,就可以百发百中。先立主观,则爱之欲其生、恶之欲其死。天下事皆有轨道可循,看是形形色色,但都是一定的。

从政要看《战国策》,要练"渔人之智",但必须养"群德"。打鱼的也必须待时,否则鱼、鸟也不来。

谁无二三知己?怎么搞组织?就自二三知己搞起,社会就是需要而有用。知己聚在一起,见面就能谈。不以"利害"结,要以"义"结。第二事业要开始做,但也必须三四年。必先有立身之道,不可以到处做文丐。

必须将家庭变成温暖的窝,给下一代好的环境,根深叶才茂。没有平天下,就没有天下平。一个人能有何作用?有志,要有方法。以二三知己结朋友，以性情交。有志于天下，必须一步一步做。

有时虽僭越了，别人仍看不起你，所以要"素其位而行"，不愿乎其外。再看《乾坤衍》，更易于有所得。看我的主张与熊先生有何不同？乾、坤二卦，必须仔细看。

"大哉乾元"，"大"，赞词。何以中国那么看重"大"字？"唯天为大，唯尧则之"，则天，多发人深省，武则天足以当之。

《大学》就是学大，学大之道，"在明明德"。一个人能行道，才叫大，人能担一了。老子"道生一"，一代表什么？即道之用。道是体，无形的。人能以道为用，就是大。学大，即学大之为用，第一得"在明明德"，其次"在亲民""在止于至善"。"明德"，为本然之善，"明明德"，讲明的德，将之明于天下；外面受影响，民就新了；都奋斗，就"止于至善"。"至善"是什么？一也。何以"至善"是一？止于一，正了，都达到道的境界了，孔子得一，说"吾道一以贯之"；其后"改一为元"，是进步，"元者，善之长也"，即一者，善之长也。多少看一点书，就知"止于至善"，就是止于一。始于一，终于一，一致百虑，殊途同归。

"至哉坤元"，乾元既然大了，坤元如跟不上就不行，不管你到哪儿，我都跟到底，一点距离都没有，顺从你的大，自己一点主张都没有，因名分已定，非跟定你不可。坤顺承乾，伦理的秩序。

万物借着乾元开始，连天也是乾元创造的。"大哉乾元，万物资始，乃统天"，十一个字包含了宇宙的全部，讲一切自然环境。

待能"明终始"，就明德了！终而又始，生生，"生生之谓

坤卦第二

易",讲生生之道。常道,不变之道,明的本能,就是能终始。"大明终始",明,生生不息,即生机。"在明明德",即终始,责任之所在,明明德于天下。

怎么知道终始?法自然。天地人,始壮究;究,极、终也。终(究)而又始,明年又长,又一个始壮究。六个就够了。明,一切生机,故曰"大明终始"。知此道理,如何用事?明终始,用于时上即成六位,"六位时成",六位因时而成,始时、壮时、究时。究时,谁也逃不过,故曰"物有本末,事有终始"。做事要按六位,什么皆逃不过"始壮究、始壮究"六个位。用事,六个步骤就够了,即六个时。每个时都不同,所以"时乘六龙以御天"。"六位时成",代表宇宙现象。既"时成"就得"时乘六龙",以驾驭天下事。

"龙德"是什么?有些人乱变,什么都有,就缺德。"龙德而正中者也",得具正中之德,才能乘之。因有此一观念,才有"天工人代"的观念。"德与天地参矣",乃可以代天工之不足,"人定胜天"的观念由此来。此讲法至少在汉以前就有,距今已两千多年了。

现有"大易"风,至少知用脑。学问绝不能躐等,必须按层次。从黉舍开始,即要造就士。古时称黉宫,后演为书院。

读书,要培养器质,士尚志。近代的文人如曾文正、秀才罗泽南,为清中兴之士。之所以能福国利民,在于有脑子。绝不能骗纯洁的百姓。不要将文人与文丐拉在一起。福国利民在于有脑子,不是会拳脚。

毛泽东年轻时曾说:"愚于近人,独服曾文正。"曾国藩绝非聪明者,大智若愚。李鸿章聪明,但不走正路,故死后谥"文忠"。曾恐湘军造成清朝尾大不掉之患,临死前有心解决,但找不到接班人,所以必须解决湘军问题。曾门下勉强一个李,乃将责任交李,由湘军变成淮军,结果造成中华民国的军阀割据。

传承很重要。孔子"不得中行而与之,必也狂狷乎",退而求其次。"狂者进取,狷者有所不为",得具备此二条件。

我在屋中教五十年书,希望造就专才。不要认为讲西方的东西就高明,还天天讲西方,完全在梦中。看这些人哪个比得上鲁迅、老舍、茅盾、冰心?我年轻时喜看冰心的消遣文。张恨水"恨水不结冰",大家见面一笑!当年,就是失恋,犹有风范。今天的文化名人有超过他们的?就可知其文风、学术水准。你们要做士,不要做文丐,只是卖文吃饭的境界。要学曾帅(国藩)、范帅(仲淹),读书人必须为百姓谋福利,不可以吃饭还弄民。

你们能持之以恒讲学五十年,见异不思迁?人最重要的贵乎有信仰,才能永远不变。不"笃信好学",那大学何必分那么多系?能有力量?给官就干,岂不成为工具?何以那么不自知?自以为万能。要升华自己的人格,"古之学者为己",是要为百姓谋福利,有德政,为自己成德。现在选科系就为好找职业,岂不是"今之学者为人"?

学《易》,得会用脑,怎么想都可以,"不可为典要,唯变所适",结论"放诸四海而皆准",故曰"冒天下之道,如斯而已者也"(《系辞传上·第十一章》)。我讲《易》,每天都不一样,但都有根据。人想的,就不能离开人性。不管《易》是谁作的,可看出中国人在开始建设思想时是如何致密。

坤卦第二

不仅人，万物都知云雨之事，"食色，性也"，有什么特殊的？食都可讲到"满汉全席"，对性却闭口不说，才闹得满城风雨。中国人承认有神，因"体物而不可遗也"(《中庸》)。万物何以造得如此微妙？据此，可以研究至最高境界，此为中国人的宗教观。蝴蝶，美之化身，何以如此微妙？妙万物而为然，把万物造得那么妙的就是神。讲"神造万物"，最低！水果，每种味都不同。自此用脑，可至神化的境界。

王公祠，有遗德在民即神。中国"神"的观念是在报恩，因其有遗德在民，死后为他立祠，感怀其恩。这是中国人的"华夏观"。

"行有余力，则以学文。"文，经天纬地；章，不成章不达。"辞，达而已矣"，辞为达意，不成章不能达意，道德就没办法实行。宪章，达宪之道、之政、之意。

皆依经解经，否则不能用事，不只是欺民。还有良知可言？这些点点滴滴，有识之士就笑一笑。有朝一日，一步迈错，你们就大祸临头了。做事的目的是要成功，并不是作秀。奉元书院的都会做，不是会讲。

你们太慢，学过的何以脑子一点也不留？我对"四书""五经"滚瓜烂熟。看一篇文章，必知其究指何言。

何以宇宙间生生不息？即云雨之功。何以"云行雨施"？乾，阳物；坤，阴物。"阴阳合德而刚柔有体"，乃有猫狗牛羊，"品物流形"，一类类看即物品。必详玩我的"疯言疯语"，就能应世。明，"大明终始"，是了不起的地方，皆加个"大"字，赞词，"大哉乾元"。谁能使品物流形、使之云雨？即明，亦即生机。讲，仍要有根据，才能深入。明德，"在明明德"，"大明终始"，明终始，其本能。中国学问皆"近取诸身，远取诸物"。"观鸟兽之文"，足迹、纹络。

真懂"体"之智慧，看百姓生活，即可明白一切。过年初二，才"咸鱼翻身"，可看出其生活程度，"履霜坚冰至"，一叶落而知秋。

你们要学神力，不要学气功。我看什么，都笑一笑！有识之士绝对笑，扯到最后得吃大亏。要脱掉这些毛病：虚内恃外，巧取梦幻，犹如水上浮萍。脚踏实地地努力，五年绝对有成。

现在既是算旧账，也要拓新局。中国从1920年废除读经，《春秋》断了，只剩几个传经的。《易》因卜，还流传。阮芝生是《春秋》成形的第一个大弟子，受沈刚伯影响。

读《乾坤衍》，知熊子之术。我所讲与《乾坤衍》并不一样，因为术不同。

今年是五四运动八十周年，那时我十多岁，第一次参加社会运动。这八十年中，了不起的学者如陈寅恪（1890—1969）、钱锺书（1910—1998）等人。每个人活着，都有时代责任，必得认识时代。

回头看，最有系统的是中国文化。要多接触，不要心存嫉妒，常人微不足道。先认识时代，否则如何负起时代的责任？讲书，重实际；学术，重要在术。

我重视"明德"，认为绝非"虚灵不昧"。

> 朱熹注解云："明德者，人之所得乎天，而虚灵不昧，以具众理而应万事者也。但为气禀所拘，人欲所蔽，则有时而昏，然其本体之明，则未尝息者。故学者当因其所发而遂明之，以复其

初也。"

看思想的演进，何等有层次！"大哉乾元"，乾元之德，始；"大明终始"，明之德，生生不息。"乃统天"，扫除对天的迷信，人与天同一尊贵，都源自乾元，故曰"同德"。关键处都加赞词，而非叹词。要重视思想的层次。"终始"，"六位时成"，终而复始。御天，中国人思想是支配天下的，即"舟车所至，人力所通，天之所覆，地之所载，日月所照，霜露所队"（《中庸》）"居天下之广居"（《孟子·滕文公下》）。

"万物资始，乃统天"，什么都得生，得用云雨，"云行雨施"，品物因此流形。巫山云雨，喻男女之关系，"阴阳合德，刚柔有体"，"阴阳得合德"才能生，非男女在一起即生，不合德，则不育。重视思想层次，非文句。中国人将儿女看得重要，违反人性绝不行。

光有想法，没有做法。好好脚踏实地读点书吧！要懂得用脑。汉、唐、清三个盛世，其中就有两个属边疆人。清，疆域；唐，文化。清汉化的程度有逾于汉、唐。

告诉你们，读书得用心深细。学术，术有时代性，所以抄书没用。许多学术人物对中国东西不明白。如时间允许，我要把两种（传统与自己的）都讲一遍。我绝不会出卖智慧。好好读书，不要掺名利心，好名者必作伪。

"蒙以养正"，生了以后，必得养正。要造就思想家，不是书呆子，必须有高招。正，讲什么？性命。"各正性命"，正性命了，得养性命；性命一失，背道而行。要点抓住，将来都是思想家。我不相信不合理的，圣人绝不讲捉迷藏之语。讲与写不同，讲可以传神！

不云"养性命"，而曰"养正"，乃养自己得之性命——有物存在，"各正性命，保合太和"，"保合"，生完讲卫生。北京故宫前三大殿、天坛、地坛，此中国人的宇宙观。我年轻时亦曾崇洋，我好坏事都做绝了；失业后，坐屋中读书，愈觉中国文化之博大精深。会讲，只是传声筒，应求真知。

《中庸》与"大易"相表里。"中和"境界，必在了解"保合太和"之后再悟。保合、太和、中和，全宇宙有生之物都必得用上。中，"喜怒哀乐之未发"；必发，但"发而皆中节"，和。"致中和"的功夫最难，"致中和"，你自己就是一个小天地，"与天地参矣"，天能生万物。

中国思想绝不可以躐等，必须一层次一层次地懂上来。中国人生下来就支配天地，天坛、地坛代表中国人的宇宙观。中国文化的高深，在中医上显现出来。要以祖宗的智慧来养术。既是学术，应是思想。材料一样，就"术"不同，所以不一样。熊子的《乾坤衍》中，有十分之四是西方思想。

活着最重要的即"明明德"，才能够报天，即"为天地立心"，因"大明终始"，"复其见天地之心"，感天德之生生不息而报天。"在明明德，在亲民，在止于至善"，三个"在"字，在意，目不转睛，肯定的。

现正是好好整理中国文化的时候，得下功夫。说"三千大千世界"，不若中国人的智慧，"远近大小若一"，没有际与界。有些人现在喜用"华夏"二字，其实不懂其义。

你们不能不为子孙谋，无文化基础又不用功，有一点就知足。用功的如纳兰性德。

坤卦第二

纳兰性德（1655—1685），清代正黄旗人，母爱新觉罗氏，为阿济格之女，父亲纳兰明珠历任内务府总管、吏部尚书、武英殿大学士。自幼饱读诗书，文武兼修，十七岁入国子监。善骑射，好读书，经史百家无所不窥。拜徐乾学为师，曾主持编纂儒学汇编——《通志堂经解》。

我叫你们多见多识，是在抬高自己，因为真金不怕火炼。我到哪儿，脑子都不会闲着。光靠讲不行，必须玩味，活用之。是讲思想，不是讲文章。

历代思想的转变，离根已远，故应奉元。熊子是整理思想的第一棒。我的着重点不同，是自人性推，所以屡次讲《大学》《中庸》。

许多评论，不知所云，当个笑话看。棋摆完，总有剩的闲子。不要光看棋盘上的子，旁边几个子也必注意，足以兴风作浪。

应练习用脑，读《孙子》怎么看？呆头呆脑的读什么书？现在丰衣足食，更要好好下功夫。一法通，百法通，中国思想是一元化的。好好发展自己之所为，祖宗留下什么都没用。分裂国土，至少三代看不起你们。必须懂得用智慧解决问题。

正了性命，已有所得了，才能"保合太和"。"止于至善"，止于正，拨乱反正，一元化。圣功，大一统也，天下一家。

我写出要点，你们才可以深入。一个学系并非三五年能成功，要好好下功夫造就自己，在下个世纪绝对成，是给人类做贡献的。中国专能同情弱者，要道济天下。慈济，永远济不完；道济，可使其自己谋生。智周万物，所得的结果即道，亦即学

易经日讲

术。《易经》要你们"智周道济，裁成辅相"，此即知识分子的责任。

依经解经，要细心，前后印证，不可以有出入。"五经"必须整个调整。你们来求学，必注意"求"字，没有不懂的。我天天求其不通之处，即找茬；解决了，即往前进一步。为学之道，要抓住重心，不是空的。《易》讲生生，即尊生。元、仁：元，仁之体；仁，元之用。

《汉书》称"《易》以道阴阳"，专讲两性的事。医卜星相专用阴阳。我以为是讲宇宙、人生事，因乾为阳物、坤为阴物，两者要恋爱，就"刚柔有体"。《论语》"贤贤易色"，《诗经》"关关雎鸠"，均讲夫妇。

自《周易本义》命名，可窥见朱子的想法。程颐讲义理，朱子则以卜筮为主。程朱学派，其实学术不同。讲义理，有费直、王弼、程颐。个人的领悟最为重要。讲义理，特别重视"十翼"。按规矩，是先讲《系辞传》，以"十翼"解释六十四卦。

乾坤，为父母卦，就人事言；为天地，就自然环境言。旧社会结婚，"合两姓之好"。合八字，即四柱：年、月、日、时。女，坤命，将其八字放在灶君神龛或香炉下，压三天或七天，如不出问题，才可以合婚。接着女方要男方的八字，乾命。阴阳合德，男下于女，成震，长子。中国是长子承家、承祭祀。地雷复（䷗），来复日，第七天休息，养生机。"复其见天地之心乎"，中国人看重"心"。

依经解经，可以真了解经义，至少是汉朝以前的解释。

《费氏易》现已找不到。中国文化的宝藏，应好好吸收古人的智慧，以启发自己的智慧。子书，是真正丰富的杂货铺。

坤卦第二

中国东西都是触类旁通的，不是独立的，而是横着串在一起的，故孔子曰"吾道一以贯之"。

孟子、荀子均为儒家，却截然不同。同学将来所讲，亦可能截然不同。孔、孟随时而异，所讲不同，"不可为典要，唯变所适"。思想境界何等的宽阔，才能放诸四海而皆准。汉儒说中国思想"博大精深"，其实即"刚、健、中、正、纯、粹、精"。

研究政治，好好自《尚书》入手，是政治哲学；研究社会，好好读《周官》，想得多么仔细！不要抓住外国的尾巴不放。一个人对事不懂得疑，证明没有智慧，因为愈疑才会愈进步。《坛经》《金刚经》够境界。

中国的术吓死人，绝非常人所能想出的。自己呆，就以为天下人都呆。你们最低也应有好奇心，研究研究机术，将来用得上。我讲这么慢，你们应会背了，书读百遍自通，随时可以想。讲完，要成鬼灵精才行。你们训练得太慢了。我自小就受训练，天天以此为业。求学问要踏实，求真知、有用，不要谈空。

我讲《人物志》有目的，在知人、任人。讲《孙子》，在用智慧。成功在能任人。曾文正会琢磨，善用"求"字，其书房名"求阙斋"，自己不够聪明，必有所阙，天天想方设法弥补自己的不足，找自己的缺点。

看人家怎么做事，"所求乎上，所成乎中"，同学们根本未入流！应好好拿出一套实用之学给人看。自一本书入手，任何一句话都当指南针，就不迷。

我并非反对宗教，而是反对迷信。人有信仰，最是高超，叫什么没有关系。

要点抓住了，可以产生很多的思想。讲"君子不党"(《论语·卫灵公》"君子矜而不争,群而不党"),因天下为公,才能达大同。华夏精神是"君子不党"。"党",结党,尚黑,私也。尸子称仲尼贵公,孟子称孔子为"圣之时者"。因天下为公,故"君子不党"。儒之道,为"大道之行也,天下为公"。天下为公的结果,即大同。选贤与能,古时"举"与"与"为一个字,"贤者在位,能者在职"。

《中庸》中,子思称孔子"祖述尧舜,宪章文武",尧、舜为道统,文、武不过作为参考。"上律天时,下袭水土",郑玄以为是指"大易"与《春秋》。子思为孔子作传,就十六个字。

中国人的观念:人死如灯灭。所以,这一生要好好活,"达德光宇宙,生命壮自然"。

我父亲念《金刚经》,我母亲念《法华经》,他俩也没吃过一样饭,究竟好不好不得而知,但是没有吵过架,因为皆"喜怒不形于色"。

没作用不可以,同学必得实习,你们都是庙上的出家人,同和尚念经差不多。写的东西,必使任何人看了热血沸腾,马上生作用。学可是智慧的累积,是三达德之一。韩愈除"文起八代之衰"外,有何政绩可言?他在潮州教书。《大学》"未有先学养子而后嫁者"。

武则天、慈禧太后即"阴拟于阳"。乾道变化,刚柔有体,才能生生不息。男女合德,才能生儿育女。中国人在几千年前即有此观念,不是结婚与否,而是看能否合德。生不生,不在结婚,而在合德,相当于现在所谓"婚前健康检查"。

有体就有性,故曰"各正性命"。石头,有寿山石、青田玉、观音石、福建花岗石,性都不同。吃药,先提药性,神秘在此。

坤卦第二

都是石头，因地方而性不同；了解其性了，即能生术，有对付之道。能对付，即能役物。尽性，尽物之性，指本而言。尽性，就生术。要了解政情，即尽政之性，就可应付，有政术。如光了解表面，就不能生术。了解一东西之性，就能生应付之道，即术。

将政治通了，即尽政治之性，就能生政术。何以诸葛亮什么事都想得到？乃尽人、尽物、尽事之性，因此料事可以百发百中，可以借东风。尽一切之性，都能生术，哪有神秘？

你们遇事大而化之，能生术？诸葛亮下何功夫能达此境界？淡泊以明志，宁静以致远。淡泊即无欲。我们可用道统办法，即"定、静、安、虑、得"，可得一切之术。各有一套修法，禅宗有禅定法，道家有道家之法。曾文正何以了不起？求阙，视己所阙而弥补之。了解一人，在了解其要点。

贵乎真通，不在博，否则一样也用不上。我虽老，但头脑清晰。脑子天天用，就不会停滞，老年人绝不可以退休。你们眼睛一动，我即知你在想什么；你一进屋，我即知你为何而来，没有不二法门，"智、仁、勇"三字用上即成。"君子体仁，足以长人"，用；"元者，善之长也"，体。乾，"刚健中正，纯粹精也"。每天用上，即"日新其德"。

坤卦主要讲什么？坤德之"厚德载物"如何达成？中国那么早即懂得辩证，"履霜，坚冰至"，"其所由来者渐矣，由辩之不早辩也"。自初步即有此一功夫，开始的功夫。不早辨，早晚覆舟。今只知胡扯，就不知"履霜，坚冰至"。

得善用智慧，"读其书，不知其人可乎"（《孟子·万章下》）？知其人，还要知其时代背景。学孟子，与你的时代已不同了。孔子为"圣之时者"，因"学而时习之"，就看合时与否。

易经日讲

"博学于文，约之以礼"，"礼以时为大"，说"时"，太空；"礼者，理也，履也"，按礼行事。

"外交官受命不受辞，只要于国家民族有利，专之可也"，"不可为典要，唯变所适"。《易》为智海，《春秋》行之以宜。"大易"与《春秋》互为表里。千万不要呆头呆脑，写的东西形同祭文，能有作用？

坤卦讲"辨"的功夫，才谈得上"坤厚载物"。脚一踩上霜，就知坚冰将至，要想方设法防患。不"早辩"，抱着冰哭，也来不及了！自古名臣慷慨悲歌，然后杀身成仁，两者岂不相抵触？

应合作研究实际的东西，学过的东西要如何应用？现在连区区小虫均成专学，"各正性命"。自求知的功夫生术，即可对应。生术，就能役物。天灾躲不过，现在给松树打点滴。天天尽，则时事可以了若指掌。国事如同下棋，至少可看出三五步，棋圣必须看出十步以上。宇宙如一盘棋。

倡"孝友家庭"，自根上明白。给亲弟弟，还说赔钱？缺少人性的了悟，犯"利"的毛病，见利就忘义！"一言以为智，一言以为不智。"不孝的人就不友，"孝友"是政治的初步，"施于有政，是亦为政"（《论语·为政》）。"以大事小者，乐天者也；以小事大者，畏天者也。乐天者保天下，畏天者保其国"（《孟子·梁惠王下》），争，两个都有错误。亲兄弟还讲面子？人性，一奶同胞。今天之争，皆非人也！如无此领悟，将来能合作？真有所悟，才能真用。了解性的重要，尽性之道，哪有面子不面子？"各正性命"，下"尽"的功夫，则生役物之术。大同，大处同。追求大同，非小同。人性都同，"通神明之德"，"通"

坤卦第二

怎么说？都是，通通是。各尽其性，即"类万物之情"。

乾、坤两卦真明白，就够厉害了！"乾坤，其易之门邪。"天给我们的性，不使之受损，好好发挥作用，必下"保合太和"的功夫，才利于正道。孟子"我善养吾浩然之气"，"其为气也，至大至刚，以直养而无害，则塞于天地之间"（《孟子·公孙丑上》）。休息，是为了走更远的路。

懂人性，哪有纷争？完全是责任所在，还有面子问题？苏秦、张仪之流，所争皆表面事，在争宠，最后都亡国了。了解多，心不烦，即雅量。

道，一点也不神秘。《中庸》"天命之谓性，率性之谓道"，"之谓"，就是。肯定的语气，顺着人性去做事就是道。但是有先觉、后觉之分。"修道之谓教"，修学分，按前人去学，"道也者，不可须臾离也"。"道不远人，人之为道而远人"，你们好好学，二十年后绝对用得上，此即"先时"，你们说"因时"，《孙子》照着讲，即"违时"。"日日新，又日新。"学文化，主要在承继民族精神，而非读两本书。

今后想融为一体，必须懂得"率性"，《孝经》"先王有至德要道，以顺天下"，顺水推舟快得很，顺是功夫。"顺者，驯也"，乃人之为道的讲法。不可以人之为道，虽讲古书，但得"时习之"。

慎独，己所不睹、所不闻，人莫知其子之恶、不知其妻之美，结婚后，就愈看愈不美。女的必须学御夫术，叫你愈看愈美。谨慎小心己所独不见、独不闻，"莫见乎隐，莫显乎微"。宋儒解"不愧屋漏"，怎么解释？何以要自己受罪？知此，即懂得过日子之道，能够齐家。

"保合太和",即保住既有的"天命之性",得好好保养才是正事之道。要"直养而无害",按人性养,绝不加上人工。人贫,真一乐也。我就吃豆和菜。吃青菜,真香!煮五分钟,少搞佐料,用醋佐味,少用酱油。我吃得简单,真精神!乾,易;坤,简。"易简而天下之理得矣,天下之理得,而成位乎其中矣。"外面的素菜,味精多。我出门怎么忙,绝对回家吃,回家吃好吃的。"直养而无害"太宝贵了!

孔子说"保合太和"。"喜怒哀乐之未发,谓之中",中即性。不说性,叫作中。什么东西都有喜怒哀乐,即性。性中有喜怒哀乐,连小虫子都发,一碰它就有表情。但人能"发而皆中节,谓之和"。中节,节骨眼,恰到好处。体用就是一个,即体用不二,体就是用,用就是体。乾、坤,一物之两面。

"中也者,天下之大本也",中国即懂得人性之国。中和之为用,体用不二。懂得中道去行,即中行。"不得中行而与之,必也狂狷乎",狂狷,第二流的。孔子叹颜回死,一辈子才教出一个,完全表现出中道。"回也不愚。退而省其私,亦足以发"(《论语·为政》),发其所知,能行中,体用不二之根本。

孔子弟子多为狂狷之士,"狂者进取,狷者有所不为",必"有所不为,而后有所为"。知行合一,体用合一,即中行。"中也者,天下之大本也;和也者,天下之达道也",无一特殊的,有一不发脾气的人?有,即达道了。其分别,就在中节与否,"知进退存亡而不失其正者,其唯圣人乎"?达到中节,即致,"致中和,天地位焉,万物育焉","可以赞天地之化育,则可以与天地参",参,平行,使天下无弃物。没真知,就没术。扔得少,因知其用。天地人,三者平行,即天人境界。《中庸》

坤卦第二

与"大易"相表里。《易经》只谈"保合太和",《中庸》则谈"中和之为用",表现出为中行。保合、太和,存养;中和,能用。在中和殿决定一切政务,中国连修房子都有道统。其实那时紫禁城的房子光线暗,一到傍晚就摸黑。庭院种荷花、养金鱼。死水种荷花,水不臭,下面养金鱼。钱塘江一通,成为活水,西湖的荷花就没了。

"通德类情",通德,大同;类情,同中求异,即礼,乃有伦常,在人叫五伦,在事叫秩序,也称制度。长的不同,其性皆一,皆自元来。表兄弟还有姑表、舅表、姨表之分,中国人处处表现体用不二,否则半身不遂。行而不知,还称善人;践迹,不能行,曰呆子。中国人重行。善人,是初步,尚未识人性,并非最高境界。

"致中和",体用兼备。"学"含二义,为知行合一。说颜回"好学",是"不迁怒,不贰过""于吾言,无所不悦"。串起来,可以讲书,看愈多,愈丰富。但是讲书,必须看对象。

人就是要动,要"无中生有",做人家没有的。必须先修"群德","至圣"即后面有一帮学生。遇事不懂得合作,绝不能成功。合作要学会"忍",人的个性不一,如天天见其所异,又如何合作?应见相同之处,一天必须吃三餐,吃不同亦不影响,应知对方喜吃的。忍异,不好吃的少吃点,也可以到外面吃好吃的,这么一想就完了。"百忍堂中有太和",美满是自多少个"忍"字来的。儿女是亲生的,但懂得说"不",就是有自己的意见。那么小就有意见,小可爱时觉得好玩,大一点了即不以为然,就有纷争。家不齐,则国不治;家齐好,下一代就有厚望焉。

自己不能防、豫，发生事，岂不是人谋不臧？天下本无事，庸人自扰之。家里发生问题，即是人谋不善，必须改变。父子之近，都有意见，何况其他？必须了解其所以，不说是与非，有其人生观。

坤卦第二

屯卦第三

（云雷屯　坎上震下）

屯，音 zhūn，篆字形"𡳾"如豆芽菜，象草木之初生，初生草穿地，难也。

屯，初阳侵入阴，小块出。生，已成形。一阳生，生之机初动，阳施阴受，"动乎险中，大亨贞"，阴阳合德，成云雷屯（䷂），故屯卦置于乾、坤二卦之后。

阳施，要生生不息，一阳动乎内坤之初而成震，震长男交乎坤之中而成坎。震为生之主，坎为万物之所归，故曰"劳乎坎"（《说卦传》）。两性相吸，而难生于生，子生曰难，故曰母难日，人性表露无遗，难乃生之力量，突破一切的艰难，其可怕亦在此。懂得生之力量，就知人的价值。直，其（己）正也，"人之生也直"。没有丢一，养正，止于一。止于至善，止于一，正。

用三五年工夫，将中国东西串一串。但知必须能行，非写文章而已。"子贡不受命"（《论语·先进》："赐不受命，而货殖焉，亿则屡中"）。回去好好玩味乾、坤二卦，我在其中得偏方，将《易》与《春秋》"四书"翻两翻。

屯卦，描写人事，男女在一起，生。旧时中国合婚，看男女八字（称乾命、坤命）合不合。八字，年、月、日、时，亦称四柱。

坎上震下，震（☳），家中长子，承宗接代，嫡子，主持家计。"帝出乎震"，"利建侯"，帝，主宰义，即今之领袖。坎（☵），险陷也，"动乎险中，大亨贞"，生是自难中求，如走一回鬼门关。

昔人知母亲生他不易，故能孝，生的那一天叫母难日，母苦曰难（nàn），母亲于险陷之中生下了我们，中国人称"母难日"，今称"生日"。以前人过母难日，那一天吃素，不用寿桃。不同佛教吃素，叫"味糁"，喝粥、吃咸菜，以瓜类做的。又吃白饼，不用油。父母过生日，才能给"上寿"。

《序卦》："有天地，然后万物生焉。盈天地之间者唯万物，故受之以屯。屯者，盈也。屯者，物之始生也。"

有工夫，必得看《序卦》。是生的都有母。法自然，自然现象。充满天地之间的就是万物，都自元来的，"民吾同胞，物吾与也"。仁者，爱人而无不爱，此即中华民族的精神。中国文化多丰富！性生万法，生得满满的，得生智慧解决，即经纶。类万物之情，用"经纶"两个字，就可以改变一切。

天天不知严格训练自己，读什么也用不上。我多思，绝不多愁。必须解放自己的智慧，才能接纳一切。

易经日讲

经纶，好的留下，不好的淘汰。我讲得土，但能用上。朱子讲的是"本义"（指《周易本义》），我讲的是"天义"。

初，阳侵入阴"阴阳合德"，乃成屯卦，"其初也难，其终也盈"，盈，无所不用，初难终盈，象征在困境中，必须培养辅佐之士，才能济艰。创业维艰，屯之时，需具备"稳狠准、胆量识"，能动才能脱离险境，行动于险中，成就惊天动地之事业。

"天造草昧"时，人心惶惶，"天听自我民听"，到什么时候，必有德才稳得住。没有修为，完全虚内恃外。想有成就，必须有修的力量，一切以德为本。

"望之俨然，即之也温，听其言也厉"（《论语·子张》），如无定力，则恓恓惶惶，六神无主。不下功夫怎会有所得？所以无论在什么地位，都像个小丑、下女。皆"诚于中，形于外"，无威仪则慑不住。依此类推，必须有内敛的功夫。

此卦必须好好琢磨。一爻一乾坤。少说闲话，多用智慧！根据某人的背景，为他拟一套办法。经之、纶之，两个术。"经纬"与"经纶"有何不同？

如同解开零件，再组合在一起，将我最近所讲，都串在一起。为什么可以"成位乎其中"？要下功夫，不是一听就完了。怎么动心眼，都是一定的。怀"至圣"的心读，当然不明白，都是普通事。给你们一把钥匙，打开至圣的脑子。就看思想周密与否，并不是做文章。

《杂卦》："屯见而不失其居。"

"屯"，新也；"见"，显见，发现；"其"，己也；"居"，守也。新见而不失己所守。乾坤，自元来。元，根本，因也，"因而不失其亲（新）"（《论语·学而》），真是"吾道一以贯之"（《论语·里仁》），多有系统！有思想得这么想，齐家治国皆如此。皆无所因、所居、所守，即无根，那"新"何从来？"温故而（能）知新"（《论语·为政》）。故，即传统，为所本；因，元也，因而不失其新。新见而不失其守，新见，时也。

无因、失居，多少学人而今安在哉？看人家是怎么想的。东抄西抄给人看什么？思想是有系统的。要学会有系统地看一问题，想问题得有系统，"吾道一以贯之"，怎么讲也不失其本。

屯，元亨利贞。勿用，有攸（所）往，利建（立）侯。

乾、坤，性别不同，贞亦不同，即所守的正道不同。屯，刚柔始交，阴动乎险中而难生，生天地的第二代，亦具备乾之四德"元亨利贞"。

屯，乃生卦，万物之宗卦，悟之，乃知其奥，其奥在交生之道，如人曰"克己复礼"，又曰"复性"，因具有"元亨利贞"四德，迷失了，故"复"之，此屯卦具四德之奥也。

屯者，物之始生也，虽有父母的光圈，也不能贸然往前闯，因初生，对任何事皆不了解，故必"勿用"；但也不能等死，将来很有前途，"有攸往"；有所作为，不可以盲进，要先豫备，始计，得"利建侯"，培养辅佐的人，将来才可以用事。

"利建侯"，斥候是安全网，最重要的在德。

《释名·释船》曰："五百斛以上还（环）有小屋曰斥候（亦

称斥堠），以视敌进退也。"斥，度也；候，即候望。指军旅中主要负责侦察敌情与反敌方侦察的机动灵活的侦察兵。

在屯时，第一要义"利建侯"。侯，乃经纶之人，桩脚，控制敌人的情报，得找专家，有德能，责任重大，在第一防线上。知敌，即御天，如此，可以滴水不漏。

《彖》曰：屯，刚柔始交而难生，动乎险中，大亨贞。

乾之四德"元亨利贞"，为自信之德，未受刚柔始交之困；屯，刚柔始交而动乎中，始交成震（☳），动乎中成坎（☵），受交之困而不失四德，意深极矣。

屯，"刚柔始交而难生"，表明生之难，困难才有难（nàn）。"刚柔始交而难生"，刚柔始交，成震，"帝出乎震"，一切都出乎震，不得了！生老大，长子。长子主宰一切，为引申义。"君子之道，造端乎夫妇"，有男女，才有圣人……乃成坎，震动坎陷，故曰"动乎险中"。

"刚柔始交而难生，动乎险中"，屯；险而动，动而免乎险，解。

"动乎险中，大亨贞"，临险难而不妄动，动必以正，正固之道，一切生生之始。"动乎险中"多么勉人！人想成功，皆向险中求，于艰险之中不气馁，何等人物！范仲淹划粥度日向学，而今天有些人什么气都有，就是不成器。

屯虽亦具备四德——"元亨利贞"，但仍必下"大亨贞"的功夫，如儿子虽继承父母之业，但自身也必下功夫。没有正固之德，则"大亨"为祸。读什么，马上得教训。怎么读，怎么得结论，怎么受益。

"刚柔始交而难生",故必"勿用",不盲目冲动,因环境是"屯"。"有攸往",将来绝对有作为。元亨,"元者,善之长也",善亨,最善的亨。亨者,嘉之会也。生小孩很痛苦,或为龙,或为贼,大亨不贞,绝对贾祸。做人多难!如何明哲保身?国有道、国无道,要知在乱世应怎么做。

我处乱世,平平安安,确有主见,荣华富贵不能移,《孟子》所谓"富贵不能淫,贫贱不能移,威武不能屈,此之谓大丈夫"。天下事绝没有白捡的。你的话有无价值,乃是根据你的德。

雷雨之动满盈,天造草昧,宜建侯而不宁。

"知(智)者观其彖辞,则思过半矣!"(《系辞传下·第九章》)

在险中,福自险中求,必须"动乎险中",不能等死。但是怎么动法?得如"雷雨之动",如"大旱之望云霓""及时雨"。云,体;雨,用。《水浒传》中的宋江,号"及时雨",人家正需要时,来了。

"雷雨之动满盈",生之机。"天造草昧"时,"宜建侯而不宁",应建诸侯,设官任事,以理乱启明,国家是自"利建侯"来的。羲皇有头脑,组织一帮人,事多必画卦应付,羲皇教人耕种、教人打猎,不必自己样样来。并非一开始即有"皇",天下大事非一人办的,必须有群德,要建侯,即发展组织。

"天造草昧",如草之不齐、天之未明。"草昧",是经纶的伏笔。自然环境造的草昧时期要清一清,所以"宜建侯而不宁",要建侯而奋斗不懈,把草昧开拓好。

一个人不能成就事业,必得群策群力。人的智慧无穷,环境愈逼愈有智慧，性生万法，性为智海。得有建侯之德、之智，才能当领袖。有内圣的功夫才能成就外王之业，要立本。得"利建侯"，将来才可以用事。

"屯"，有险，要有智慧在险中动，才能出险，包括机智、德行。有德又有充分的准备，才能保元气。

在草创时期不能宁，必须掌握对方的动静——情报。情报，是从不宁——"夙夜匪懈"来的。

《象》曰：云雷，屯。君子以经纶。

坎在上为云，从上向下曰"云雷"，云雷屯；坎在下为雨，从下往上曰"雷雨"，雷雨解。

云而未雨为屯，在云雷这种苦难的环境里，君子以苦难来经纶天下，时势造英雄，有面对现实的勇气。屯卦，活泼泼的卦。得会干事，活还得守住正固。"屯"，乃"经纶"之经。干事，才能成就锦绣江山。

"经"，理其绪而分之；"纶"，比其类而合之。"经纶"，即规划，经天纬地。有纶的功夫，丝线乃一条一条出来。无纶不成经，不知纶焉能治国平天下？大经，经纶之道。经纶即"文"，经纬天下。

由"经纶"二字，证明那时中国人已经穿绸子了，孔子时已经穿绸。天下最难理的事即丝，治丝益棼。"经、纶"，用以治当时的"草昧""云雷"。刚打雷，但有希望。这宇宙中有多少希望、可能，就视用什么术。"经纶"即治世的道、术、方。在"云雷"之中，在干打雷、不下雨的环境中，能"经纶"才是大才。

屯卦第三

"君子以经纶"，君子想经纶天下，必动乎险中，来突破"云雷，屯"的"天造草昧"。

《中庸》云："唯天下之至诚，为能经纶天下之大经，立天下之大本。"什么样的人才能经纶天下的大经、立天下的大本？《中庸》是《易经》的缩编，如《心经》之于《大般若经》六百卷，是《大般若经》之胆。般若，妙智慧。《大般若经》→《金刚经》→《心经》。

没有读"四书"，不可以读《易经》，费劲！没有基础，白扯！不是卜吉凶祸福，而是以中道经纶天下。

我们的经纶在脑中，是无形的。有脑子，即经之、纶之。"经理"一词多会用，了解字、词之深意，可以使人深省。"安仁者，天下一人"，我是"安仁居士"，自始都是一贯的，天德、华夏、奉元。

经纶天下就得不宁，周公"一沐三握发、一饭三吐哺"，见什么样的人，怎样求真知，不能不感谢周公，在那个时代立下多少规范。孔子要改变，乃因为环境已经变得厉害。

六十四卦，真是用之不尽，取之不竭。要琢磨，一卦琢磨通，都能用事。何以六神无主，一点事都不能做？术非放诸天下而皆准。真大夫找痛源之所在，非头痛医头、脚痛医脚。怎么用智慧？知时，还要有胆，智、仁、勇，三者缺一不可。必抓住重点，用头脑，不是一般的读书。

云，水。有云才能下雨，怎知哪块云有雨？儿子多，哪一个孝？儿不嫌母丑，"入则孝"（《论语·学而》），责无旁贷。父母才好对付，入门笑一笑，就晕了。"出则弟"，出门行悌道。没有诚信，绝不能成事，"谨而（能）信"，谨是功夫，谨言，少说话，不能轻诺寡信。"泛爱众"与"出则弟"相应，范围广些。"而（能）亲仁"，"无友不如己者"，"过，则勿惮改"。每天必须"三省吾身"，此为做人的根本。

学文的必须有德，一部《大学》读完才能学文，"子帅以正，孰敢不正"？学文必有人教，孔门四教："文、行、忠、信"（《论语·述而》）。"文"，非指文章。文从哪里来？文的祖师爷是谁？文祖。"仲尼祖述尧舜"（《中庸》），尧即文祖。

《尚书·尧典》："曰若稽古，帝（主宰）尧曰放（至）勋，钦明文思安安。""曰若稽古"，"曰若"，启语词。《尚书》皆以"曰若稽古"先之。夏时所作，故皆云"稽古"。"帝尧曰放勋"，"放勋"：一、尧帝之字；二、至高之勋，无所不在之勋，言尧之功德。

"钦"，诏书尾用"钦此"，意即你要谨慎行事。"钦"为中国治事的精神，做此事得敬之，看重此事。为政之道"敬事而信，节用而爱人，使民以时"（《论语·学而》），即"钦"也，敬谨行事，慎始诚终。做事业得钦，是个功夫。其后必有德，得"明"，凡事不亲临，易受蒙蔽，就不能明。境界不同，不可假之行事。君临天下，面临，照临四方，如日月之明，"与日月合其明"，日月无私照，照皇宫也照厕所。一般人"爱之欲其生，恶之欲其死"（《论语·先进》），做一点事就有私心，能明？你私，别人就能接受？失德，人家还不感谢。书读得再多，自私、不能行，有用？

具备"钦、明"两个基本功，才可以谈到"文"，掌控天地中之事，经之、纬之，即经纬天地，天地操于己手中而支配之，亦即"君子以经纶"。

屯卦第三

尧为文祖，尧的"文"从哪儿来的？是交费学来的，或是买来的？"文王既没，文不在兹乎？"（《论语·子罕》）文就在自己身上，乃性之用。"文武之道未坠于地，在人"（《论语·子张》），莫不有文王之道。文王，是况、象，"法其生，不法其死"，是活文王，人人皆为文王，"人人皆可以为尧舜"（《孟子·告子下》），"有为者，亦若是"（《孟子·滕文公下》）。性，是文之体；文，是性之用。"天命之谓性"（《中庸》），性生万法，"天生德于予，桓魋其如予何"（《论语·述而》），"天之未丧斯文也，天将以夫子为木铎"（《论语·八佾》）。文就在自己身上，谁也毁不了。孔子天天宣文，死后成文宣王，宣文→文宣。每天都得有境界。

"思"，虑深通敏，思之思之，鬼神通之。"安安"，如天覆地载，无所不容。晏晏，海晏升平，清明。天地唯清晏和柔，故能覆载万物，言尧之德大与天同也。

此"文"，不是学来的，是自人性来的，参考《中庸》。干尧的事即为尧，人人皆可以为尧。求智，应世，中，"允执厥中"，中国人的智慧，德行的总成就。

依经解经，将所学的串在一起解释。一部"四书"，就将"文"讲得如此完整。学的文，是智慧，不是文章，是治世之智。文章不是生命，没有用。骄者必败，感到满足，就完了！

今天"实学"都难，况"通儒"哉？生在这个时代必须负责任。现中医震惊全世界，对中国文化重启信心。

业余，抓住问题，深入研究。这么好的环境，一无所成，岂不是呆？早、晚要读两个小时的书，不要獭祭鱼，绝对有成。非不能也，是不为也。朋友在一起，不能言不及义，应讲学、修德。

　　了解问题，然后深入，自基本谈。必须懂得入手处，知怎么应世。都是人，就知如何应世，人同此心，心同此理。命、性、心，一也。

　　《尚书·尧典》："允恭克让，光被四表，格于上下。克明俊德，以亲九族；九族既睦，平章百姓；百姓昭明，协和万邦。黎民于变时雍。"

　　"允恭克让"，"允"，诚诚实实的；"恭"，不懈于位，"恭己正南面而已矣"，素其位而行，在其位必谋其政，"思不出其位"；"克"，能；"让"，谦让，不可以骄傲，"为国以礼，其言不让，是故哂之"（《论语·先进》）。

　　"光被四表，格于上下"，"被"，披也；"格"，正也，至也，感也，感格。尧则天，言尧之德，光耀及四海之外，至于天地。

　　"克明俊德，以亲九族"："克明俊德"，能明天德，则天爱人。明德，指本体；天德，指用。"天德不可为首"，天有好生之德，因人法天。中国人的德行即尊生，尊生者，仁也。杀一无辜而得天下，不为也。仁者，爱人而无不爱。于政治上曰"仁政"，行为上曰"仁心"。德惟善政，政在养民，"正德、利用、厚生"，"备物致用，立成器，以为天下利"（《系辞传上·第十一章》）。"以亲九族"，"九族"，今文家以父族四、母族三、妻族二。

　　"九族既睦，平章百姓"，"平章"，辨明。中国自有姓开始，乃自做官，要加以辨别。姓，等于符号。为辨明百官而有姓，其后人民亦有之，读《百家姓》，做事不糊涂。细心，善用智慧才成。

屯卦第三

昔无子不可入祖茔，要过继同宗儿子，一子可两不绝。中国人行辈最清楚。平辈，以自己年龄算；长辈，以父亲年龄分。不论姻亲血亲，愈长门辈愈小。"百姓昭明，协和万邦"，姓氏分明，万邦就和合了。

"黎民于变时雍"：一、百姓变化得都很和善，不吵架；二、与时合，已经懂得用时了。尧创历法，制历明时，使百姓懂得用历法，夏历。天德、天爵、天禄，"天之历数在尔躬（身）"，天的历数就在己身，宇宙是个大天地，人是个小天地。"男女，犹道也"（《春秋繁露·天道施》），极为尊贵，天爵自尊吾自贵。

制历明时，"时"的观念乃尧最大的成就，创历造时。夏历，中国为"夏"，夏历乃中国之历也。"时雍"之时，与"造时"之时同，百姓都懂得用时，与时合了。此为民族精神之所在。

"敬授民时"。看尧是如何创建历法的。

《尚书·尧典》："乃命羲和，钦（敬）若（顺）昊天，历象（像也）日月星辰（日月之所会），敬授民时（审知时候而授民也）。"羲和，掌天地。"钦若昊天"，言当顺天以求合，不当为合以验天也。总测日月星辰者，乃能敬授民时。

"分命羲仲（春官），宅（度）嵎夷，曰旸谷（日之所出）。寅宾出日，平秩（辨别秩序）东作（始）。日中（日夜相等），星鸟（朱雀），以殷（正）仲春（春分）。厥民析（春耕），鸟兽孳尾。"四子分掌四时，分派任命，使职有所专。"寅宾"，恭敬导引；"出日"，将出之日。"平秩东作"，令民日出而作。"鸟兽孳尾"，乳化曰孳、交接曰尾。以物之生育，验其气之和也。

"申（重）命羲叔，宅南交。平秩南讹（动也，发动），敬致（底致，止致）。日永（白天最长），星火（大火，心也），以正仲夏（夏至）。厥民因（儴也，解衣耕作），鸟兽希革（换毛）。""南讹"，《史记》作"南为"，耕作营为，劝农之事。"厥民因"，因，儴也，解衣耕作。气温上升，解衣耕作。观象授时，由天象而人事，由人事而物候，皆先言推步，后言征验。

"分命和仲，宅（度）西，曰昧谷（日之所入地）。寅饯（送别）纳日（落日），平秩西成。宵中（晚上），星虚（虚星出现在正南），以殷仲秋（秋分）。厥民夷（易），鸟兽毛毨（理也，毛更生整理）。"民至秋乐易，休息。春耕、夏耘、秋收、冬藏。

"申命和叔，宅朔方，曰幽都。平在朔易。日短，星昴（与房星对冲），以正仲冬（冬至）。厥民隩（yù），鸟兽氄毛（厚厚的细毛）。""厥民隩"，民避寒入室，在室内取暖。观测日月运转、气温升降及动植物的生态变化，得出一大原则，作为制历之参考。

"帝曰：'咨（嗟）！汝羲暨（与）和。期（复其时）三百有（又）六旬（十日曰旬）有六日，以闰月定四时，成岁。'允厘（治）百工，庶（众）绩咸熙（兴）。"置闰成岁，三年一闰，五年二闰，十九年七闰，四时不忒。

历法，自经验慢慢制定，此历法之开始。一切学问都得证验。立政以时，使民以时，则行若时雨，莫之能御也，如时之信以治百官，则众功皆广，海晏升平。

孔子删订"六经"，集中国文化之大成，但"诸侯恶其害己也，皆去其籍"（《孟子·万章下》）。孔子之后，中国文化质变，熊十力要恢复中国文化本来面目，是第一个敲木钟的。可以接着做，我跑第二棒，你们要接着跑。

看书之前，用定静的功夫，先闭眼两分钟，心即定下。

屯卦第三

"刚健中正，纯粹精也"，得经"刚、健、中、正、纯、粹"了，才达到"精"，"惟精惟一，允执厥中"，"精一"，纯亦不已，天之道，"诚者，天之道"（《中庸》）。知文化精神之所在最重要。

鬼影幢幢，无能、主观、自欺，扯后腿，看笑话。因你无知，才有人敢横行。明知纯小人，何以还让他乱叫？

创业维艰，念兹在兹才能持久。来得容易，丢得也容易。要救人的灵魂。想做事都有障碍，在做之前，要先设想有哪类障碍、如何除掉，否则必定失败。要"无所不用其极"。事未做前预防之，设几个对立面的类型，准备好才可以做事。智慧，是自深悟"物相杂"（《系辞传下·第十章》）来的。"不宁"，从自己的真知来拨乱反正。

初九。磐桓，利居（守）贞，利建（立）侯。

"初九"居屯难之始，为震之主，虽当位，但在二阴之下，其中有一当位，"磐桓"。虽当位，但在潜位上，险难在前，处理事必好好盘算，不过梦中生活，必守正固。震，为长子，长子主器，故"利建侯"。

"磐桓"：一、大石、大柱，一奠基，一支撑大厦；二、马融曰：盘旋不进。"磐桓"，盘桓，对事犹疑，在三岔路口上，脑中考虑着如何决定是对的，不知从哪个道走是对的。盘桓不进，迷惑也，犹豫不进。

"利居贞"，"居贞"，想成功，应守正，修己，内圣，己立。志行正，"先迷失道，后顺得常"，仍有志。盘桓没有关系，要利守正，士尚志。

不能一人等死，要组织力量，"利建侯"，外王，立人，是群德，不是划小圈子。在"云雷屯"的时势，造出经纶天下的豪杰。

虽当位，但在潜位，处理事情必得好好盘算，不行险侥幸，要居正守己，"利居贞"，贞，德者，本也，虽是国之栋梁，亦得利守贞。守贞太难，人人都要守贞，罗振玉书房名"贞松堂"。郑孝胥书斋名"夜起庵""柳下居"。

小孩不学做人，则"履霜，坚冰至"。大陆文化深，台湾文化浅，没有基础。

"利建侯"，在"磐桓"之时就应找一个好的领袖，刚开始叫"建"。领袖必须"利居贞"，才德兼备。

《象》曰：虽磐桓，志行正也；以贵（有位）**下贱**（无位），**大得民也。**

有才有德，"建侯"之标准，有才无德也不行。"建侯"，是要求外王之业。"志行"，内圣外王的功夫。"志"，内圣；"行"，外王。

"立贵贱者存乎位"（《系辞传上》），阳，贵也；阴，贱也。震卦，"一君二民"（《系辞传下》），选于众，"初九"贵在下，统率上二阴，"以贵下贱，大得民也"。

此"贵贱"乃指智慧、才力，非阶级之谓。因刚建侯时，哪有贵贱之分？而是选一聪明的当领导人。以"志行正，以贵下贱"作为标准，此一"贵贱"乃是辨贤，就看其"志行正"否？

刚开始创业、求偶，必须读屯卦。这一卦，把一个事业的开始说得淋漓尽致。屯之始，刚有组织，必有领导人。人和动物之别"几希"。"初九"能"以贵下贱"，礼贤下贱，"一君二民"

屯卦第三

（《系辞传下·第四章》），多么谦卑！故"大得民也"。许多人在后面跟着跑，不要都不行。

"初九"，谈内圣外王之道。"志行"，一个人的内外，应怎么做？"以贵下贱"，不能装样子，才能"大得民也"。古今一也，好好下功夫。一部政治学，还用卜？"君子以经纶。"真了解一卦，太难！

《中庸》"知风之自"，应是"知凡之目"，凡例、条目。中国文化悠久，一句乡语即一部《易经》，千锤百炼。

中国书虽多，真读，一以贯之。读一两本，通了，一以贯之。

做事要有目的，人必得成志。"志在亚洲"，记住我之言。

六二。屯如邅如，乘马（一辆车四匹马）**班如**（牵连不进貌）。

"六二"柔顺中正，与"九五"相应与，但乘刚（初九），故有难。"屯如邅如"，进退为难；"乘马班如"，乘马，一车四马；班如，牵连不进貌。四马牵连皆不能前进，困难重重之意。喻"六二"的处境。

赶马车的功夫就在手上，手一动，马就知往哪边走。"乘马班如"，四匹马都驾驭不好，如何御天下？治理中国，十三亿匹马。总干事、桩脚如御不好，则成反效果。

"班如"，不能齐一并进。"乘马班如"，形容四马不能齐一，步调不一致，绝不听指挥。有些人没有接受别人意见的智能与容量，就作秀，没有"以贵下贱"的观念。

"六二"乘"初九"，柔乘在刚之上，故难以前进。虽当位、中正，亦不可"阴拟于阳"，拟于阳，平起必战，何况"乘刚"乎？

匪（非）寇，婚媾。

王弼注："寇，谓初也。无初之难，则与五婚矣，故曰匪寇婚媾也。"

程颐注："阴乃阳所求，柔者刚所陵，柔当屯时，固难自济，又为刚阳所逼，故为难也。"

王弼文章之美，超过程子多矣！但屯卦"六二"这爻，王弼、程子都讲不下来。

"匪寇婚媾"，解作匪寇抢婚，此"寇"是否指初爻？初爻"虽磐桓，志行正也；以贵下贱，大得民也"，哪有这么有德的寇？读书必须慎思之、明辨之。

"婚媾"，正式婚姻。《诗经·草虫》云："亦既见止，亦既觏止，我心则夷。"女子盼丈夫，不但见了，而且住一夜，心里就平安了。

应是非寇，要婚媾，是来求婚，不是性骚扰。"六二"有烦恼，因为旁有一野小子找麻烦，自《小象》"六二之难，乘刚也"印证。必平心静气看书，下功夫，通了，一法通，百法通。

女子贞不字，十年乃字。

王弼注："志在于五，不从于初，故曰女子贞不字。"

程颐注："寇，非理而至者。二守中正，不苟合于初，所以不字。"

女子许嫁曰"字"，"女子贞不字"。如是抢婚的，哪还管你字不字？人在屯难时，如无贞德，就牺牲了。必以道殉身，守身如玉，不能以道殉人。处屯难之时，最重要的是贞德。

如此读书必深入，用心深细。"六二"是个例，如此爻通，这卦就懂，所有都在例内。

所有的法，都因人而立。中国人是以孝、慈解决老人问题、儿童问题。领导人类，根据人性，"率性之谓道"，一个"孝"字就号召天下。

知乱源之所在，就要反（返）正，拨乱反正。"《春秋》重人"，以性为本，以孝慈为用，拨乱反正。拨乱反正并非空的，是根据中国思想——"孝、慈"立大法。

是针对时弊做，而非讲。成立友恭论坛、元胞论坛。友恭，四海之内皆兄弟也；元胞，天下一家。要开始慢慢做，切实，发之于实。消灭不喜欢的，唤醒人性，自人性入手，大家就接受。善用智慧，大家泡个茶，写出来了。决不可写人看不懂的东西。学会用脑、用心。高清愿（1929—2016，统一企业前董事长）没读小学，王永庆（1917—2008）只有小学毕业。要懂得分析问题。

《象》曰：六二之难，乘刚也；十年乃字，反（返）常也。

"六二之难，乘刚也"，究竟谁是难首？

一个男的和一个女的在一起，难道没有想法？两个太近了，除非死人才没想法。"六二"喜欢的对象是"九五"，但中间有许多问题，很有耐心地等待，十年才字给"九五"。

"匪寇，婚媾"，不是寇，故意碰一下，不是"性骚扰"，多通神！"初九"正式向"六二"求婚。但"六二"并不喜欢"初九"，不答应。"六二"之屯难，是人家追你，但你不喜。

《说文》云："十者，数之具也。"数生于一，成于十。"字"，女子订婚，称"字人"。"十年乃字"，非真正十年，乃指整数而言，示有坚决主张，不受任何压迫，形容其志之坚！二、五是正应，"六二"能守贞，"十年乃字"，与"九五"正式成婚，"反常也"。

"六二"与"初九"是情，与"九五"是常、是理，"率性之谓道"，讲人性。在社会做事，既要通情，又得守常。"六二"这爻，既通情（与"初九"）又达理（与"九五"）；如此讲，方通情达理。注，真懂的没几个，因为没有一人仔细想。

中国所有的书完全言性，是大本，"率性之谓道，修道之谓教"。二与五，君与臣，均"利见大人"。"九五，飞龙在天，利见大人"；"九二，见龙在田，利见大人"，既忠又孝。

有功夫，每一爻都得分析，必须深入，看每爻究竟说什么。一爻就是一乾坤，每一爻都是活泼泼的。

屯卦讲人与事的关系，古时风俗习惯与今天不同。"以贵下贱"，即《中庸》所谓"嘉善而矜不能"。要点必抓得住，依经解经，看上下文。

"乘刚"，"初九"甘拜"六二"之下风。"六二"之位，正在"初九"旁，但会辨别；旁有障碍，如"拟于阳"则失德。虽是有难，但绝不违理，表现出人的德行。

因"初九"有那个表情，才有"六二"的情难！如见一点名利就什么都忘了，岂不见利忘义？尚德，人性的表现。不在地位高低，而在智慧，必须好好培智。

不能守口如瓶永远失败，因已成习惯。《大学》"所恶于左，毋以交于右"，我常说左手的事不叫右手知，否则一句话，把一整盘的计划都输掉了。这是你们的致命伤。一个人得有智慧，其次有胆。

看古人头脑多简练！"六二"之难，是自近情来的，显出"情理"与"贞德"。做事、用人，这些都应考虑到。现在许多人见利忘义。办事必用智慧，绝不可自私自利。你们要提高警觉，和任何人也不能斗。好自为之，必须懂得以什么作为借鉴。如超不过这个范围，则永不能当家做主。一本书如读通，什么都看得懂。

六三。即（就）鹿（麓）无虞（虞人，管理动物园者，向导），惟入于林中。君子几，不如舍，往吝。

"六三"阴柔，不中不正，又无应与，当屯难之时，居震之极，而坎在上，"即鹿无虞"，不识其境，不可妄入林中，往吝。

昔打猎有围场，必有管理人，即虞人。要去猎鹿，没有虞人，鹿入林中，追入林中，糟！

君子见几，危险，不如舍弃，宁可失鹿，不可往。"君子几，不如舍，往吝"，"几"，见几之象也；不知几，则失几。"舍"，舍弃而不逐。没有把握，连"几"都得舍弃，否则"惟入于林中"，最低也是"往吝"。

做事怎可不找领路人（向导）？如贸然行事，多危险！自《孙子兵法·用间》篇看，得养多少卖国贼？

在社会上得有领路人，知识是自己谋幸福的向导。最低限度家要像个家，回家特别愉快、温馨，其他皆自欺！如不能为自己谋幸福，还能为别人谋幸福？知识得使人幸福。为自己谋幸福是最基本的智慧。家不像个家，还唱什么高调？

《象》曰：即鹿无虞，以（因）从禽也；君子舍之，往吝穷也。

"惟入于林中"，是"从禽"。何不从人？禽与兽，距离不远了。在社会上，见机会来时，必先考虑利弊得失，看是待虞人，或是"从禽"？

君子有"几"，但如无向导，绝对舍几，不盲目跟着跑。处屯难之时，多有智慧，多积极！

《易》为悔吝之书，"悔吝者，言乎其小疵也"（《系辞传上·第三章》），教人把有过变成无过之书。"五十以学《易》，可以无大过"，大过则是有害于人。多读书，可以提高自己的人品，知助人为恶，糟！

开创事业得有领路人。到一新环境，不能没有向导，必须培养，即"利建侯"。用间，必培养间。做事业要培养"虞人"，怎么培养？

一个人无知，多么可怕！我们不反对宗教信仰自由，但必是法律内的自由，约束之。

六四。乘马班如，求婚媾，往吉，无不利。

"六四"当位，与"初九"为正应，又近君承刚，展济屯之才，时也。

"二与四，同功而异位，二多誉，四多惧，近也，柔之为道，不利远者，其要无咎"（《系辞传下·第九章》）。

"乘马"，四匹马拉一辆车，如无经过训练，就班如了。

"求"，资济屯之才，有知人之明；"往"，度济屯之才，有自知之明。

有自知之明，才能展济屯之才。求而往，无不利。求贤，必须有知人之明，但知人者必得自知，才能知己知彼，百战不殆。

我读书细心，每字都要对。有些人什么都无所谓。我连读《公羊学引论》都仔细。一个人不知自己不懂，最可怕！自己不读书，怎么进步？有关来知德注《易》的书，我至少读十本以上。

"《易》有圣人之道四焉，以言者尚其辞，以动者尚其变，以制器者尚其象，以卜筮者尚其占"（《系辞传上·第十章》），何以几千年始终用不上？专在"辞、变、象、占"上研究，结果无一窥其全貌。《易》的全貌是什么？伏羲仰观俯察，"近取诸身，远取诸物"（《系辞传下·第二章》），从整个环境产生《易》。今天读《易》，不能不了解环境，亦得仰观俯察……以此了悟《易》。

"生生之谓易"（《系辞传上·第五章》），生生就是易，要活，得天天讲究卫生、维生。研究《易》的辞变象占，易是生生，没有对象，"《易》无思也，无为也，寂然不动，感而遂通天下之故"（《系辞传上·第十章》），无思无为，不用讨价还价，感就能通天下之所以，通天下之志，除天下之患。辞，是敲门砖；变，自然的情形。

《象》曰：求而往，明也。

"求"，主动的。"明"，明其道，有自知之明、知人之明，求贤以济屯。"六四"承"九五"，"九五"乘"六四"，近刚中之君，亦无不利，一君二民，能得民心，故能有为。

"六四"最重要的在"求"字，以自己为主体，求"初九"。"往吉，无不利"。问题刚发生时，想出能解围者。读书易，而遇事就没那么简单，看文章是一回事，事实又是一回事，谈何容易！

九五。屯其膏（膏泽），小贞吉，大贞凶。

"九五"，阳刚中正，居尊位，有德有位，无臣相辅，故"屯其膏"，不能膏天下。

"膏"，《说文》称"肥也"，膏泽。"屯其膏"，二、五"刚柔始交而难生"，在屯难环境中，如何当家做主？上帝吹牛，膏天下。部分膏，即"屯其膏"，撙节。正小则吉，正大则不吉，因不能膏天下，只能膏部分。风、光能膏天下，雨不能，会涝、旱。

为君者应能惠民，"九五"为天下主，有膏天下之责，可是力不足亦不能。所以正小吉，正大不吉，得量力而行。不知量力而行，能不凶？

《象》曰：屯其膏，施未光也。

"施"，得光于天下。"施未光"，未能普及天下。因在坎陷中，未能光被天下，故大事凶。虽有德、有位，居于群小中亦无办法。

雨露，不能普沾天下。光，无所不照，容光必照，与日月同其明，厕所、皇宫都照。施没能像光，则"屯其膏"。"财聚则民散，财散则民聚"（《大学》）。

当领袖的不能小器，但也必须有德。"九五""屯其膏"，

屯卦第三

才智、环境都不允许。"贞者,事之干也",做事没有德行,什么也成不了。

"屯其膏",膏泽,惠也。"施未光",未能普门。不施,就没得与不得;施,喜与怨各占一半,坏!老人问题,应使之安定、安宁,而不是将就。

居屯难之时,在上位者以成德为第一要义,皆自求多福也。想济屯,再看睽、涣二卦,民心一涣散,接着就有乖违之行。

上六。乘马班如,泣血涟如。

"上六"才柔,居屯之极,虽乘"九五"之刚,但与"九五"只是牵连不进,自己不能济屯,人亦不会帮你济屯,不知所从。

《象》曰:泣血涟如,何可长也?

屯卦,有了天地、宇宙,困难就来。人生下来就哭,弄不好,就"泣血涟如","泣血涟如,何可长也"?

已至穷极之时,如不能变,优柔寡断,必"泣血涟如"。"反者,道之动",应"穷则变,变则通,通则久"。

在屯难中,太柔不足以成事,必须有阳刚之气,养成阳刚之气才足以有为,要用智慧去解决问题,求突破、发展。

想要天下人归往,必须有信仰中心,有一象征的东西,能维系天下人之心。遇事以人性做标准,就能解决问题;以人情做标准,绝对失败。聪明人什么都怕,如临深渊。什么都怕,最后都不怕。

"生而知之"固有之,但少。常人必"学而知之",学即学习前人的智慧与经验,明白物理与人事之所以然,即知其所以然,"穷理尽性以至于命",探究宇宙万物的本始,亦即追源溯本。

六十四卦,六十四个治国平天下的样板。每一爻,都要知其所以然。

群德,步调一致。开会可以有意见,一旦决定了,必须步调一致。屯卦明白就能创业,至少懂得应付屯难的时代,爻辞暗示三个阶段。

"君子以经纶",经纶,草昧时期应建侯,不应享受,以经、纶开发草昧时代。由纶,可知中国穿丝太久。丝难治,用以喻治理天下事之难。

当老师的经纶是什么?经,是教材;纶,是教法。元是德,用的是人。老师是以德行事。教材、教法外,施教者是本。为政以德为本,教书亦然。缺德与否自知,别人知否不论,仰不愧,俯不怍。

有工具就能办事?缫丝亦不能光有经纶,操纵经纶者得是高手,技高德亦得高,超常人之德。德者,本也。现学校多,义务教育延长,而结果如何?

最高的元,即君子之体,明君、圣君、德君。在屯难之时,"虽磐桓",但"志行正也"。

女子守贞,一等就十年,要合情理才结婚。社会上"匪寇婚媾"太多了。慈悲,明知不可为而为之,可以多修孤儿院、养老院,要众志成城。人治有毛病,应法治,大家要有所遵循,建立法制社会。必"求而往,明也",要找济屯之才。

看注,问自己:明白否?不明白,就要求明白。如画画,

屯卦第三

要画龙点睛。读书必须有方法，耐力最重要，要仔细。知自己能力差，要拼命学。我小家子气，读书一个字也不放过。养成凡事都无所谓，就坏了；要下功夫，真做。

中国现正在"复"，今后绝对是"寸土不失"。人不能违背天时。知道做事的步骤，懂该停、该止，"往吝，穷也"。往，不知止，盲目往前，吝；再往前，则无转圜余地，穷。

会画画，每一爻就是一个画题。临老师的画稿，所学乎中，所成乎下。做事开始就作秀，自欺，拿笔没几天，就都成"大师"了？

屯卦什么意思？含几个意思？一、盈。"天造草昧"，第一个现象。不怕，生经纶之道。没有乱，怎么会整理？许多智慧是面对现象产生的，此即治事之道。二、始、生，表现父母的大能，生之始，乾元资始、坤元资生。

"六二"情难，夜里难以入眠。大难已过，而小难不断。

遇到某环境，有某环境之难。无色、无香、无相……空，还不可着空。

不要太幼稚，要多学，将书当成方子，治国平天下的验方。《战国策》是策，《淮南子》是训。典、谟、策、略、训，皆成方子。

打通几个关后，就都懂了。必须看书，一卦想通了，就能做事。小说也要好好看，《内经·素问》等书要浏览。什么书也不看，智慧从哪儿来？读完，必须有用。

智有大小，后面跟着伪装，要知动机。无德即无智，智由德生，此我之经验谈。六祖不识字，但"纯亦不已"（《中庸》）；王弼年轻，文章能传世，就纯。信仰，要正信，不要胡扯。

玄奘对中国思想有贡献。中国文化的根基深厚，邓小平"中国特色的社会主义"，富了中国。

要和历史争短长，中国人要包容西方文化，如唐宋之包容印度文化。今后的中国，绝对丰衣足食。

一日门墙，终身弟子。没有目标，就不知自己干什么。学位是与书本的分家单，有些人有了学位就不再研究了。

释迦有四万八千法门，天生的聪明人，但留下多少？孔子的法门，不是我们了解得这么少，每句话都有含义，一爻一乾坤，一爻一宇宙。

想包容别人，必须特别深入，才有空间。包容康德，不必提康德，否则为"集注"。元，包容一切，不要有际、界。

通神明之德，"神"与"明"有何不同？此奉元学派精神之所在。神，妙万物而为言，生；明，终始，生生。三"生"有幸：太极生两仪，两仪生四象，四象生八卦。通三生之德，三生才有幸。

坐着天天琢磨，感也。串在一起，绝对活学问。有智、有抱负，表现于书中，每天得琢磨，思想是自琢磨来的。从"天造草昧"的环境，到产生"经纶"的环境，乃有经纶之术。经纶，已非画卦时代的思想，治丝用经纶，思想已经系统化了。要懂得演进，方知今天要怎么做。

卜，《易》之下焉者也，不卜而已矣。《火珠林》卜卦，糊口之用。教书不好好教，即文丐。不懂，没法影响实际事，古人用以解决实际问题，在困难环境中知如何处理。听讲完，路上、车上可将一卦弄熟。

人不要过得太苦，生活要正常。人生很难逆料，九十岁的人能活多久，难讲。人就是自惑，真悟就好了。人生最大的苦，

屯卦第三

求不得之苦，求名、求利……人生不如意事，十常八九。不求就不苦，没有病痛。

人要有独立的智慧，不要净学索隐行怪。一个人活着要有独立思考的智慧，才能正讹，非标新立异。注解虑得不深，所以没有通敏，虑深才能通敏。不要好名，当趣味、嗜好，深思，一有名利观，就坏。久则通灵，"思之思之，鬼神通之"。我每天有新境界，即写卡片。心要沉静，欲太多，如何静？多少财富，也就吃一个饱。秦始皇不得了，坟也不过一天就走完了。我看什么都是零，唯有自己真愉快，此必自良知产生。

我吃得并不好，但是健康。"精气神，人之三宝"，如无爱身如玉，老了就兑现。我五十年养出精神，有生以来如一日，我没孙子吃得好，只喝茶水，不买市场的青菜，不吃不削皮的水果，自海水污染后不吃生鱼片。身体好的不二法门在顺自然，不可以过力，超自己之力，要能自持，累了就休息。触景生情，费心，易老。

真想立住，必得斩三关——名、利、色，"本立而道生"（《论语·学而》）。想赢一盘棋，必须能看上三五步棋。想立足社会，能不有看上十步之智？

广博地学，无所不学。学生，在学习生活能力，怎样让自己活得更有意义。人生天地间，宇宙万物与你息息相关，孟子说"万物皆备于我"，就看自己怎么活用，运用万物以造就自己，然后才能不枉生于天地之间，所以说"成事在人"，因为事是由人做出的。

"四书"要打好基础，《春秋》《尚书》是实验的成果。《易》为智海。《尚书》为戒多，为法少。尧不得了，还有四凶，政治之难！一法通，百法通。必须真懂、真知。韩愈的《师说》《原道》均有误，师是行道，非光传道。何以师徒如父子，不可以乱伦？颜回视孔子犹父也，当然不可以乱伦。"足乎己不待于外，谓之德"，就这句话合逻辑，德不是别人能帮忙的，无人能替人行德。求学，仍必自己下功夫。

人必须如常山之蛇，否则到死，"五经"仍读不完，也不能深入。

蒙卦第四

（山水蒙　艮上坎下）

蒙，下坎，坎为水；上艮，艮为止。前有山，后有水，遇险能止，知止。"山下出泉"，源泉之所在，"蒙以养正，圣功也"。

《序卦》："屯者，盈也，物之始生也。物生必蒙，故受之以蒙。蒙者，蒙也，物之稚也。"

"屯者，盈也，物之始生也"，屯、盈，"物之始生"；盈屯，是父母的结合品。"物生必蒙"，蒙非昧，日未出之前为昧。

"蒙者，蒙也，物之稚也"。来子注："蒙，昧也"，注解与经文完全不对。

读书，要一句一句读，每句都得注意，训练人们会动脑。看书，不放过每句话，好好读。

《杂卦》:"屯见而不失其所居,蒙杂而著。"

屯、蒙二卦相综。从屯到蒙,蒙非昧,"物之稚也"。新而不失其所守,稚日后能著明。

"蒙以养正,圣功也",本身即有正,才能养正。"大人者,不失其赤子之心"(《孟子·离娄下》),即生来之心没有丢掉,故曰"学问之道无他,求其放心而已矣"(《孟子·告子上》),大人者,不失其本心而已矣,非自外找的,本身即有。但赤子之心特别短,因为怕丢掉正,所以自蒙时,就要养正,这就是圣功。

屯卦,"利建侯",作之君。君者,群也,群之首也,作之君,即作之群。《序卦》称"物稚不可不养,故受之以需",蒙故得养,作之师。"作之君,作之师",以配天,天即上帝,此为中国人的"天帝观",能与上帝相配,即人代天工。

《尚书·泰誓上》:"天佑下民,作之君,作之师,惟其克相上帝,宠绥四方。"《周礼·春官宗伯·司服》:"祀昊天上帝,则服大裘而冕。"

北京天坛古建筑群,包括圜丘、大享殿、皇穹宇、皇极殿、斋宫、井亭、宰牲亭等。天坛祈年殿,即为明清君主祭祀上帝之处,内供奉有"昊天上帝"之神位。

"圜丘祀天"与"方丘祭地",都在郊外,所以也称为"郊祀"。圜丘,是一座圆形的祭坛,古人认为天圆地方,圆形正是天的形象,圜同圆。圜丘,祭祀昊天上帝或五帝,以及日月星辰。方丘,祭祀地祇社稷岳渎之神。

易经日讲

蒙，亨。匪我求童蒙，童蒙求我。

有的卦具备四德，有的卦不一定四德全具。蒙卦，只有亨一德。

有本然之善，蒙必能通。如不知蒙在何处，如何打开蒙而亨？蒙卦，就"蒙、亨"二字，知蒙之所在，才能把蒙打开。自开门想，"机"永不变，得完全吻合才能开。

蒙因何而亨？亨，因有一阳生，阴阳合德，刚柔有体，乃生生不息。应恢复人本有的东西，复性，在人曰性。求放心，即复心。"在天曰命，在人曰性，在身曰心"，命性心，乃一物放在三处，各处之称呼不同。

蒙，有亨之道，是怎么来的？是"童蒙求我"，主动的。蒙卦讲"发蒙"，而非启蒙。蒙，不必怕，有人会启这个蒙。启蒙师特别尊，能启你之蒙，以成圣贤，老师称东席。太傅尊，不北面称臣，皇帝见老师必作揖。

"九二"，老师；"六五"，学生。"匪我求童蒙"，非老师求小孩。"礼闻来学，不闻往教"（《礼记·曲礼上》），故曰"求学"。教书的规矩："不愤不启，不悱不发。举一隅不以三隅反，则不复也。"（《论语·述而》）不可求于人，得人来求我，送上门不行。

看人家怎么想，东抄西抄，给人看什么？思想是有系统的。要学会有系统地看问题。想问题得有系统，一以贯之，怎么讲也不失其本。

不能改正自己的习惯，就永远没有办法。最大的毛病不懂自己不懂。

何以百年老店找个配角都难？有些人不懂自己做主，如何

蒙卦第四

捷足先登？自弃，什么都拱手让人！我们必须异军突起，时对我们有百利无一害。人必须往大处想。

乘时、乘势，异军突起。五年绝对训练出一帮人。我会用脑，结论绝对是日思夜想得出的。必须懂得用思维，有思维了要做。要以组织对组织、团体对团体。检讨失败，然后补过，"无咎，善补过也"，必须有善补过之智慧。

初筮告，再三渎，渎则不告。利贞。

"初筮告"，治蒙，"不愤不启"。"再三"，三而再，再而三。"渎"，烦渎。开始必诚，就告；再，有二心；三，亵渎，不告。

"利贞"，乃是启发的，并非教的。不懂用"刚中"，乃因为不认识正。"天命之谓性，率性之谓道"，有一定的层次，"观其象辞，思过半矣"。都得利于贞，不可以天天巧言饰非，说别人是非。

《象》曰：蒙，山下有险，险而（能）止，蒙。

蒙，如"山下有险"，坎，险陷也，险在于蒙，蒙启则险止。

水，莫测高深，"远怕水，近怕鬼"，死人有何可怕，何必吓自己？

前有山，后有河，昧于进退。遇险能止，为蒙。"驱而纳诸罟擭陷阱之中，而莫之知辟也"（《中庸》），则连蒙也不是。

"山下有险"，坎陷就掉进去，要穷则变，变则通。怎么出险？险能止，止于一即正，故曰"蒙以养正，圣功也"。如不止于一，又怎么养正？"险而止"，止于性，无人性就完了。正从哪儿来？"在明明德，在亲民，在止于至善。"人的至善是什么？人之生也直，直即不曲，顺也，性是直的，"继之者，善也；成之者，性也"（《系辞传上·第五章》），什么都不必外求，皆与生俱来的。

蒙，并不是没有希望，蒙启则险止。山水蒙，山下有水，险。可不冒险，险能止，艮为止，知止了，而后有定、静、安、虑、得，皆自得也。中国思想是一贯的。

蒙亨，以（因）亨行时中也。

蒙能亨，乃因"行时中也"。时，"当其可之谓时"（《礼记·学记》），时髦，恰到好处。中，中道。时中，当其可之中。深思、玩味，非只读字面而已。

时中，"君子之中庸也，君子而（能）时中"（《中庸》），知理、知时、知势，能安于中，无论造次、颠沛、患难、夷狄皆必于中。何谓中？保持"喜怒哀乐之未发"的情境，但是太难了！

"以亨行时中"，君子能时中；"小人而无忌惮"（《中庸》），小人不懂得顾忌与害怕。要知其所以然，否则等于念咒。

中国学术源于道。看社会谁是君子？明白，是一回事；行，办得到？真行中道了，即为夏，《说文》云："夏，中国之人也。"《大学》《中庸》即学大、用中，必好好修到一个境界。

现在要复性。学、习、修，自根本入手。修性，"天命之谓性，率性之谓道"，反对一切违背人性的事。要以我们的学，诊人类的环境，这是何等重要！唯中国人有此志，也有此能。志，士尚志；能，智仁勇。

没有什么是过不去的，留下的绝对是德。失去良知绝没好儿孙，报在子孙。不在姓什么，在德。就是名门，也得好好教子、

蒙卦第四

怀德。

中，时时保持"喜怒哀乐之未发"的情境；到"致中和"，则已是大人了，"与天地合其德"，故"天地位焉，万物育焉"，天能生万物，人能役使万物。中国人现得利才是真学问，因为不落空。能知止，就不要饭。聪明过度最糊涂。

《大学》《中庸》是传统文化，讲内圣外王，非新王文化，必一步一步来。

匪（非）我求童蒙，童蒙求我，志应也。

"志应"，志之相应。此系懂得经纶天下时代之语。是启蒙人所说的，最重要的在"志应"。蒙者与启蒙者，非我求童蒙，而是童蒙求我，《礼记·学记》称："故学然后知不足，教然后知困。知不足，然后能自反也；知困，然后能自强也。故曰：教学相长也。《兑命》曰：'学学半。'其此之谓乎？"

怎知童蒙求你？"志应也"。"志"，心之所主，与生俱来的。"人同此心，心同此理"，因为"性相近"，所以能"志应"。能尽己之性，则能尽人之性；能尽人之性，则能尽物之性，格物致知。据此，则知怎么做事、管理一件事。

从"以人治人"（《中庸》），到知怎么"御天"，最后"与天地参矣"（《中庸》）。修身有其步骤，看《大学》《中庸》。

《大学》"未有学养子而后嫁者也"，说得绕弯。小孩生下，即懂得吃奶，妈妈就知给乳头。写注解，要让人一看就明白，说现在人能懂的话，"辞，达而已矣"。小孩生下，第一个哭，第二个笑，吃完奶就笑。下生求食，蒙则求志。如不如此深想，能把良知深处发挥得淋漓尽致？此即尽己之性。能尽己之性，就能尽人之性；能尽人之性，就能尽物之性。不能发掘人性，绝不能另创文化。尽性，即性的本能一点也不保留，性生万法。不静，焉有此功夫？坐不稳，能有深的境界？

"志应"，一切的标准。二、五"志应"。小牛吃奶，没奶，用头一撞，奶就出来。吃古人的东西，吃完不舒服，就反胃。

有学问，必用以治病。圣人不能生时，时至而不失之。尽己之性，依此类推，可尽人之性，然后尽物之性。另辟天地，"与天地参矣"！

初筮告，以（因）刚中也。再三渎，渎则不告，渎蒙也。

"初筮告"，发于至诚，"因刚中也"，本性之发作。

"刚中"，是尽性的表现，无欲乃刚，喜怒哀乐之未发，用中。

不懂得用"刚中"，"再三渎"，左问右问，烦渎，尚未开蒙。"再三""渎蒙"，犹未脱离蒙。小子之所以老出毛病，因为"习相远"也。

"童蒙"何以懂得求你？老师摆个架子："初筮告"，求之以诚，就告诉你；"再三渎，渎则不告"，"举一隅不以三隅反，则不复也"。求、教得"利贞"，都得守正道，就不渎，"子帅以正，孰敢不正"？

"人心惟危，道心惟微；惟精惟一，允执厥中"，由正心、识微入手，下精一的功夫，精而不杂，中国学问"吾道一以贯之"。无道时，"危行言孙（逊）"（《论语·宪问》），走得正，行得正，"留得青山在，不怕没柴烧"，困难时，心理的平衡最重要；太平时，则"危言危行"（《论语·宪问》），因言论自由。

"至禹而德衰"（《孟子·万章上》），传子不传贤，代代皆有

蒙卦第四

"大禹"，家天下。有机会要将所懂的讲出，否则不能影响社会，"当仁不让于师"。讲道的人得修道，否则"其所令反其所好，而民不从"（《大学》），言行不一，不能讲道。读《易》，重其深意，遇困难时才知如何应世，得《易》之好处。

蒙以养正，圣功也。

生了，必得养。父母养我们之所"需（体）"，老师养我们之"正"。怎么养？"蒙以养正"。正，乃性命，"各正性命"。必须养性命，耳提面命养性命，结果成"圣功"，可不是普通的功。

启蒙，养正，圣功，大一统。正，止于一，定于一。"元者，善之长也"，变一为元。止于一，止于元，"止于至善"。止于一即得一，孔子得一了，说"吾道一以贯之"。

修身，止于正，"帅以正"。正性命，得养；成功了，即"止于至善"。对一切事得知其所先、所后，及其成功，一也。

我的讲法不落空，乃依经解经。基础不了解，站不住。养正，止正，帅正。天下没有白得的事，必得下功夫。

做学问并非易事，必须慎重。必须有真才实学。讲书容易，写书难！什么叫实学？所学能用上。立说，得有先见之明，不是抄书，要能真站得住。《荀子》有三十二篇，要下功夫，实实在在地读。你们要自求多福，能除患者为福。

同学必须懂得仁，"君子体仁，足以长人"，是奉献，"见贤思齐"（《论语·里仁》），没做，就没有建树。文人最大的短处，是坐着空谈，不能起而行。

"元"，历代解释者少，何休解："元者，气也。"要用什么

易经日讲

证明元是气？如对许多事的认识似是而非，乃终究不明白。《大学》"止于至善"，止于正，《易》"蒙以养正"，依经解经，"吾道一以贯之"，如此解，伏羲来也要交学费。立说、立言颇为不易！

有所得，必须下功夫。必将所学用于治事（世）上，才是实学。不做，永远落后。办刊物，最难维持的是内容，要做得有智慧、有头脑。

注解看完了，知道说什么？要冷静，不盲从。《象传》才是解经的方式。

蒙，非昧。昧，日未明之时，天刚亮前，有点黑，但马上就亮了。别看蒙，"蒙亨"，蒙中有亨之机存在。元中之机，乾坤、阴阳，一个东西都有两性。今之元，不只用乾坤、阴阳代表而已。

自"元"培养出两部经——"大易"与《春秋》。奉元可不是空的，元是种子，以过去的作为肥料，我们的收获绝不同于传统。"造起天地，天地之始"（《春秋公羊传》何注），人道之始、夫妇之始。

《象》曰：山下出泉，蒙。君子以果行育德。

"山下出泉"，何以不说"出水"？泉，水的祖师爷，源泉，水之源，如黄河之源头。黄河发源地，五个小泉眼。"原（源）泉混混（滚滚），不舍昼夜，盈科而后进，放乎四海"（《孟子·离娄下》），水之德，"不舍昼夜"。没水之德，什么也长不了。

"山下出泉"代表本能，人人皆有，但必导之以方，即圣功也。

"山下出泉"，形容蒙至深境。"君子以果行育德"，用果决之德行来育德，必有实际成绩，才能育德。

"果行育德"，"果"，果决，肯定的，以肯定的行为育德，必须有识事之明，自博学、多知来，于行事上才能果决。"由也果"（《论语·雍也》），义无反顾，故"于从政乎何有"。

果行，绝不含糊，没有一点折扣。一个人天天糊里糊涂，即不果决。"果行育德"，德行从哪里来？自果的愿力来，人一己百，人十己千。育德，为结果。人生即"进、退、存、亡"四个动作，应使之恰到好处，每天肯定自己的行为，知自己忙什么、自己缺什么，做自己要做的事，就不会妄想。

要随时"果行育德"，不可以天天原谅自己。"果"字是何等金刚！桎梏，好名、好利……名缰利锁，如何卸脱？问自己能干些什么，时常提醒自己。

初六。发蒙，利用刑（型）人，用说（脱）桎梏。以往，吝。

"初六"阴爻居阳位，居蒙之初，在坎险之始，近比"九二"阳刚中正，得以启发其蒙。教学生，必恩威并施。

"利用刑人"：一、"刑"同"型"，即模范，以正养蒙，必以正法为标准作管教，可以使小孩"见贤思齐，见不贤而内自省"（《论语·里仁》），以脱掉思想的桎梏。二、"刑"作"刑罚"解，利用刑具会把小孩吓跑。教书不应把学生当成犯人。是用有德之人，使小孩见贤思齐。

"用说桎梏"，人生下来，有与生俱来的情欲，即桎梏，生下来就有怪脾气，唯他母亲知。稍长大，会"说不"了，常不吃这、不吃那，但不会完整说，会指要什么。所以用"型人"装样子，则什么都吃。在家中随时做"型人"，以改掉孩子的怪毛病。

"以往，吝"，再往前去接着做，尚有不足之处。

"发蒙"，得叫小孩见贤思齐，以脱掉捆绑。诱之以利都不行，还要用刑？拿糖就跑，也是桎梏，哪是君子？一切不正常的都是桎梏。发蒙，利用型人，人皆见贤思齐；用脱桎梏，脱掉非正命的桎梏。

"尽其心者，知其性也。知其性，则知天矣。存其心，养其性，所以事天也。夭寿不贰，修身以俟之，所以立命也。"(《孟子·尽心上》) 不管长寿、短寿，不贰其心，修身以待之，所以立命也。自开始到初爻，印证"养正"。

"各正性命"没明白，怎知最后结果？"莫非命也，顺受其正。是故知命者，不立乎岩墙之下。"(《孟子·尽心上》) 修身以立命，"率性之谓道"，"顺受其正"。知命者，懂自己的价值、责任之所在，绝不走险境，并非怕死。人不可以做没价值的牺牲，"尽其道而死者，正命也。桎梏死者，非正命也"(《孟子·尽心上》)。知自己活着的责任所在，要死也要尽其道而死。桎梏而死，如飙车而死，糟蹋自己生命。就怕小孩走上不正命的路。

人皆自以为能，实则皆在桎梏中活，天天在桎梏中打圈。多少人早上起来，即戴上"脚镣手铐"。社会应以何人为型人？我们应天天奋斗在什么之中？名缰利锁，名利贪欲为己之桎梏。发此蒙，在今天要如何做？以何作为表率？皆自以为智，但所作所为皆糊涂事。

过理智生活，清净，不老。心清净最不易，为己之所当为，从吾所好，乐此不疲；不能如此，即桎梏。喜欢什么，干到底都能成功。钻进桎梏中，最后伤品败德。

人都有所乐，傅培梅做菜，乐在其中；郎静山照相，乐此不疲。桎梏最可怕，贪欲、名利，不能脱桎梏，永远是蒙者。人皆活于蒙中。

我们同学这么多，好好做，真能为中国人谋幸福。就怕自己一无所长，专做自己之所短。

有志于中国文化，就做中国文化的事。要正法，不要掺杂。正，与生俱来的，"足乎己无待于外之谓德"（韩愈《原道》），按己性做事即德，《坛经》"性即佛"，《中庸》"率性之谓道"。脱掉桎梏，始能尽性，将性的本能发挥出来，"由是而之焉之谓道"（《原道》），"率性之谓道"。不脱桎梏，便得伪装。

《象》曰：利用刑人，以正（动词）法也。

"正法"：一、正这个标准，按规矩行事，小惩而大诫；二、正为生之法，以正养蒙，以正法之。必以正法为标准管教小孩，不达标准再处罚他，易被接受。不能完全按照己意管教，难为对方接受。

人聪明过度最傻！孩子小，"利用刑人，以正法也"，用名贤齐，使他见贤思齐，一戴高帽马上变，用贤人以脱其思想的捆绑，脱掉心理、思想的束缚。

用型人，以印证"法"的准确。"鲁无君子者，斯焉取斯？"（《论语·公冶长》）鲁有君子，这小子才能像个君子，印证养正之法的正确。

小孩模仿性强，必随机应变教。别以为小孩不知，在小孩面前不知有所避讳。对小孩，应付不行，"诚于中，形于外"，妈妈不得一百分，孩子绝得不了一百分，好母亲绝对是贤妻良母。

今天知自己不蒙者有多少人？尽性做事，没有不成就者；不能发挥长才，不能尽性故也。有修为，人必知之。人之生也直，直人就是真。道家曰"真人"，儒家曰"直人"，"直哉史鱼"！

《论语·卫灵公》：子曰："直哉史鱼！邦有道，如矢；邦无道，如矢。"

从小练习清新（智慧），遇事就不似是而非。此非学问，乃性智。冷静下来，即足以有为。直人，真人始有成就，伪即不能成。不足，人必知之。

真明白，读完一卦，即多一个智慧。夏，大也，中国之人也。中国人完全是率性之道，教人之所好，《诗经·关雎》"窈窕淑女，君子好逑"，不必害羞，是性教育。"君子之道，造端乎夫妇"，爱其贤德，轻其色貌，娶妻以德。

你们好好传承文化，好自为之。你们应知怎么用脑。遇事应沉静，不可形之于色。

注讲不通，用什么方法可以讲通？要用脑，坐着研究。《论语》未提《春秋》，但《孟子》特别讲《春秋》，证明孔子讲《春秋》。非考古学派，也非开当铺，不必考据。

九二。包蒙，吉。纳妇吉，子克家。

"九二"刚中之才，为蒙卦之主，有启蒙之责，必具包蒙之量，有无尽的爱心。"人不知而不愠"（《论语·学而》），教不厌，"诲人不倦"（《论语·述而》）。师生如父子，凡蒙者均包容之，方能启蒙。

老师，得"包蒙"。学大，至大无外，什么都得包。"包蒙，吉"，无论怎么蒙不可弃，要包容这个蒙。"包蒙"，懂得做人就没有敌人，当然吉。进一步，"仁者无敌"（《孟子·梁惠王上》）。

"纳妇吉"，"纳"，有纳气，出纳，管钱的，得看住钱。"与天地合其德"，无私覆、无私载，岂止是"包蒙"？得包污纳垢。"纳妇吉"，家庭好，才能谈到"子克家"，"克绍箕裘"。"夫妇，人道之始"，家岂能不容妻？在家批评这批评那，最缺纳气！刚娶老婆，百依百顺，以此举例。我找侄婿，找有阳刚之气的。读书在改变器质，男孩要有阳刚之气。有钱人可能是自穷人来的，穷人也可能自富人来的。《论语·子路》谈卫公子荆善居室，始有，少有，富有。天天有，天天愉快；天天丢，天天吵。"子克家"，小子能继承这个家。男子汉应知有什么样。

"纳妇吉"，必须好好挑选对象。对象选错，人生至少失败一半。懂得做人，宜室宜家，会做家事，好室才有好家，才有"子克家"，儿子能继承家声。生子，"子克家"，处世，无敌。"子克家"，能干蛊、能继家声，光宗耀祖。

善人，"不践迹，亦不入于室"（《论语·先进》），多么圣洁！学知识，使之有用。仔细看，懂得责任之所在，"子克家"。

事情一发生，应马上有反应，马上用智慧，把一件事往坏、往好去了解。遇事，就看一个人有没有智慧。偶发事件，平素如有训练，正是发挥长才的机会。自己应先了解自己。

读书不会用，等于没有读。活学问，如读书就"包蒙，吉"，懂事将来是大才。利用机会造就自己，可以受到赞美。有些人读完书，不懂得用脑，不知什么是什么。

《象》曰：子克家，刚柔接也。

二刚五柔，"九二"有主蒙之功。

"子克家"，指立德，克家之子能治国、平天下。

没有德，不能有好子孙，儿女不必管，全靠德行感。"子克家"，有克家之子，能任父事、继家声。能干亲之蛊者曰孝，不但不掩饰，反能弥补之。人贵乎有好儿孙。

中国规矩，父亲故去才称当家，否则称管事，一家之主只一个。

大孝，孝民族。我们"子克家"，继承祖宗的产业，太丰富了！21世纪是中国人的，要树华人之德。有工夫好好看《大学》《中庸》，于立身行道有莫大的助益。智慧，放诸四海而皆准。

怎么活才是"子克家"？不希望学生有"鸣鼓之徒"。"见金夫"，连本身都没有了。

"刚柔接"，"接"，节也，发而皆中节。"九二"阳能容阴，容德不足而起冲突，师生能打成一片？

社会就两种人：刚与柔、黑与白。"刚柔接"，即"阴阳合德而刚柔有体"，刚柔接，生生不息。接，节也，发而皆中节。能"子克家"，必有"接"的功夫。

"纳妇"，第一个"刚柔接"的修养，能"纳妇"则能纳天下。不能齐家，焉能治国？妇之近，都不能纳，又如何"包蒙"？父子兄弟之外即妻，夫妇以义合，父子兄弟无"别"字、"间"字。"孝哉闵子骞，人不间于其父母昆弟之言"（《论语·先进》），父子之间不责善，兄弟是一奶同胞。父子之亲，仁也。妻自外来，无逐妻者，夫妇以义合，所以"纳妇吉"。夫妇相敬如宾，为补不足，不必斗气，人生必和乐，和乐是无尽的幸福。

子何以能克家？"刚柔接也"，生生不息，阴阳合德，刚柔有体。二与五，相应与，有和合之象。不能吵，要以柔化刚，刚以柔克，要练"刚柔接"的功夫。你不能，我能，以有余补不足。今天，太太心脏病、先生高血压，很多都是气的。

六三。勿用取(娶)女，见金夫，不有躬(身)，无攸(所)利。

三爻，苦命之爻。此爻惑于欲，阴柔、不中、不正，居坎险之极，艮止在上，舍正应"上九"，而就相比之"九二"。

看其比方，多美！"见金夫"，不有身，无所利。失其正应，一见有利就变了。娶女，必须有德。人必须有德，不自私，别人才会尊敬你一辈子，天爵自尊吾自贵。糟蹋自己，对方不敬你。要以果行来育德。人得有志，结婚也应知为什么要结婚。

管了三年事，没有成绩，失于弱也。你们何以不能深入？是否不懂得想？一件事发生后，想其得失。如做事都失于弱，焉能有成就？研究历史，昨天的事弄清楚，今天还研究什么上古史！

在团体里就要尽责，何以自己应享有的权利都放弃了？

"见金夫，不有躬，无攸利"，讲贞，正固，争取自己应有的权利。

《象》曰：勿用取女，行不顺也。

"六三"之正应，是"上九"。但"上九"阳爻居阴位以穷极，而"九二"中正，天生的有吸引力，能包蒙，旁边的女人能不动心？

"行不顺也"，不顺于道，不顺于贞德，失去女人的贞德。内助，必是能同甘共苦。朋友，得是患难之交。

人世皆现于面前。今天社会上有多少人还能守住人的格？人格。阴柔之人没有节操，无奋发之志，不能与之结交。

六四。困蒙，吝。

"六四"当位，与"初六"是正应，上下皆阴，远阳。四爻多惧，困于蒙而不解。师不启困蒙，启则蒙者不受，自困于蒙也。

"困而不学，斯为下矣！"（《论语·季氏》）街上熙熙攘攘，很多是困蒙者。连报纸也不看，外面事全不知，能不受困？不学，远实（力），学就有实力。

因人施教，没有定规。换个道理讲，正合他之所需。对大人与小孩，所讲不同。

《象》曰：困蒙之吝，独远（yuàn）实也。

何以困于蒙？"独远实也。"自己远实，非实要远你，"独学而无友，则孤陋而寡闻"。"远实"，困蒙之人，幻想。人必有良友，否则为"困蒙之吝"。

困而学，近实，就得有实力，不吝。困于桎梏，困于名利。天下无"困蒙"之人，则无当走狗者。人有所好，从其所好必有所成。人活着应有所为而活。

"独远实也"，"独"字发人深省，慎独，唯我独尊，必慎己独也，上天下地，唯我独尊。像北京的都一处、狗不理、独一处（注：都一处，清末改名为独一处）、王致和、同仁堂、六必居、瑞蚨祥。做人参要独，参品炮制独到。

实者，阳也。"初六""六三""六五"皆近阳，独"六四"远阳。"远实"，则近于虚，乃内圣功夫不足。至圣、大人，看谁的"独"近实，即所获越多。实，阳、刚。为己之所当为，责任感；乐己所当乐，尽性。

一般人的"远实"，就是因为不学。有一技之长则近实，但到一境界犹感不足。读书人不能解决社会问题有何用？问题发生了，迎刃而解，实学也。

人的环境不一样，智慧不一样，留给后人的也不一样。我这一代的经验是什么？应给后人留下什么作为借鉴？空为文，于国计民生无补。真懂这一段，曲曲折折中间经过多少人和事？这个时代最值得重视的是什么？这些复杂现象是什么人促成的？奸也。捉住"奸"字，好好论一论，留给后人以此为鉴。

把奸论清，将其心态描写得淋漓尽致，《孙子》亦不及。论清了，绝对是第二部《通鉴》。

不能远实。了解实，得有多大的责任，其中藏多少治世之玄机。"天不生仲尼，万古如长夜"，这时代没你，就如同没有电灯。没有责任感，怎会有进步？进步，是自责任感来的。头脑要清晰，实不是空的。每天活着要造就实，是看不见的。

昔日论计、谋，今论奸，写《毓子》。每个人有其时代的价值。要懂得杜奸，否则后患无穷。论奸，可留用于后人。

别人陪我住几十年，得有多大的爱力，绝不可说自己之好恶，不喜吃就少吃或不吃。所受的苦必须有代价，将经验留给后人。人生深知，留给后人，慢慢地，问题都解决了。

没碰到奸，你怎么写奸？怎么解决实际问题？实，每个人看的不同，如"错金与巧克力"。一个人的一举一动，完全代表其智慧。

"独"，最宝贵的东西。"独远实"，如远离实用，所装皆空，就成为废物；"独扬实"，就不得了，是诸子、《孙子》。两解的层次不同，"远实"就蒙。不认识自己，蒙；实，就是真，真实。要独实，非正实。开始是养正。

千万要把自己的智慧与光阴用在有用之地，做一点事就有一点的代价，无一废才。

多说意见，我可以疏通你们的脑子。同学们不懂考虑问题，也不知有问题。应练习深入，自己必须有一认真的环境去思考。必须懂得怎么用脑，以每天所接触的东西练习怎么解决，就懂得入门。

六五。童蒙，吉。

"六五"为学之主，童蒙易收其功，能受教就不蒙。大人者，不失其赤子之心，赤子无私欲。

"六五""九二"，相应与，"志应"，所以"童蒙吉"。
母亲的奶不足，小孩就咬乳。与生俱来，"志应也"。

《象》曰：童蒙之吉，顺以巽也。

小子，为学之主。"童蒙"何以能吉？"顺以巽也"。"顺"，"巽也"，顺于道，而悦于人，合弟子之礼。能受教，就不蒙。

"顺以巽"，顺什么？巽什么？对象是什么？顺道，顺尊师之道，顺性，所以才"异于师"。顺于道，而悦于人，《孝经·开宗明义章》云："先王有至德要道，以顺天下。"驯，外来力量，感人不深。驯，训也。顺人之性，一拍即合。蒙能不蒙，即为人才。

知行合一，讲体用、知行。成事，必"志应"，有死党。真想有成就，必须找"志应"之士。

上九。击蒙，不利为寇，利御（止）寇。

"上九"太刚，居蒙之极，治蒙太猛，有击蒙之象，强治其蒙，反为之害矣。

必须有"击蒙"的办法，但绝不能用暴虐之道来"击蒙"，否则不能治其蒙，反为之害矣！

将学生的蒙赶尽杀绝，要开导蒙，必须将蒙去尽。蒙到了极致，必须当头棒喝，发人深省！注意环境，要"闲邪存其诚"。

我天天"击蒙"，但也不可击得太厉害，否则成寇。要防备，使之不生寇。做事，虽要打击对方，但也要以防御为第一要义。今日应发"御寇"智慧，因为无为寇的能力。

"不利为寇"，不利寇虐其民，荼毒生灵。"利御寇"，以威御寇，叫寇不要来。《孙子兵法·九变》称"勿恃敌之不来，恃吾有以待之"。全人之国、全人之师，所以利用型人，用脱桎梏。

要御寇，非要为寇，侵害其本身。对不了解我们者要御寇，使你进不来，时间一长，证明你推断错误。但如为寇，反证明你对了。

"寇"与"盗"有何区别？要了解字的本义。寇，《说文》解：

"暴也。"寇边，倭寇。盗，《正字通》解："凡阴私自利者皆谓之盗"，强盗，欺世盗名。御寇，不使对方的蒙到我们的范围内。顺自保，顺势，顺理。

我们是华夏思想，"击蒙"而不为寇、不侵略，全人之国，全人之师。《孙子》亦华夏思想，《易》言"神武不杀"。我们"不利为寇"。

小国以何御寇？第一，法游说，解释自己的立场，并了解对方的意思；第二，以小事大。要釜底抽薪，不能扬汤止沸，游说即釜底抽薪。何人游说？何法游说？游说、了解对方，则能釜底抽薪。釜底抽薪之法，在投其所好。

《象》曰：利用御寇，上下顺（顺于道）也。

"利用御寇"，给予教训，使之开窍。游说，釜底抽薪。

"上下顺也"，顺气。不顺气，即斗气；不斗气，得顺气。要有团体、有组织、有步骤对付。为寇，打不过即败战，打败就完了。

怎么来破"蒙"与"昧"？是自外找人帮忙的，或是买来补充的？要用"正"和"独实"。"正，性命也"，养性命，养正，则没有蒙、昧；独实，慎独，唯我独尊。不但不蒙，连"困蒙"都没有，独不远实。独立不惧（《潜夫论·德化》），何等神圣！不受任何情势的转变，不但独尊了，且不受任何人侵害。

要多琢磨，禅宗之成功，悟"话头"。

话头，就是追问自己一个问题，作为修行的一种方法。话，是语言；头，是根源。公案中大多是一个字或一句话，供学人参究之用，称为"话头"。如问："狗子还有佛性也无？"答："无。"此"无"字即是话头。参禅时，在公案的话头下功夫，称为参话头。

我每卦，都有整个悟。真悟我言，就有材料，活到八十岁，取之不尽，用之不竭。

蒙卦，蒙在什么地方？不知蒙在何处，又如何打开蒙而亨？蒙卦就"蒙亨"二字，知蒙之所在，才能把蒙打开。自开门想。如钥匙掉了，要以什么程序打开此扇门？必须懂思维程序，看如何能达到。机永不变，得完全吻合才能开。不合乎此门的钥匙，绝对打不开。思维与此蒙不合，永启不了。机，关键要同才能开，合牙。

"因而不失其新"，因，蒙，锁；新，合乎时，现在的钥匙，故曰"圣之时者"，因元，奉元。奉元，认祖归宗。懂华夏民族思想的原原本本。奉元行事，"天命之谓性，率性之谓道"。

讲学的目的在"复正"，《春秋繁露·王道》云："行正世之义，守悇悇之心，复正之谓也。"本元以复正，亦即以元为标准。"蒙以养正"，本乃立。蒙，没有新旧。不是蒙迁就你。不认识蒙，如何启蒙？如不知蒙在什么地方，如何启蒙？启蒙、养正、成圣功。"蒙以养正，圣功也"，此"正"是活的，以"保合太和"养。"拨乱反正"，要知"正"与"不"正，用"正"拨乱，必须"矫枉过正"，弹回后方能"复正"。

既"反正"了，就得"居正"，如人人都"守正"了，则天下都一于"正"，由"正"统天下，此即"正统"。"大居正"，则成"正统"。"正"，止于一。"正统"，即"一统"、"大一统"！"大一统"者，"圣功也"，亦即"奉元之成矣"，亦曰"圣功成矣"。孔子"志在《春秋》，奉元之志成矣！三个步骤：启蒙，养正，成圣功。

识"元"，元生共祖。"人之生也直"，直人就是真，人为即伪。天天在欲中活，所以要讲欲，必自人性入手，才能解决问题。"可欲之谓善"（《孟子·尽心下》），当其可之欲，适可而止，过与不及皆不可。欲，可节而不可绝，节，守其分，不逾越。

"天"，代表一切真理。"天"自"元"来，"乃统天"，元统天。要奉元行事。非不要这个"天"，而是"辟天"，自"元"下手。弄明白，一刀辟天了！奉元，第一个责任要发掘人性，了解、认识问题，思考解决之道，实践，觉行圆满。

"大易"与《春秋》是中国两部最重要的书，一为体一为用。历史代代演，代代有好人、坏人。学熊十力先生怎么想，切不切，深不深。看咬合，合不合。处理事，必须想到第一个问题是什么。理事有层次。

怎么用脑，使子子孙孙活得有人的尊严？真正实行得绝对克己，"克己复礼"（《论语·颜渊》）多苦！

自求多福，得有智慧。头脑一定要清楚，要谋子孙活得有尊严。遇事要善用智慧，了解要点，必须彻底明白了，绝对用得上。

我要自试，看在屋中读五十年书用得上否。有人如我之单纯，就在屋中读书？前人读书，多半为好名。虚无加上真华，妙文！可以修道，绝不可以索隐行怪。千言万语，在一个"真"字，不可伪。为什么会蒙了？要追求所以，才能打开。讲学要实用，头脑要清楚。

养正→居（守）正→大一统，大同，圣功。"大易"与《春

蒙卦第四

秋》相表里。养完正了，才可以拨乱反正。大居正、大哉、大明终始，用"大"字，乃最慎重处。"蒙亨"，人要知过，将来必成圣。袁枚风花雪月一辈子，享尽人间幸福。我受尽一辈子苦，要对得起自己，人不能白活。皆实学也。

注解，皆一家之言。宋儒以主观注"四书"。以注解当肥料，必须用智慧接纳东西。

一以贯之，必须依经解经。格致诚正修齐治平，乃八骏图。要下实际功夫，当作智慧读。要写心得，不动笔则永不明白。

《易经》讲"黄中通理""和顺于道德而理于义"。哲学即思想，思想得通，通人、通德。这个环境正需用智慧时，智慧不是专利。你是什么不重要，不能解决问题则什么也不是。主张不一，不是一无是处。必须练达怎么解决问题。要实际，必叫小孩到什么时候干什么。男孩必须有几分刚气，为人父母的须特别注意。知识分子必须用理智处理事情。读很多书，家如没弄好，完全失败。宠子如杀子，必须使小孩知理明理。黄中通理，则成就大中，至少必须懂得通理。言行一致，通也。

昏蒙，乃不知所之。你们不也是如此？学完，知道行的有几人？没有自主的智慧就靠大边，大边一转就小边、无边。

漂漂亮亮解决，头脑要清楚，要让后生站得住。皆为子孙谋，结果如何？

不是看热闹，而是看要怎么做。要好好研究问题，时不同，许多现象亦不同，"学而时习之"，合乎时的。明白，则什么事都办得好。

"以亨行时中也"，时与中，"中"乃祖宗传下，"时"是孔子经验的结果。"君子而时中"，何等境界！乃成功的步骤，与

易经日讲

"成德"境界已不同。

"险而止,蒙",此蒙乃已开蒙了,所以接着"蒙亨"。同志,志应也。"蒙以养正,圣功也",就说"亨",乃蒙亨的结果。

蒙时,如"山下有水"那么危险。遇险能停止,蒙就开了。启蒙,知险;无启蒙,就在险中。险在哪里?缺什么?少什么?做事必如此清楚,井井有条,一切不要受影响。人的智慧绝对是万能的,所以要培养智慧。

唐宋明时,江浙闽粤学风盛。常州庄存与(1719—1788)开一代学风,明末遗老开民族思想。熊十力开学风受多少打击。

用"太和"培命,"保合"养性。"保合太和"都养成了,即和合。二人即和合,即仁,"仁者,生也",必二人生。

用什么治世?中和,内圣外王之道。"致中和",表里如一,则"天地位焉,万物育焉"。"大易"与天地准,放诸四海而皆准。

没脑,焉能理事?现在每天就为钱争吵。要研究他为什么这么说?太平就成就圣功。层次必须弄清,必须下功夫琢磨。现已到开学风的时候了。《论语》中很多是给凡民讲的话。

每天问自己:"想做什么?能做什么?"依此修养自己,按己志设计。做事必须有律,纲要、凡例、条目。成就事业得知止,即先发心愿,有行力,要做既福国又利民的久远事业。最难的是知止,知止而后有定、静、安、虑、得,知止后拼命受苦,而后有成就。

"乐其可知也"(《论语·八佾》),政其可知也,什么都有开始,始奏。纵之,纯如也,杂而不乱。有几部曲,一步骤一步骤的功夫。

蒙卦第四

"类",分之本。分完,必"等异之",可使大家觉得公平。"分",必须分得公平,"不患寡而患不均"。"群"与"分",群对外,分对内;分层负责,"等异之",不可以有半点私心,净划小圈子。

社会发展有一定的轨道可循,冷静按轨道推,都可以"先时"。机敏活络,神乎其神。读《孙子》,贵乎会演阵。

民胞物与,皆自"元"来的。"自强不息",则与天合其德;"厚德载物",则与地合其德。"大人",是"王道"之实行者。"王道之始",孝、慈、义;"王道之成",智、仁、勇,乃成功了。皆在乎行。

九圣雄图,"首出庶物,万国咸宁"。"先迷失道,后顺得常"。文起钦定之衰,实事求是。自根上开始,奉元行事。

总纲:"述九圣之雄图,宪华夏之令典。学校钦定之枉,道正率性之元。"以此作为标准。九圣:伏羲、神农、黄帝、尧、舜、禹、文王、周公、孔子。雄图:"首出庶物,万国咸宁"。"先迷失道,后顺得常"。

"秉大至之要道,行礼运之至德。拨乱反正,胜残去杀",此治中国学问,立说。

治学:一、博。边浏览边做卡片,每天都按规定做。二、想。必须读书,不在乎一天读多少。三、时事。看报,必须限时间。四、立说。每晚必须有立说时间,不断地改。贵乎持之以恒。历史如镜子,必修至心中无一物,迎而不将,才能当批判者。

"文王既没,文不在兹乎?"每个人都有文,乃性之用,即道。"文武之道未坠于地,在人",文道、武道都在每个人的身上。

"蒙以养正",什么是正?有正,不使丢失,故要养正,非自外搬来个正要养。每个人都有正,"各正性命"。性命是什么?非形而上,乃讲体用。

中国人的气魄,"为天地立心,为生民立命,为往圣继绝学,为万世开太平(立大命)"。体,性;用,命。遇难事自杀,断自己的命。何以尽讲立命之事?《大学》《中庸》讲体用之学。有成就者为生民立命。"天命之谓性",即体,"致中和,天地位焉,万物育焉"。不养正,能成大人?一开始,即学大。《大学》讲"平天下、天下平",《中庸》讲"天地位焉、万物育焉"。

孔子的话最贴切,"不患寡而患不均",均产,除天下之患,用"联"达到"均"。"又一村"要来个"均天下","天下一家,中国一人"。"均无贫",均就无贫。

我们是道济,不是慈济,因为要育德,育德的方式不一。将亚洲联在一起,真为人类谋幸福,智周道济,裁成辅相。

养正、养性命。性命之学自哪儿来的?《孟子·尽心上》称:"莫非命也,顺受其正。是故知命者不立乎岩墙之下。尽道而死者,正命也;桎梏死者,非正命也。"《孟子·尽心下》云:"口之于味也,目之于色也,耳之于声也,鼻之于臭也,四肢之于安佚也,性也,有命焉,君子不谓性也。仁之于父子也,义之于君臣也,礼之于宾主也,智之于贤者也,圣人之于天道也,命也,有性焉,君子不谓命也。"知性与命才知"保合太和"。"天命之谓性",命,有正命与不正命。桎梏,是形容词,非指刑具。命,非绝对命,有性焉;性,非绝对性,有命焉。性命之学视如何用,要知其所以,必须细读,细究性与命的关系。得有点做学问的样子了,才能读点书。天下无易事。

存己性,养己性,即事大本。命是用,有大智,可为生民立大命。立命，专指用说，修桥亦立命。性，是体，养内则外不会跑掉。立德、立功、立言即立命。"蒙以养正"一句，就可以写一本书。

何以不说"蒙以养性命"，要说"蒙以养正"？"先天而天弗违，天且弗违，而况于人乎？况于鬼神乎？"要奉元行事，因"大哉乾元，万物资始，乃统天"。自己行得正，还怕什么？

要按层次读，下功夫可以增长智慧。"为生民立命，为天下开太平"，并非至高境界。最高境界是"天地位焉，万物育焉"，"致中和"的"致"字是功夫。入手处乃"喜怒哀乐之未发，谓之中；发而皆中节，谓之和"，即用，时也。要叫天下人皆"发而中节"，可不容易。

《大学》《中庸》皆讲性命之学，但是层次、方向不同。做学问，如同剥竹笋，得一层一层地剥。按层次，绝对达聪明睿智，结果"神武而不杀"。

为天地立心，"复其见天地之心乎"，用什么为天地立心？用"复"，但非复活，是"一阳生"，"复其见天地之心"。地雷复（☷☳），天雷无妄（☰☳，诚），"诚者，天之道也"。"一"在中国思想中很重要，孔子"改一为元"，董子"属一系元"。孟子以孔子"贤于尧舜远矣"，但其"道性善，言必称尧舜"，实不如董子。董子不讲"性善"或"性恶"。"大学之道，在明明德，在亲民，在止于至善"，诚意、正心→心正。必须受用，否则不能变化气质。看《大学》《中庸》，才知其所以然，懂性命之体用。

几千年的《春秋》注解，都隔靴搔痒。我自艰苦环境斗过来，故懂得深。我写的比讲的多，讲的不过是几分之几而已，你们自己要整理笔记。我天天坐在屋中琢磨,第一步内其国,给人类写的。

我命中缺金,取"鋆"。我家,三代四口人。

一爻,一个环境、一个事件。卦,是一个整体。八八六十四卦,每卦都有连续性,看《序卦》。常想,问题愈想愈多,可以愈加完整。将《易经》讲成卜,罪孽太重!好欲、财、色,皆桎梏,尽在桎梏中,就想捡便宜。我依经解经,与别人所讲不同。中国东西无价之宝太多。长于思维的智慧,绝不索隐行怪,标新立异,要依经解经。

蒙卦第四

需卦第五

（水天需 坎上乾下）

坎为水，乾为天，水在天上，需也。

需，须也，有所待也。"必也临事而惧，好谋而成"（《论语·述而》），盲目冲动做事不易成功，为后遗症忙，比正事还忙。要明理、识势，通其理，识其势，"明其道，不计其功"。识时而后动，有万全把握，不急躁，但恰到好处不易。

《序卦》："物稚不可不养也，故受之以需。需者，饮食之道也。"

有男女，就生；生，必得蒙。蒙不蒙，都得吃。人必有所需。需，饮食之道也，"食色，性也"，代表人的欲、情，与生俱有的。

都有所需，继之以讼，私之至也，不得不争，但领导人争利就完了！有权有位，绝不能与民争利，否则乱。

《杂卦》:"需,不进也。"

需者,不进也,戒之以不进也。须也,"盖有待也"(欧阳修《泷冈阡表》),有所待,不抢先,俟时。因在理与势上,不得不需也。理势不得不需者,"势"字含义特别深。理势即体用,乃接着性命之体用而来的。看不到的,形而上。

一部《易经》即谈理势。理势不得不需也,事与时合,体与用合。识时,用事得好好想。讲书贵乎实用,用不上即非学问。纪晓岚主编《四库全书》,但亦非学人,专谈怪力乱神。再聪明,没诚信,绝无成就。

等,真等,了解理与势,有此智慧,必真了解环境,才知要等多久。真知理、明势,能俟时则知机,就一举成擒,武王"壹戎衣而有天下"(《中庸》)。宇宙即理与势,合理则造势,必这么办,否则失败。

圣人不能生时,时至而不失之。等一会儿,因时没来;时来了,则不失之。需,等一会儿,即成功之母。一般人没有等一会儿的修养。

怎么培养有知?爱祖国,什么都能过去。

时不同,人的见地也就不同。有了象,可以按象发挥自己的智慧。政治亦有象,谈政,乃根据象。人有人的象,见人看相。都有象,有高深智慧者可据此判断。如好进,但遇前有坎险时,应等一会儿,慢一步。

等一等,慢一步,不在快慢。盲目地跑,既不识时、明势,更不知理,扯一阵,白扯了!

孔明在卧龙岗,俟时也。刘备批评曹操诈,自以为仁,以仁作号召，但三国中何以蜀最先亡国？

曹氏父子皆高才，但谁也不让，"本是同根生，相煎何太急"？最后，被更诈的司马氏捡去了！聪明过火，就是傻子！

需，等一会儿的智慧与耐力。司马懿训儿子："小小年纪知道什么？"老家伙遇事，懂得需。

需，有孚，光亨，贞吉，利涉大川。

"需，有孚"，得有诚信，"诚于中，形于外"。临事而信，不自欺。不欺人，有诚信，别人才会相信你。

"光亨"，"光"，对黑暗，只要有缝必有光，无私。光的作用多大？容光必照，无所不至，什么也挡不住，当然亨。

"贞吉"，"贞"字最可怕，最难守，得正固，不论环境怎么变迁，"不易乎世"。贞节，有分寸，绝不逾越。

一个人有了自信，然后必能光。能守正固之道，自然亨、"贞吉"。其利在渡一切艰险，艰险患难都在需中，你需人亦需。

《易》常用"利涉大川"，以当时环境取譬渡一切难关，什么困难也没有了。

"有孚，光亨，贞吉，利涉大川"，影射多少道理。光亨，得无私，才能亨；贞吉，得固守，永不变，能至此境界，前有陷阱，亦能渡过。

光华，日月靠"光"华天下，"在明明德，在亲民，在止于至善"，明德不得了，得"光"明德，"大道之行也，天下为公"。中华，以中道华天下，是"喜怒哀乐之未发"的修养。

需，饮食之道，人人都需，得"有孚"。孚，信在中者也。人大多是自私的，有好东西自己吃，无孚之人独占，侵占别人之所应有。杀独占者，因其无孚，独占资源，伤害别人。"不患寡而患不均"，"均无贫"，大家在精神上有同一的满足。

自信，是自识理、识势、识时来的。今人一做事，即面对欲，尽把自己放在前头。想结婚，得尽人的责任，不可以败家，要好好安家。

做事必须有计划、有准备。有文事者必有武备，有武事者必有文备。"不可为典要，唯变所适"，要适理、适势、适时，然后才能办事。

识理、明势、俟时，知道怎么做"有孚"。对自己没有信心，哪能"有孚"？人要是没有自信、无自知之明，焉能成功？无计划、无预备，如何求成功？

我所讲，在使你们马上知道怎么做事，所以分析得比较清楚。

《象》曰：需，须也，险在前也。刚健而不陷，其义不困穷矣。

有智慧知险，能等一会儿。盲人摸着走，遇有不平处，就等一等，不继续往前走，因险在前也，知悬崖勒马。

一遇险境，最低境界还要说风凉话，"君子亦有穷乎"？高一点则说"危邦不入，乱邦不居"。不知陷于险，日后才知，必须"动乎险中"，不能等，才能"大亨贞"。

人要懂得"待"，非成功不可。等待迟到的朋友，苦！明理、识势能急？中国菜做法皆差不多，功夫到，味道不一样；功夫不到，不懂得其理。不到时候，绝不下手；时到势临才做，懂得"需"，懂得什么时候停。有许多人等了一辈子，姜子牙是知需之士，得天独厚，年龄帮了他。未等到，未成事，但也不失败。"需"不是简单的功夫。说：读七年书，才懂得一个"缓"字！读书容易，明理衡事为难！懂事再求学，来不及了。

你们好好努力，要把持得住，必须活得有尊严，必须有智慧。需，最重要的得有孚，诚信。

焉能认贼作父？我要和人在一起。为生命保存其清白圣洁的人格。以良知衡量，以动机论。

我在夹缝中不被枪毙，还能坐在屋中骂，岂不是高手？骂我的都怕我，知其狗扯羊皮的事，但我有德，绝不泄他的底。许多人为达目的，可以出卖你。

知险在前也，知道下一步要怎么做，能"刚健而不陷"。刚，无欲；健，自强不息。为己所当为、为己所欲为，不做有权势人的走狗。名垂千古的唯德，唯德常存。

用需之道，不止保养身体而已，还要培养智慧，刚健不能陷，因待，须时而进，"隐居以求其志"（《论语·季氏》）。"动乎险中，大亨贞"，不敢迈大步，试探着走，还要不失本色，大亨贞。"其义不困穷"，不困于穷途。穷，没有前途。

《春秋》之志在拨乱反正，必识乱了，才能拨乱。社会之乱，识乱之源，才能有下手处。小孩必得启蒙，那蒙之所在是什么？启蒙了才有亨。

需，有孚，光亨，贞吉。位乎天位，以中正也。利涉大川，往有功也。

面对自己，有自信心，有光明普照之德，才能成其大。

能处理得当即大学问，使子子孙孙过得舒舒服服。脑子要懂得分析。人家怎么做，我们知道怎么做，有对策。办好，皆大欢喜。对策岂是闭门造车？必分析清楚，对了才叫策。必知敌，不知敌，焉有对策？

不反感就尝一尝，可给你改进机会，此即知敌。人办事，绝离不开其习性。性相近，好处理；习相远，最难处理。

分析孔子得特别清楚，才知中国思想之失。知孔子忙一辈子，干些什么？自察微、识微入手，到慎独了，天上天下，唯我独尊。

缘，佛"无缘大悲"。练习有缜密的头脑。

凭什么"位乎天位"？因中正也。有那个地位，应明白是怎么来的。如有德，则行有余力；如当奴，则无自主。

需，属于智，知险在前也。"九五"有中正之德，刚健中正，故有自信，能"光亨，贞吉"，"往有功也"。"蒙以养正，圣功也"，内圣功夫；刚健中正，往有功，外王之德。

认清环境，才"往有功"。想成功，一要看清环境，二有利用环境的智慧。许多人坐而言，不能起而行，没用！利用环境，一回生二回熟，必须锻炼自己。必练习能做事，不要做书呆子。

往有功，往前奋斗，绝对成功。得有几成的智慧，才能"往有功也"？一切操之在己。在做事之前，有无考虑如何一个步骤一个步骤去做？

21世纪世界经济是中国的，文化也是中国的，我要顽石点头。义干，贞干，真干。人活着，得有事干。"礼失而求诸野"，我不要有"背景"的学生。从头至尾学，读书有层次。

必练达，培养自己。"天地设位，圣人成能，人谋鬼谋，百姓与能"(《系辞传下·第十二章》),圣人成能,百姓才与能。不笨了,还要细心。不懂得设计于事之未发,则会有后悔。实学,面对问题,解决问题。

有些人的毛病是绝不能合作,见利,绝对忘义。曾文正每天自讼,检讨自己错误在哪里,成功了。有德者存。

《象》曰:云上于天,需。君子以饮食宴乐。

无云不雨,就没水。"云上于天",不能马上下雨,待时。"云行雨施,品物流形"。

等时,干些什么?君子以云雨之施,得饮食宴乐也。"宴",安也,安才能乐。饮食养其体,养身、气;宴乐养其志,养性、心。"读有用书,养浩然气",留得青山在,不怕没柴烧。

"君子以",《易经》重要的三个字,切于生活日用。君子以需之道,"饮食宴乐"。需的结果能"饮食宴乐",何以至之?至少得不废农耕。懂得"饮食宴乐"四字,则知责任之重。需,"盖有待也",不随波逐流,难!

同学每天有宴乐?"人莫不饮食也,鲜能知味也"(《中庸》),唯有《红楼梦》里的贾母知"饮食宴乐"。岂能叫无福之人独占?故君子必慎其独也。因不慎独,故占人之所有。"杨氏为我"(《孟子·滕文公下》),慎独也,在其位必谋其政。

《列子·杨朱》:杨朱曰:"伯成子高不以一毫利物,舍国而隐耕。大禹不以一身自利,一体偏枯。古之人损一毫利天下不与也,悉天下奉一身不取也。人人不损一毫,人人不利天下,天下治矣。"

需卦第五

华夏社会，天下一家，中国一人。天下资产应共有共享，"生而不有，为而不恃，长而不宰"（《老子·第五十一章》），所以"大人者，与天地合其德"。

我们每天乐过吗？有些人"饮食宴乐"一无所有，饮食都没有，宴乐更谈不到，不过是两条腿会动的动物而已，两条腿的生活不如四条腿，深思必革命。中国人的乌托邦——华夏社会，大同社会。

读完《原儒》，有志必往上奋斗。无志不必读书，否则读书最没出息，既不能享乐，又不能利人。读书为利他，得有群，群力始有群策。人必须知自己为何而活！

每一卦内包含一切，只是参考，受启示，"不可为典要，唯变所适"。

断一卦，至少得看四个卦：本卦、错卦、综卦、中爻卦。"非其中爻不备。"我不语怪力乱神，不讲断卦，想做至圣。

中国人从"统天"到"御天"。乐其安乐，安乐，意境太深。安仁，安于一，"造次必于是，颠沛必于是"，夷狄必于是。乐，非外面所指之乐，境界高，安乐以养其心志，不改其乐，一切皆在其掌握之中，即御天，"时乘六龙以御天"。愈多读古书，愈信"嗜欲浅，天机深"，今人都想不到！

伯夷与姜太公，二人有何不同？伯夷叩马而谏，反对以暴易暴，故"义不食周粟"。殉仁，求仁得仁。

易学，与你无关；学《易》，才与你有关。奉元，不叫学元，学与奉，一个动作，但恭敬的心不一样。元以后产生的思想，即夏学，夏，中国之人也。元发挥作用，百家争鸣。

既没有来生，此生何以要白白活过？圣人与天地争短长，常人与现实争短长。

过去的钦定、御批能够再读？应当肥料用。熊十力知中国应走向自由、民主，开始把整个六经否定。

熊十力在《原儒》序中，以《原学统》卷，要审定六经真伪。悉举西汉以来两千余年间家法之墨守、今古文之聚讼、汉宋之嚣争，一概摒除弗顾。独自汉人所传来之六经，穷治其窜乱，严核其流变，求复孔子真面目，而儒学之统始定。

我们跑第二棒，要为人类争短长，求人类的和平。中国人有最高的思想——大同。元的圣功——大同，"性相近，习相远"。

《春秋》是什么？孔子见过《公羊传》？做事不可以似是而非。愚人惊梦，天天在似是而非中过生活。谁能有用，谁就成。懂得渡过难关，才能为人们谋幸福。能自求多福，才是智慧。

初九。需于郊，利用恒，无咎。

"初九"阳刚得正，处需之始，不冒险前进。

无论到哪儿，行远也得自迩，层次问题。

"郊"，城外；"野"，郊外。郊游，非野游。看没把握，不冒险前进，远远地在郊就待下。知整个大环境是"需"，开始就得等，才不出车祸，好汉不吃眼前亏，不正命而死。"需于郊"，其利在能恒，行健，非在打瞌睡。人的恒德最难！

每字都不落空！有先见之明，缓行，还得"用恒"，才至"无咎"！哪有什么都没做就要成功的？净想"好事不要忘了我"。

"恒"与"健"，有何不同？"恒"，恒产，恒心。"健"，奋斗不息。"恒"，关乎心的作用，"无恒产者无恒心"(《孟子·梁惠王上》)，经济的力量，财力足。达到"饮食宴乐"的目的，先得有经济力量，"利用恒"。

"利用恒，无咎"，恒其德，太难！道理都懂，但守不住。长寿的秘诀特别简单，难在不能持之以恒。人必得"利用恒"，其利在于恒，不可毛躁、性急。知前车之鉴，可是不能改。吸取历史教训了？有些人见利就忘义。

昔尸体用"金缕玉衣"包裹，因为认为玉珠子可防虫，可使尸首不烂。皇家备用棺木多，但崇祯帝、光绪帝最为委屈。

持之以恒，否则朝不保夕。蒸馒头，不到时，失应；再蒸，永不熟。一事弄坏了，十年亦补不回。

《象》曰：需于郊，不犯难行也；利用恒无咎，未失常也。

"需于郊"，前有难，再往前走，即侵犯了难。环境逼得人必到郊外等，因为绝不犯难而行。"不犯难行"，"需"的成效。书读百遍自通，直接自经文会，不必再看注解。

不自找麻烦，"不犯难行"，有患难环境才能造就人，在苦难中增长智慧。戒急用忍亦得识时，做事等待、俟时，在社会上不能犯难行事，群策群力群德，必须养成群德。

其利在能用恒，"不恒其德，或承之羞"。未失常，人成败就在一刹那间。"利用恒"何以有利？因为未失常。"常"，涵养万千，"需"与"常"相应。心理平衡，不失常。从"恒"到"常"，两个情境。日常，平常，家常便饭。知"恒"与"常"的不同，才能用恒、常。守为人之义，安天命以自安。

经济学的"常"，即《大学》所谓"生之者众，食之者寡，

易经日讲

为之者疾，用之者舒，则财恒足矣"，是自"不失常"来的。

读书，要冷静地读，冷静很重要，要以正知正见领导社会。好好训练自己，不要习以为常。所见所言，都得有物，言中有物。人能守住太难！在人群里就得挨骂。

"新"的果实，才合乎现代人的口味，做学问也得知味。不识中国字，如何教中国书？根本不学，没脑学了也没用。

学《易》：一、天行健，自强不息。二、厚德载物，无所不包，无所不容。三、智周万物，道济天下。四、做法：裁成天地之道，辅相万物之宜。五、时乘六龙以御天。御天，况人乎？六、不卜而已矣。"不恒其德，或承之羞"。反对怪力乱神。这六句话如记住了，天天忙不完。

有多少人认贼作父，知耻？是人，必有人格。

第一件事要养智，智周万物。空想，能做人物？要自大处着眼。

什么都不能，还想成事？知眼前事？要活得有价值，找一方向。做人，不是做畜生，净为嗜欲生存。奉元，第一个责任是发掘人性。没有人性能做事？自以为不错，根本是高级要饭的，文丐。要有奋斗的目标，活着不能光前，也不能裕后，就会问题百出。

天下平，《大学》"人人亲其亲"，《中庸》"君子笃恭"，真诚地不懈于位。有了方向与目标，设计如何做。一个人必须有专学，引领人类的思想，自发掘人性入手。一个政治家必是哲学家。必知自己的责任，知为何而活。不必坐这山望那山高，见异思迁。定，不见异。有生命，至死不变。学文史哲的责任。

"礼烈亲王"，代代不可丢掉"烈"字，我看不起不努力、

需卦第五

取巧之人！不知为什么而活，扯什么？不盲从，要分析，用知识。正人君子所说的好坏，更是要注意。欲望无穷，却不知造就自己，能有志？

用什么学？有方法？留心时事，才能做现代事。得分析：何以好事找上我？可知别人想拿你当什么。做事，改变自己人格，得有勇气。如只显自己能，而不考虑于别人是否有好处，就失败了。

中国人专讲"生"的学问，懂事就学生，难道还学死？学生，才不失常。中国人真会生，临死犹植树，说"前人种树，后人乘凉"。

同学要懂得智、仁、勇，人必得活下去，等死是废物！多少人都失常，要出家，索隐行怪，其苦自知。

九二。需于沙，小有言，终吉。

"九二"阳刚中正，居柔守中，不冒险以进。

"需于沙"，看得到，有人批评。"需于郊"，在远处，没人批评。

接近人群，更得有主见，"小有言，终吉"；没主见，谁都可以弄垮你。善意之言、不负责任之言……究竟听谁的？自己必须有定力。不要以为做好事，就有人为你说好话，人皆有嫉妒心，不能听那个话，有人骂你、批评你，你未失德，就应自喜。有人骂你，你可能就差不多与他齐了。看谁骂你，你就与他不远了，是衡量你身份的时候。

我，人骂人夸，都不动于心。

社会上什么人都有，一言以为智，一言以为不智。

《象》曰：需于沙，衍在中也；虽小有言，以吉终也。

"需于沙"，处于艰难之境。

"衍在中"，河中平坦之小沙滩。福隆有沙、衍、泥，所学在那个地方都可以找到。遇水，有衍，就可不失。有衍，就可借高骑驴。

你做事，人看了不舒服，"小有言"，小言，薄言、闲话。"虽小有言"，我的心中平坦得不得了，外边的小言小语都没有关系，批评不怕，"终吉"，不坏！按自己主张，干到底。什么都会过去，但真理只有一个。冷静很重要！有自知之明，心理平衡，自有主张，"筑室道谋，三年不成"。遇事，自己必须有沉静的功夫。

问，关心者，有所偏僻；不关心者，随便答。遇事，必须自己有沉静的功夫。如有亲人，还会遇危险？一个人过，连说话都得有限度。

九三。需于泥，致寇至。

"九三"阳刚，动爻，居乾健之极，前有坎险，灾已切身。

一家之言，视智慧之高低。闭眼想：需卦讲些什么？一爻一世界，一爻一宇宙。象，得用智慧读。都一个东西，视人如何认识、运用。盗、寇、侵、伐、袭，社会上就这几个步骤，无论是盗名，或是盗利。

"需于泥"，"胡为乎泥中"，何以要在泥边走？如在水边等待，怎会惹寇来？需于"震"，"致寇至"。"致寇"的环境、方法不一，但皆"致寇至"。怎么弄你，你都没有反击的机会。

需卦第五

已至"致寇至"了,随时可以置你于死地。

天怒人怨,"天明畏自我民明威"。吹牛,必败也。我说话,绝有所本。要真明白书,不要自欺。打好基础,天下无白捡的事。

《象》曰:需于泥,灾在外也;自我致寇,敬慎不败也。

灾在身外,三爻,一过即近坎险。有这个环境——泥,就可惹寇至,主动地请客人来。灾在外,倒霉!一脚踩到泥中,因没智慧。处事最好的方式,防患,应少说话、闭嘴。

何以"自我致寇"?"慢藏诲盗,冶容诲淫"(《系辞传上·第八章》),招寇至,"自我致寇"。药方:"敬慎不败也。"敬,"敬事而信",执事敬,指"用"说,外王;"慎",指"体"说,内圣。自大处着眼,有厚望焉,否则寸步难行。到任何环境皆必"敬慎","终日乾乾,夕惕若,厉,无咎"。

真明白我所言,《易经》你们还用得上,是智慧产物,非文字。《易》永叫人有希望,以"未济"终焉。但得"敬慎不败",少说话,不说话。"敬慎"是功夫,绝不可马虎。

用需之道,不只保养身体而已,遇事等一等,未失常,未大失。做事一定要有步骤,有所准备。智仁勇、胆量识,缺一不可。深思熟虑,不可情之所至做事,而是要有点耐力,往前奋斗。先看清,而后有耐力。每天以时事印证智慧,遇事不能不用思想,看戏也必懂得戏文,随时测验自己。

乱世时,必须除奸,有内奸——奸民,有外奸——奸国。我写除奸之道。不能除暴安良,永远达不到大同。孔子一上台,即诛少正卯。《荀子》中指出"五种人必得杀"。

《荀子·宥坐》：孔子为鲁摄相，朝七日而诛少正卯。门人进问曰："夫少正卯，鲁之闻人也，夫子为政而始诛之，得无失乎？"孔子曰："居，吾语女其故。人有恶者五，而盗窃不与焉：一曰心达而险，二曰行辟而坚，三曰言伪而辩，四曰记丑而博，五曰顺非而泽。此五者，有一于人，则不得免于君子之诛，而少正卯兼有之。故居处足以聚徒成群，言谈足饰邪营众，强足以反是独立，此小人之桀雄也，不可不诛也。"

什么都得过去，真理就一个。人必须真有德，没有德绝不能成事。千万得守得住。

熟能生巧，"思之思之，鬼神通之"！在中国思想上下功夫，必须有步骤、有系统。

中国学问必得另辟天地。时代又变了，必按今天的知识讲，小孩才懂。

读历史，也是为今天而读，不是为古人做化妆师。所写论文，与现在有什么关系？都为今天学，借古人智慧启发我们今天怎么做事。

有些人想尽办法得洋博士。我却不然，培养北大博士，闻中国气，百年大计。人应求实质价值。你们遇到问题得领悟。人贵乎有志，要找同志。

佛教最了不起的观念：无上正等正觉。修一辈子，就为这几个字。有志，不在年高或年少。要培养正知正见，每天要面对现实，人不是古玩。

何以在泥边走，就"自我致寇"？每天读书，练达智慧，使反应敏捷。寇来，应使之达不到目的。一步错，不可步步错。

要造就接班人，必须懂得什么是根，"物有本末"，绝不可以本末倒置。

都"需"，但等待的层次与环境亦不同。人每天面对的是环境，环境变了，穷则变，所以，应付环境的层次与方法亦得变。小孩懂事就会应付环境，许多事并不神秘，在本能上就会了。

"天下本无事，庸人自扰之"，懂得关键，就不招惹是非。话说太多，不发生作用，还惹是非。要少说话，左手的事不叫右手知。我现在出门把手环拿掉，因不能"自我致寇"。无自知之明，怎么成功？

每一爻都要活活泼泼地读，则读任何一爻都成功。万法由性生，因性生万法。屡次碰壁，还不懂得改，不知怎么应付环境。能应付环境才是智者。

智慧是与生俱来的，学问是后天学的。智慧要培养，一个人没有智慧，什么也做不了。思想、学问何以没能改造你与生俱来的欲？可见控制有多难！有象，根据象发己之智慧。出门看气象，有高深的智慧，可据此判断。象，并不是固定的，《春秋》称"况"，为天地之始。

六四。需于血，出自穴。

"六四"交于坎，已入于险。

"坎为血卦"（《说卦传》），坎（☵），血之象也。血，伤己伤物，两败俱伤。已入于坎险，故有"需于血"之象。"六四"当位，虽已在穴中，犹可出自穴，此即《易经》给人无尽的盼望。

"需于血，出自穴"，其中有关键。"需于血"，一个环境；"出自穴"，走出的一个环境。两个环境，两个时，两个机。血里就是战场,但不一定是绝地。

时乘无尽之变,以御天下事。有许多机关你们没注意,在许多事上,都关系到前途,可不是简单说的。要唤醒良知,不要净做不好的事。

看人世上的争,真是无法形容!有争的工夫,何不好好造就自己?既有雄心,必展长志。如没有雄心,做什么都比做"文人"好,得有智慧,不必勉强。

《象》曰:需于血,顺以听也。

朱注:"血者,杀伤之地。"错误!听,听事。"顺以听",绝没有动刀,才能履险而不险。

想做事业,得先了解大环境,即使到战场了,犹可出穴。必须有"顺以听"的功夫。一个"顺"字,不可有自我主观。顺时、顺机、顺环境、顺自然、顺情势,在什么环境知道怎么对付,但得顺之,不可逆环境。应世必须有智慧,才不招无妄之灾。智者不怒,智者利仁,智者乐水,知人者智。

人最低要存一念之善,不要天天用机心。我恨青年没有自己的主张。读书绝非一日之功,必须心平气和,慢慢地读。看注,看其人的思想。练习想问题,遇事要怎么反应。

要练达反应快,不用想,看完马上做出判断。什么都学,但绝不被人利用。学会锻炼脑子,得常想,反应特别快。

先检讨上一步的得失,再走下一步,躲开失败的路子。

昔日以八卦象一切。了解位、象,即了解环境,就有应事之术。道一样,术可不同。都读兵法,但用的方式绝对不一样。了解客观环境,用智慧解除主观的错误。

只要是智慧的东西，照单全收，然后做成堆肥。以元为种子，自己做园丁。另辟天地，天地之始。一切东西都在天地之中，"无不持载，无不覆帱"（《中庸》）。

九五。需于酒食，贞吉。

"九五"阳刚中正，最好的一爻，但应而无与，因"九二"亦刚。

因为当令，"位乎天位，以中正也"，有资格吃酒食，优游自在，不多事以自扰。守中正之道，恭己正南面而已矣，无为而治，顺自然而治天下，"率性之谓道"。

九五之尊，首。事必躬亲绝不能成大事，清帝控制好八大军机即可。管太多，事必停摆，何不分层负责？

人一生，必须干几件正正当当的事，有智应世，"惠而不费"（《论语·尧曰》），不多事以自扰，无为而治。无为，顺自然。天下本无事，庸人自扰之。

事，有利就有弊，应进可攻、退可守。做事必想到进退、成败，才有转圜余地。中国人"以柔克刚"，受道家影响大。一个人有智慧，是天生的。灵活，跑得快。至少左右的事要通。

《象》曰：酒食贞吉，以（因）中正也。

"酒食贞吉"，饮食之道不正，怎会有吉？

"以中正也"，当令、中正，人要不中正，就不能以天下养天下，使人人尽得其食。天子要养天下，唯中正才能拿天下养天下。

历代帝王都拿天下养自家。康熙帝读书超过常人，才能开盛世,可是他的后代子孙不争气,到最后连横竖(十)都不知。不知十,不知宇宙间的事;如知十,就无所不知了。

昔日家家供天地:"天地三界主,十方万灵神。"供元神,《春秋繁露》有《立元神》篇。三界,宇宙;十方,四方(东西南北)、四角,加上天地。

不要贪,死后也带不走,过分不好。什么地方都得用脑。为儿女留下万里江山、千军万马也没用,我绝不给儿孙留一分钱。有钱,最后连败家子都没了,千万不要贪。我不迷信,但特别相信因果,种什么因结什么果。一定要守必需的德行。做事不欺心,没人知不重要,你心里知道。

我讲学,法施也,所以讲得仔细。奖学,力之所及;热爱祖国,责任"内其国,外诸夏"。中国人聪明,做事有步骤,三世义:"内其国,外诸夏;内诸夏,外夷狄;夷狄进至于爵,远近小大若一。"

公侯伯子男,代表责任,长子主器,公子公孙,尽责即德。中国人一举一动,代表民族思想。

上六。入于穴,有不速之客三人来,敬之终吉。

"上六"阴爻居阴位,居险之极,已"入于穴"。

"入于穴",正盼有人来,不速之客来。"有不速之客三人来",三,多数。三、九皆虚数,见汪中《述学》。三人,下卦三爻。

"入、来"二字,含义深!天下同春,万物皆生。值得深思。

人人都需、都要,还用你请?不请自来。不速之客来,怎么"敬之终吉"?好好研究。是见之即磕头,还是有步骤?得

需卦第五

以道，有方法、层次，且有对象。敬，体其所需，送东西要注意，按其所需敬之，迎其所好。

人最难防的即不速之客，搅乱整个局。无形的不速之客，满怀心腹事，尽在不言中。"敬之终吉"，做人必须厚道、宽厚。知权变，圣之时者，识时务者为俊杰。

来多少，都能供给。丰衣足食的时代，办流水席，谁都可以来吃，真是"饮食宴乐"！

《象》曰：不速之客来，敬之终吉；虽不当位，未大失也。

不速之客，敬之终吉，"敬人者，人恒敬之"（《孟子·离娄下》），终吉，即使不当位，亦未有大失。

做人必须厚道、宽厚，若依赖在一人身上，就易落空。

受困了，读书得启示，终生不能忘。我读《易》，颇受其益。

想不到的事有多少？敬慎、戒惧，最后也不过"未大失也"。

第一步顺情欲，"六爻发挥，旁通情也"，缘人情，制礼义。"时乘六龙以御天"，时、位。"黄中通理"，此时才得到理，自通情起，通情达理。从入手到结论，中间怎么去得？必须懂万物之情，才能解决问题。得其大中，才能通理。

了解主事者的想法，尤其是其个人背景。通到极，环境都了解。开会，即知对方第一句要说什么，应世自如，至少有七分胜利的智慧。

知险，可以拯溺，此为目的与责任。本末之道，拯溺为末，了解水性为本。知险，可以挽回芳心。遇事，都不可以掉以轻心。

"可与适道，未可与权"，权变，知所以用理。儒家之学，

易经日讲

就讲一个"时"字。学孔学，第一个在知时。

必须养勇，还要有群德，想成功，不可以跑单帮。团体行动，绝不会一无所成。失掉政治伦常、道德，证明没有智慧。

四大名序是什么？《太史公自序》必看。

四大名序：《史记·太史公自序》、许慎《说文解字·序》、杜佑《通典·序》、欧阳修《新五代史·伶官传序》。

必须想到别人想不到的，才能先走一棋。都读《孙子》，谁做事用《孙子》了？写书容易，会用太难！走之前，预备两套方案，半套也没用上。方案用不上，拿出的机会都没有。用什么方法突破？

突破你们的脑子（环境），比什么都难！有了学历，还要有经历。有大志得要有脑子，必得好好练。

罗贯中的《三国演义》捧蜀汉，事实上蜀汉是三国中第一个亡国的。成方子多，就不学，什么也不知。一卦明白，也可以治国平天下。

认识自己，有自知之明，才能对付别人。能尽己之性，才能尽人之性；能尽人之性，才能尽物之性。

戏法都一样，就看会不会变。声东击西，叫你们明白一件事。老师不会替你们读书。老子能，并不代表儿子能。不会唱戏，可不能不懂得戏评。唱完一角，马上懂其下一步如何走。釜底抽薪可得有实际东西，不能空的。既有深交，如无厚利（宝贵的条件），怎么会转向？自一事可以引申很多。

你们光有野心，没有方法。一件事可通很多。想做事，不

需卦第五

能不有心机。人要倒霉,什么不顺利的事都来。

撑不住,因为没有修养,忧乐皆形于色。得知其所以然,才用得上。我一听到消息,马上知道怎么一回事,一点即通。处处要用心,不用心绝不行。遇事,要勇于面对,必须多学习。

读书有步骤,也有层次。一卦明白,都能应世(事)。"大易"与《春秋》,在使人成龙、御天,绝非捉迷藏。我的"大易"与《春秋》注,绝对超过"帝王师"!我来台后,除"长白又一村"的事,什么都不做,悟了!多少真文人写的书都没传下去,真人才不知被埋没多少。读书人第一件事先树立品格,否则不足为学。

你们必须按部就班地读书。一个有阳刚之气者,能居柔守中多不易!要懂得怎么利用环境。有智慧,人说东马上懂西,如常山之蛇。玩味,才能进步。必须懂时事,圣之时者。

"童蒙求我",求什么?启蒙,启什么?什么地方蒙了?得知其所以然,才叫懂。必知是什么病,才知怎么下药。

需卦"九二",来子解:"避世之人,知前有坎陷之险,责之以洁身;用世之人,知九二刚中之才,责之以拯溺也。"于人世有什么关系?有什么根据?必明白其所以然,要冷静看,否则研究学问,智慧完全用不上。

多读熊十力的书,可以得些启示,必须言中有物。深入看,追其所以,绝不盲从。古人写书,不在与后人捉迷藏,无不希望人拿来就能用。古人说的话,一针见血,叫你马上有用。既要能御天,又何必捉迷藏?

《金刚经》真是妙智慧!《楞严经》,开智慧。

得自王弼、程颐、王船山看过来,再看熊子的《读经示要》

易经日讲

《原儒》《乾坤衍》及《体用论》，绝对于你们有所启示。入门也得有智慧，不必强求，并非每个人都能做知识分子。

"乐不思蜀"，忘其所自出。捡便宜，转弯就能成事？乱世出英雄，必须懂"敬慎"二字。地方太小，本身没资源，完全靠外来，因此必有大智慧才能治理。战战兢兢，如临深渊，如履薄冰，这才是真正什么都怕，所以成功了。"敬慎"是功夫。做事时要怎么敬慎？在敌人面前不败，永站得住。了解其环境，才能慎。

要活得有尊严得有脑子。没有智慧太可怕了！一个有野心的人失望了，绝活不下去。

越是不懂的，越什么都懂。不要把妄想当成志。要下功夫，否则永得不到。造就自己，人一之己百之。

我随环境改变以前的错误认识。有些人遇事，只把自己估计得特别高，既不懂历史，也不知环境。要自己认识自己能干什么。智低，人一己百，人十己千，养浩然气，读有用书。读有用书，拿出即能治病——社会病。

左宗棠不喜人称"曾左"，问何不称"左曾"？

左宗棠、曾国藩二人共事十余年，交情甚厚，曾国藩对左宗棠还多有提携与相助之恩。曾、左二人，无论从哪一方面比较，皆是旗鼓相当。然，为何往往是曾在前、左居后呢？对此疑问，曾有一人当面向左宗棠解疑，谓：因为曾国藩心目中有左宗棠，而左宗棠心目中从来没有曾国藩，只此一点，即知天下人何以言"曾左"而非"左曾"矣！可谓一语中的。

左宗棠与曾国藩相比，唯一不足之处乃是左的心胸和器局。

当其时，曾、左同为一方总督，曾国藩幕僚成群，人才济济，号称"天下第一幕府"，而左宗棠才具再佳，只是"光杆司令"。曾国藩以其爱才、惜才，善于发现人才的眼光和器局，兴办洋务、培养人才、举贤任能，尤其是派遣幼童赴美留学，为近代中国留下了深远的影响。

左宗棠最终意识到自己的短处，在曾国藩去世后手书挽联："知人之明，谋国之忠，自愧不如元辅；同心若金，攻错若石，相期无负平生。"甘居曾国藩之后，心服口服。

诸葛亮不懂得训练接班人，临死还得骗人。做大事业以造就接班人为第一要义。什么都独当一面，是小职员；必如孙悟空，拔一毛一吹，都是孙。是亲戚，不能担大任亦不用。感情好，结婚；"政见"不合，离婚，不能齐家，焉能治国？

出钱的没有名义，谁舍钱？要懂怎么做事。动机不良，能成大事？把持，证明你不能，不值得造就。有何智慧接触高级人物？做事必慎思之、明辨之。做事必须有善机。头脑要特别致密。

真的永远是真的，好好努力。有守才能有为，虽无成就，绝不伤品败德。

我有我的民族观，总穿长袍，此为我的上国衣冠。要守住自己的格，非说，要做。

以小事大，得会做，训练你们怎么用智慧。练达智慧，得如常山之蛇。

道济天下，必是真的，如池上米。个人做事的价值，自己必衡量。人生有涯，就几十年，还得身体好。道、技贵专，不要万事通。精一，才能达上乘。懂事，先立志：这生要干什么？其次，贵专，不要见异思迁。

今人多半活到八十几岁，此为一严重的问题，怎么安排全世界的老年人？现在，一家要养五个老的、三个小的。"老者安之"，如何安之？安排不好，绝对惹是生非。对小的用三优：优生、优育、优教。对老的如何安老？就每人力之所及，找问题研究。

我自懂事，就注意世界政治变迁。独坐孤城，必有所为。小孩从小就要训练，有智慧到什么地方都能用上。读完历史，要马上知其得失。"小小年纪懂得什么？"还不好好学！

子思为孔子作传："祖述尧舜，宪章文武；上律天时，下袭水土。"十六字，写得多好！"宪章文武"，家天下法，只当参考，非主轴。不怕不识货，就怕货比货。

读书以做人处世为第一要义，读书在明理，贵乎行，明理才能变化器质。认清时势，实事求是。自己有能，就不必出卖自己的人格。

拨乱反正，得先识乱。智周万物，成能的第一步。智，元之用。"天地设位，圣人成能"（《系辞传下·第十二章》），靠元成能，即用。成能，养成，尽性。智周万物，养成万物，道济天下。通情，必按时与位。

中国思想就建立在人性上，为了行仁、任仁，一辈子要做好事，"仁以为己任，不亦重乎？死而后已，不亦远乎"（《论语·泰伯》）。中国人以仁立教。"天命之谓性"，各正性命，元胞，故能尽人之性、尽物之性。

《论语》完全讲中道，所以人人都能接受。处世得靠活学问，

需卦第五

不通世事，讲古、博古非实学。《论语》为无尽藏。良知就是率性，有一东西存在，顺着即率。情要"发而中节"最难，故要"吾日三省吾身"（《论语·学而》）。本身必"克己复礼"，否则没有作用。"一日克己复礼，天下归仁焉"（《论语·颜渊》），礼，性之用。伦常，就是礼。

"太和元气"，太和即元气之用，元者，气也。得元了，乃"保合太和，乃利贞"，故曰"太和元气"。孔子乃"太和元气"之征。修太和元气，要得元。养太和，即养元气；养成，即元气成了。

"元者，善之长也"，孔子变一为元。止于至善，机发于元，亦止于一，正也。培元，自养正入手，"蒙以养正，圣功也"。培元，元培了，即居正，《春秋》讲"大居正"。"圣功，一统也"，《春秋》讲"大一统"，用一统天下，建王道乐土。一统，亦即元统。

"大哉乾元、至哉坤元、奉哉人元"，改"一"为"元"，即为了人元。奉元养成万物，就成"元儒"。但入门得自"时儒"开始，"时乘六龙以御天"，"不可为典要，唯变所适"。

熊十力说他"用心深细"。细，故能识微；深，故无隐，什么都看透了。无入而不自得，"得"字有深意，求仁得仁。万物皆备于我，就看你有多少"得"的智慧。

我时常看佛经，因有智慧，像玄奘取经、张骞出使西域、郑和下南洋，历尽多少苦辛。想别人，勉励自己，博学才能笃志。可以喝喝茶、谈学问，一懒，要想到玄奘。必有目标地做一件事，自求自得，皆自得也，谁也帮不了你的忙。必自己能才有号召力，要有用时自找上门来。唯我独尊，上天下地，什么都不尊,唯我的"独"最尊,独一无二。

做事不可假他人之手,必须储备人才。成就事业,以造就接班人为第一要义。平时好好修为自己,到任何环境皆可以应,以智应。一个人要有守,守己之志,自己造就自己,故曰"士尚志"。有志,不与世俗竞。养浩然气,读有用书。

"道之以德,齐之以礼,有耻且格"(《论语·为政》),"格",进步,引申义。"格",正也,何以不说"人正"?一个格一个格,有上、中、下之分。人比人,得死。都是人,分量、格调都不一样。品格,一个品一个格。九品,上中下又分上中下,成上上、上中、上下、中上、中中、中下、下上、下中、下下,什么品什么价格。人品为第一要义,不要随波逐流,必保持自己的品、格。

人必得有高的机术。人就是人,要做性情中人,不要做伪君子。性情中人,性与情合一。万物皆备于我,人是个小宇宙,也得自求才能自得。一无所得,与生活半点关系也没有。"德者,得也"(《管子·心术》),所知都能行,就有所得,"知行合一"才是德。求德,何不争德?埋藏种子,以待明日开花结果。"喜怒哀乐之未发,谓之中",中,即性。必发,情,欲,"发而皆中节,谓之和",和。"致中和","中"与"和"合而为一,性即情,情即性,情性一体,两者不能对立,"致"为功夫所在。懂性情不二,就不会出轨。

"率性之谓道",道,在塑造自己,非讲的。中和之用,"不刚不柔,布政优优"。

《春秋繁露·循天之道》:"成于和,生必和也;始于中,止必中也。中者，天地之所终始也；而和者，天地之所生成也。夫德莫大于和，而道莫正于中。中者，天地之美达理也，圣人之所保守也。《诗》云：'不刚不柔，布政优优。'此非中和之谓与？是故能以中和理天下者，其德大盛；能以中和养其身者，其寿极命。"

昔日告老还乡，优游林下。人都可修人事，但难修天事。读书要理悟，要会做事。养身，必真能实行，要玩味；玩味明白了，就长寿。

人的欲太可怕，治欲太难。问自己一天净干什么？曹雪芹一部《红楼梦》，传了。要用心，天下绝无巧得之事。《聊斋志异》借题讽世。旧时代门楼多大，是有规定的。争婚姻自由，看旧时宦场之卑鄙。何不与天理争，要与世俗争？

非求多，而是要求精，惟精惟一，功夫够，则一法通、百法通。不学无术，学就有术，必须储备自己。必深体其义才不冲动，不冲动就不盲动，深明大义。

中国文化之受重视，乃因中医震惊世人。那夏学有一比得上中医？中国思想合乎人性，"率性之谓道"。学大，在明明德。标出元，永有所本，"万物资始，乃统天"，包括地。一部《易经》，就"万物资始，乃统天"七个字。

"钦明文思安安"，"安"同"晏"，海晏升平。安，安仁，安于一，定于一，即造次必于是、颠沛必于是。"安乐"意境深，安乐以养其心志。"回也不改其乐"（《论语·雍也》），一切皆在自己掌握中，亦即"时习"的功夫，"时乘六龙以御天"。

舜"执其两端，用其中于民"（《中庸》），不坚持己见，无一不取于人，弄清事情的两端，采纳适中的用于人民，此即"裁成辅相"的办法。遇事，永不要有我的主观，此为做事之道、处世之方。做事一出手，即可知其人有无出息，要有一定的方式，要有处世的智慧。做事必须有步骤，非盲目。创业要谋梁子，当令必清君侧。

"螳螂捕蝉，黄雀在后"，后有小儿拿弹弓等着，结尾则既仁且智。什么事，都要有几层的准备，设几个防。一个问题，必经几个步骤、几经变换。多思多虑，多经几个层次，也会得结论。按步骤，拟方案，早做准备。第一步怎么出招，迈出第一步最难。做任何事无不有结束，开始吃亏，结束要知怎么插手，必须有乘势的智慧。情势变了，就随势。

讲完，用得上？与我们有什么关系？读书要细想，如读《大悲咒》，解决不了问题。根本明白，才知思想。书读完，是历程。

子张问善人。子曰："不践迹，亦不入于室。"注，做参考。"不践迹、不入于室"，有何好处、坏处？是哪类人？指何而言？

《论语》多少地方提及善人，每处皆有超人境界："善人为邦百年，亦足以胜残去杀"，"善人教民七年，亦可以即戎矣"（《论语·子路》），"周有大赉，善人是富"（《论语·尧曰》）。

我要你们奉"元"，即践迹、入室。老师是启发的，"不愤不启，不悱不发"（《论语·述而》）。今天有老师？必与师亦步亦趋！想把书讲明白，得三十年。

你们是超时的青年，今天应干些什么？还讲堪舆、相命？把脑子打通关，程、朱、陆、王都已过去。真明白，才知自己是哪流人物。

善人，有自我发挥的，不囿于任何环境。践迹，照葫芦画瓢；见贤思齐，脑子有偶像；君子怀型，则囿于型。

需卦第五

善人何等逍遥自在，能自我发挥，所以不践迹，亦不入于室，性生万法。讲学举例，不必跟着亦步亦趋。守死"善道"，何以不说"仁道"？

　　不践迹、不入于室，脑子的反应打破一切藩篱。每事追问，知其所以，才知思想是怎么形成的。我传秘方，你们接着"造谣"。元，富含无尽的宝藏，发掘之。时代变了，必也盘皇另辟天。

　　《论语》，家常日用的话，有终极目的。打开一扇门，自此进去寻找真理。蒋伯潜注，杂货铺，什么都选。《论语别裁》，真是别出心裁。

讼卦第六

（天水讼　乾上坎下）

讼，《说文》云："争也。"争辩，以言语讨公道。

讼卦，上乾，健也；下坎，险也。天运于上，水流于下，上天下水，"天与水违行"，讼也。

上以刚陵下，下以险伺上，内险外健，"险而健"，讼由此起。

《序卦》："需者，饮食之道也。饮食必有讼，故受之以讼。"

需，饮食之道，"食色，性也"，人之大欲，人人所共有。饮食者，人之大欲存焉，既有所需，必有所争。争由需起，就因为欲，此讼所由起也。

人能控制欲太难了！如果教育没法突破，太可怕！有些人"欲"字当先，想怎么于自己有好处，要打倒别人。想要有天机，必得克制欲，才能避争端。必须使自己加倍练达。

《杂卦》："讼，不亲也。"

上以刚陵下，下以险伺乎上，内险，外干到底；一路干到底，则两败俱伤。杀蟒，刀碰痛了，往前跑即成两段，乃健而无智的结果。

必须深思，才知怎么用。国家真想好，必行"礼运"，以大至之要道，行礼运之至德。

韩愈虽"文起八代之衰"，然犹未脱封建的范畴。"正义"（如《五经正义》），皇帝是满意的，中国古代文化变成君主专制文化。

不可以欺师灭祖，要学人家的好。人的志太重要，此奋斗的信心。

如何读《尚书·尧典》？

《尧典》："曰若稽古，帝尧曰放勋。钦明文思安安，允恭克让，光被四表，格于上下。克明俊德，以亲九族。九族既睦，平章百姓。百姓昭明，协和万邦。黎民於变时雍。"

不是在环境里革命，而是调整，要另起炉灶。以现在的文字作为标准，好好去追求真理，以补时代之不足。

有同志，就能继志。以柔克刚，但防人之心不可无，不可与虎谋皮。

讼，有孚，窒惕，中吉，终凶。利见大人，不利涉大川。

人与人发生不愉快即讼，必视如何用"孚、窒、惕、中"

四者以求吉，否则干到底就凶。"孚"，诚信；"窒"，忍耐力；"惕"，戒惧；"中"，喜怒哀乐不发。有孚者，才能窒，不因一句话而吵，知所警惕。在外受气了，回家还得带笑容，不可以糊涂。百忍堂中有太和。读书重其含义，用于行事上。

讼时，是非未明之前，说话人会相信？没取信于人，怎能办事？有所惕，敢说大话？说太软，他认为你谄媚。想达目的，完全系于本身。太高，办不到；太低，摇尾乞怜。忍，最难！心上一把利刃。

惕，有比刑罚更重的苦，终身之忧。不要造终身之忧，大丈夫斗智不斗气。扬汤止沸，比不上釜底抽薪。看一人不合适，绝不与他交往。发愤，求己不求人。知己不易，必干到底，终凶。

言语不可以过量，人会给你难堪。记住：要少说话、不说话。乱象中把持原则，永不输。

"利见大人"，利见大德之人，能公足以服众，则可以有公平的审评。

"不利涉大川"，是非不明时，不易有所作为，不易渡过患难。最好不要使之讼，即使讼了也不要冒险犯难。

俟时，"居（守）易（变局）以俟命"，命到，时到了，有一定的步骤。圣人不能生时，时至而不失之。

《彖》曰：讼，上刚下险，险而健，讼。讼，有孚，窒惕，中吉，刚来而得中（自得）也。

下以险伺乎上，水可以载舟，亦可以覆舟。内险而外健，多阴险！脑功，内敛；腿动，阳刚。

大家争宝，并非普通东西。

讼卦第六

"有孚、窒、惕、中"以求吉。"惕",好好警惕自己,不要轻易己心,而见异思迁。"中",执中,中吉,"无终食之间违仁"(《论语·里仁》),吉。恒惕,不恒德,就有凶。干到底,有始有卒,但凶。必须自试。

想,处处有所据,绝对合理。遇事,左右想,然后知道怎么做。说一句话,都得达到目的,出言佑(助)天时,何等气魄!亦即御天,到哪儿都能领导他!

血气之勇又能如何?尤其在危险环境中。一路干到底,则两败俱伤。

"刚来而得中",需、讼相综,需(䷄)上卦之坎,来居讼(䷅)之下卦,"九二"得中。

终凶,讼不可成也。

讼,绝不双赢,"不可成也"。

利见大人,尚中正也。

"九五"中正,"讼元吉"。

不利涉大川,入于渊(愈陷愈深)也。

如已"入于渊",要如何做以自渡?对付"渊"的办法有几种?必须引申,多想。世事,必往坏处想。

《象》曰:天与水违行,讼。君子以作事谋始。

中国有几条水是逆流的?

"天与水违行,讼",相违是左右,皆欲求胜,必讼。

以"天水违行"作为教训，自讼。无讼，胜于有讼，"必也使无讼乎"(《论语·颜渊》)。

"作事谋始"，做事谋始于先，遇事必须有万全之准备。做事先想失败，能忍耐过去就做。想坏处，有万全的准备，失败有奋斗精神就能过去。坎，险陷。许多事是环境把人逼上梁山的，非自己想做。以"讼"谋始，无讼；以"败"谋始，则败绝矣！不以"蒙"谋始，慎始诚终，始终如一。

如何谋始？第一招怎么下手？此实学也。"文理密察，足以有别"(《中庸》)，以此四步功夫，做事才不出错。无修为的功夫，无法对付事。"为政以德，譬如北辰，居其所而众星共之"(《论语·为政》)，北辰不动，而众星拱之，为什么？为政五德，要加以研究。

《论语·为政》："君子之德，风；小人之德，草。草上之风，必偃。"《中庸》为政五德："聪明睿智、宽裕温柔、发强刚毅、斋庄中正、文理密察。"

每一件事都有根据地做，出手就有成就。必须"谋始"，开始谋得好，中间没有错误，结论当然好。

社会事没有都顺顺利利的。小两口一天没瞪过眼，亦不易！不能在"违"中找出办法来，永远没办法。在此环境中，彼此有纷争、不顺，是必然的。用"谋始"，对付"违行"。

丑化中国者，怕中国也。如何在"中美关系"中自得其利？怎么做可以不失其利？造势，乘势，《易》讲理与势，天下之理得、势得，而成位乎其中矣。

讼卦第六

天，代表一切真理。天自"元"来，"大哉乾元，万物资始，乃统天"，元统天，要奉元行事。非不要这个天，而是辟天。要把中国传统思想这把老锁打开，必得另辟天，自元下手。弄明白，则一刀辟天了！奉元第一个责任，要发掘人性。了解、认识问题，思考解决之道；实践，觉行圆满。

识元，元生共祖。人之生也直，直人就是真，人为即伪。天天在欲中活，所以要讲欲，必自人性入手才能解决问题。可欲之谓善，当其可之欲，适可而止，过与不及皆不可。欲，可节而不可绝。节，守其分，不逾越。

自无上甚深微妙法，得无上正等正觉。历史如镜子，迎而不将。

开始做事？要怎么合弦？出门之前先开会，即合与谋。做事如不按章法，必跑单帮、独裁。先认清自己，了解环境，否则难以生存。知所以用理之为难！

若无素养，即平素的修养，又如何披挂上阵？稳狠准，发言必"时然后言"（《论语·宪问》），言得恰到好处。早一步也不行；到决定时，必得决定，不可以彷徨。懂得病源，才能治病。懂病根，不是怕。危险不可怕，就怕没有渡险的技能。

治事以详，详之尽。办事周到，一点不漏，多细心！遇事留心，必须慎微，小事都要正视。做什么，都有一定之规。眼界宽了，才懂得怎么做事，范围扩大——舟车所至、人力所通。谈判，得有急智。以同学们的智慧去谈判，能办事？

想不要人知，绝不许话出口；出口，人必知之。除恶务尽，否则留下后患。

谈判，要知中节，才能予取予夺。知节，才能中节，亦能

易经日讲

节制、控制别人。拨乱反正，要知乱从哪儿来，进而追乱源；知源何以乱，才有资格拨乱。有志救民，必须除奸，要懂除奸之道。内奸，奸民；外奸，奸国。

政治大纲：贬天子、退诸侯、讨大夫。孔子志在《春秋》，《春秋》之志在养正、圣功。《春秋》其事齐桓、晋文，有几件好事？使你们知其德之所以失，才知帝王可以废。所以，其义则"丘窃取之"，要贬天子、退诸侯、讨大夫，一网打尽乱。重要的是《春秋》之义，要复正。

"协和万邦，黎民於变时雍；首出庶物，万国咸宁"，此为"天下为公"的标准。"大道之行也，天下为公"，为大道。

孟子称"至于禹而德衰"，《洪范》造一个神话，《河图》《洛书》，讲王道，归往一人。

《尚书·洪范》：武王胜殷，杀受，立武庚，以箕子归，作《洪范》……箕子曰："我闻在昔，鲧堙洪水，汩陈其五行。帝乃震怒，不畀《洪范九畴》，彝伦攸斁。鲧则殛死，禹乃嗣兴，天乃锡禹《洪范九畴》，彝伦攸叙。"

汉儒认为，《河图》就是八卦，《洛书》就是《洪范九畴》。《易经·系辞传上·第十一章》："河出图，洛出书，圣人则之。"

"王，往也，天下之所归往也"（《白虎通·号》）。帝王思想的最高标准——王道。

《尚书·洪范》："无偏无陂，遵王之义；无有作好，遵王之道；无有作恶，遵王之路。无偏无党，王道荡荡；无党无偏，王道平平；无反无侧，王道正直。会其有极，归其有极。曰：皇极之敷言，是彝是训，于帝其训。凡厥庶民，极之敷言，是训是行，以近天子之光。曰：天子作民父母，以为天下王。"

　　学大的结果，至善。中国的道，简言之即"大至之要道"，奉元是开始，期盼达"群龙无首"。《洪范》是达到"群龙无首"的一个阶段。德合元，皇；德合天，帝；仁义合，王。天子，是爵称，继天之志，述天之事。

　　孔子"三世必复"，大同，天下一家，复"大道之行也，天下为公"，此为正。《春秋》之志，在拨乱反正。必识乱了，才能拨乱；识乱之源，才能有下手处。前前后后去体悟，才有所得，不是光记笔记。

　　"学而时习之"，学了就习，但结果有别，根据标准修——性。修一修，懂标准——性，就知怎么修。修，去掉没用、不合标准的，才有学问。

　　学、习、修，原动力在"传"，传承、传习、传统。根据性修，"修道之谓教"。以性作为标准，要承、传。"传不习乎"（《论语·学而》），乃肯定的，即传必习。我"传"的是什么？你们"承"的是什么？传学，承学，专修的那部分。传统，自老祖宗传下，一直演进至今的。学常识，自"四书"入手。"大易"与《春秋》要有师承，内有许多隐藏，许多假话中就一句真话。应世要有智慧，人说东马上懂西，如常山之蛇。留心时事，才能做现代事，圣之时者也。

　　昔日考完进士，得学官仪、官话，出辞气得文雅。什么都要学，要让人感到你受过教育、有教养。功夫特别重要。

易经日讲

我一生尽在孤军奋斗中，同调者少，但并不孤独，能坐一天想。人各有志，想成大事多少得有点牺牲。嗜欲深，天机浅。人生有涯，道技贵专。

忠臣必出孝子之门。所谓"世家"，得有世爵。曾国藩的生活多苦，每天自讼，写日记。做一个有德的人，非用嘴说的。

家中有小孩，应预备《曾文正公家书》《曾文正公日记》，但不直接给，要旁敲侧击，他就偷着看。拿小孩当人训练，必须有方法。言教不如行教，引他注意。他看完，必显自己懂；叫他讲一段，赞美之，再送书。要用旁击法，什么事都要用技术，看碰什么人，用什么钩。代代都得有传人。

禅坐，什么都是禅，何以要用垫子？做什么，要像什么。一个人必须看得特别清楚，见人多了，什么都懂。一个人能至死不变，才叫人。要有英气、雄志，有错误能承担。

人的智慧不一，社会事热闹在此。智慧不一，成就不同。必须能应付环境，对事情看得深刻者，就一针见血。但各人主张不一，就看听你的多否。有背景的我都不要，被人利用了犹不知。"贰臣"（乾隆时期有《贰臣传》，是乾隆帝提出编纂的）绝不能做。

我对时事敏感，从十三岁至今。你们要好好造就自己，不为人做走狗。鉴，历史是面镜子。

好好读书，对中国文化负责任，文化为第一要义。每天强调奉元，懂得责任之所在，以复兴中国文化为第一要义。

绝不可违时。你们对一事如何看？

寄人篱下的结果都不会好，利用你，看不起你。我对外界的反应特别敏感。

讼卦第六

反反复复，说话多不易，防备，亦得注意。被人利用，上了贼船，就下不来了。要清清白白，保圣洁之身，到什么环境，也没人说你是垃圾。我要你们做堂堂正正的中国人。求人，必求有用之人。一辈子不上"贼船"，有多高的地位，不正的话，到哪儿都得受辱。上了"贼船"，就得受摆布，下来同样痛苦。必须自求多福。

许多话要注意，看在什么场合说、影响力如何。快快学会用脑，下功夫为真明白的不二法门。我做什么，都是成套的。红皮慈恩本《易经来注图解》，是纪念我母亲九十岁时印的。

天德黉舍用书——慈恩本《易经来注图解》，前有师尊文：仁勾遁者行年七十有一恭上慈亲九秩晋一千秋，遵母命刊经籍广圣学兴治艺。丙辰正月既望之吉。

不求分外事，必在分内事上对得起国家民族。不要盲从，要发愤。笨，人一之己百之。活着要立志，天天想就有一套。孔子搞了一辈子，临死嗟叹"凤鸟不至"（《论语·子罕》），一生亦无跳出其框框，获麟绝笔，交代"志在《春秋》，行在《孝经》"。

《春秋公羊传》："十有四年春，西狩获麟。"《传》曰："西狩获麟，孔子曰：'吾道穷矣！'"

那我们应怎么干？奉元述通类：通天下之志，类万物之情；裁成天地之道，辅相万物之宜；智周万物，道济天下；天下一家，中国一人。没法再代代嗟叹。"体仁足以长人"，不能体仁则永仁，所以"奉元述通类"，在永仁。"又一村"得有一套玩意儿，缺一不可。做一事，如确立一种思想，得有思想的轮廓。

诸葛亮什么都一把抓，"善战者服上刑"（《孟子·离娄上》），为达一己之荣宠，不惜民命而战。我一边读书一边批，批红的是不满意的地方，以此锻炼自己的脑子。

《孙子》"如常山之蛇"，最后由蛇成龙了。必须有脑子、器量，不能卑鄙、嫉妒、跋扈、自专。必勤，想到就写。聪明，懂得用智慧，则放诸四海而皆准。培智，没智绝不能应世。

要悟，我一生在苦中长大，在苦中悟。许多人所见者浅。

中国太大，不必担心某一样，要懂为永久谋，永仁。真有智慧，发展的地方太多。道济天下，得先智周万物，下精一之智。树立中国文化，自根本改变人的思想。

有些人完全不懂得用脑，且常情胜于理。好好努力，三年绝对见功效。尽己所能训练专门人才，做什么必须懂得什么，智慧自练达来，从会想开始。

处处不留痕迹，凭什么想？记卡片，每张只记一件事。勤为不二法门。我养成晚上做事的习惯。智慧应随年龄增长，做事必细心，一个毛病也不能出。看你的定力，一个字也不能错。精神不能集中，能不出纰漏？有一从头至尾写得干干净净的？光有妄想，智所不及，力所不及。

《春秋》"原心定罪"，证明你的意念得多圣洁，得多有定力！何以你定？因为你知止，此即智慧之源泉。定力、洁身自好，才能发挥作用。读书非一日之功，遇事不用想，即知怎么拒绝。

做事不要依靠任何人，必叫他跟着我的思想走，功不可没。基础打好最重要。此回地震得教训，受启示：修房子，绝不超

讼卦第六

过三层，而且要坚固。不要只注重外观的美。

心不易把持，心猿意马，所以要诚意，下此功夫，作为入手处。正心，得养正，即养性命。命、性、心，三位一体，即一个东西，放在三个地方。结果：意诚、心正、身修。定、静、安、虑、得的功夫，首先要知止。《大学》《中庸》既是道统，也是政统。怀型，才能见贤思齐。

读完一卦，得到什么启示？做事，要用得上。遇事，好好"切磋琢磨"，此四步骤如何？一个举动之前都得有多少准备。

我天天检讨五十年何以失败，并非想成功。现在多么需要用智慧。关键打不开，第一步要怎么做，依此类推，则放诸四海而皆准。

如不懂得用脑，又如何成事？切，在动刀之前得有多少构思？切完了得磋，怎么磋？从第一个到最后，可能经过百步。做事得看对象，使他满意。做天下事，第一步如何下手？不懂用智慧的要点，白读书了。第一个想要做什么？得先有想法。

琢磨，《尔雅》称："雕谓之琢。"玉不琢，不成器。雕琢，加工。玉磨得愈光愈好，但如用于顶上则不可。有一不慎重，则在此环境中是废物。要看什么环境、需什么材料。了解环境了，了解其所以为。

慎思之，可能分成一百个步骤，用上一百个智慧。启示不同，因经验、环境不同。得多么仔细！一刀下去，得不能作废。不了解环境，一刀下去没用了。遇事，就要想得周到，亦未必一百分，因为环境认错，用不上。用不好，就一刀两断。

遇事，设计得巧的就成功；慎思，脑子如比别人致密，就成功。真懂，则百发百中。

记住：有用自找上门来。保有用之身，纯，不要有任何背景，需要而有用。保存自己的价值，先训练自己的头脑、智慧。与时偕行，读乾卦的启示，"时乘六龙以御天"。孟子"虽有镃基，不如待时"（《孟子·公孙丑上》），孔子则"圣之时者"。

我的"又一村"，除际界，都有通盘计划。华夏思想在中国。对中国文化必达另一个境界，钦定思想都不可用。《洪范》是家天下的大法。

学文史哲的思想必"专而精"，对众生必"泛爱众"。读《易》，看《读经示要》相关部分。《原儒》有系统思想，接受熊十力的启示。

在屋中自修，认识谁都没有用，反求诸己。智高，可使他自投罗网，统治一切。用什么方法，自己不动，可使众星拱之，且给他一个小教训？

中国书都是政书，无一句不是活的。《尚书》乃政书的结晶。

每个月出一部《夏学导读》。正业——华夏文化在中国，内含深意。

有目标，懂得为什么想，不要不务正业。孝慈义，智仁勇。必得从"常山之蛇"到"飞龙在天"，得谦卑，利见大人。发展组织的目标：同声相应，同气相求。

好自为之，是智慧。自己努力，绝不假他人之手。

五卦——乾、坤、屯、蒙、需，各有何启示？

要"专而精"，其次养勇，必须见义必为。光有欲，没有智，没用。什么人事关系都没有用，必得自己能。各有所长，不必万能。办学是为子孙谋，岂能马虎？检讨自己何以没有成功。有知识，用上否？不可因一时感情用事，而贻子孙之忧。一步错，恐将来永远错。骂人，在警惕自己。政治家必学文史哲。根据我们的思想，找《资治通鉴》之谬。

华夏就是中华，以"中"华天下。"天之历数在尔躬，允执其中"(《论语·尧曰》)，"人心惟危，道心惟微；惟精惟一，允执厥中"，要勇于为义。

"舜其大知也与！舜好问而好察迩言……执其两端，用其中于民，其斯以为舜乎"(《中庸》)，此处世之最高手段：一端好问，问己之所不知；一端看自然环境之反应，然后"用中于民"。

做学问的不二法门：求学，出于本性。如能为社会谋点幸福，则书没有白读。求己之不知，必懂自己不知。练习为文，不可以词不达意。你们欣逢盛世，要好好读书。

讼，是非。有责任感，遇事要深思，用脑想。做于己有利的，欲；做于己无关的，德。要识微、察微，没真知，不懂微。摆在面前的事，都大而化之地过去，如何解决？不是博就完了，得用心深细。我要你们成才，不逼不能成才。不细心，能解决问题？人、事皆有四柱——年、月、日、时，必了解。

中国人的责任在强国，强国有活的价值，叫人"望之俨然，即之也温"。

读书必先立好主题，一边读书一边拨，重视一代一代的演变。

灾区复建不一定有好处，应另辟新地，百年难得的机会，将祸当福做才有前途，悲伤没有用。处理事情，必抓住要点，然后找对策。道听途说，不是有知识的人说的，不过望梅止渴罢了。培智，先从不自欺入手。不动笔、不慎思，永不会。

易经日讲

几经波折，脑子能不丰富？环境太重要了。你们未入流，还想成事？小孩在家受训练，看脸色。男孩长大有修养，懂伪装，喜怒不形于色。你们必须严格训练自己，对事要认真、细心。

"谋始"，好的开始是成功的一半。由此，可知应如何谋始。每一件事都有根据地做，出手就有成就。

构思，拟几个方案，备之。到什么环境，则拿出什么方案。道，有生于无；智慧，无中生有。要能自圆其说。

重义理，以《易经》之道治国、平天下。让一步，后福无穷。"积不善之家，必有余殃"。遇事要谦，谦卦六爻皆吉。

学会用脑子。谋始如谋得好，中间没有错误，结论当然好。要懂得用智慧，得会用智慧。

新儒学派，夷风，不可学。为文，先注意思路，再谈文笔。思路，构思一文，想几天，才能思路不断。不要写一段，再写一段。文笔慢慢练。做学问，非一日之功。

字怕习，或功夫字，或天分字。张大千字天分不高，溥儒字天分高。没高天分，下功夫亦可像个样。没功夫，永不能写。功夫加上天分，就不得了。我心烦时，看溥儒的画，会觉凉爽，文人画。今天开画展，东一笔西一笔，才不高，求好心胜，就着魔。

需卦，讲饮食之道。饮食非小道，包含一切人生。既人人皆需，那应用什么方法对付此需？如不能满足，则小者讼、大者争，天下乱源皆始于此。讼卦六爻，尽谁讼谁？

自《易》的结构：

《序卦》："有天地，然后万物生焉。盈天地之间者唯万物，故受之以屯。屯者，盈也。屯者，物之始生也。物生必蒙，故受之以蒙。蒙者，蒙也，物之稚也。物稚不可不养也，故受之以需。需者，饮食之道也。饮食必有讼，故受之以讼。讼必有众起，故受之以师。师者，众也。众必有所比，故受之以比。比者，比也。比必有所畜，故受之以小畜。物畜然后有礼，故受之以履。履而泰然后安，故受之以泰。泰者，通也。物不可以终通，故受之以否。物不可以终否，故受之以同人。与人同者，物必归焉，故受之以大有。"

天地，即乾、坤两卦，为父母卦。两性在一起，就生；生完，糊涂就蒙，不可不养也，需；人人都需饮食，才有讼；用嘴吵不解渴，解决不了就战争，所以就动兵，师；要团结，不打不交，乃相比；比，彼此帮忙，必小有基础，小畜；相处之道，履，礼也，行也；既懂礼又懂行，唯有脚踏实地，才能有泰；不能终通，所以有否；否了，挽救否，即用同人；同人以求和，才能大有。

六十四卦，自第一爻起，整个连着。

现应洗尽铅华，返回华夏真言。做学问，能讲就能行，《史记》有《货殖列传》。程颐的实学，乃将过来事一一印证。我们的实学，拿过来就能用。《易经》在几千年之前，而思想就如此缜密。物与，万物皆我与也，都是一样的。何不学学人家的脑子？

"上承麟书"，主要是在一个"志"字。启发你们，非要你们亦步亦趋。有型、有例，而后人尽学其型，并未注意及其"志"。读书，绝不可以盲从。

《资治通鉴》焉有思想可言？在维护一家尊严。但哪一书都有能读之处。两司马，实不能平行，非一件事。

初六。不永所事（所讼事），**小有言，终吉。**

"初六"才柔位下，在讼之时，处坎之始，不能永终讼事。讼，是由"小有言"来。人与人之间天天讼，有口讼、有心讼。

不永所讼事，稍有言，无所谓，"终吉"。

《象》曰：不永所事，讼不可长也；虽小有言，其（己）**辩明也。**

"讼不可长也"，不要一直与人争讼，"其辩明也"，讨论孰是孰非，真理愈辩愈明。

第一爻乃讼的定律。"不永所事"，受委屈必须辩明。

养成细心，每天学习怎么解决问题。以实际事自试。追根究底，看自身毛病出在什么地方。懂得用脑，才有趣味。有言，是为了辩明。

好好悟，至少都不是废物。做大事业以造就接班人为第一要义。你们要好好修为自己。

九二。不克（胜）**讼，归而逋**（窜）**。其邑人三百户，无眚**（灾害）**。**

"九二"刚居柔中，在坎险之中，有理性，知其势不可讼，不能得到公平的裁判，因审判者不公。

"归而逋"，归而逃窜，有原处才叫归，女子嫁谓"归"。秘密地逃，不可为人知。

一归，三百户都借了光，归于原处。

主持诉讼者不公，一定要逃，而且要逃到小地方，证明自己想退出，不再反攻，才能无眚。跑到大地方，别人会以为你尚要有所为，还会追踪你。逃亡，也要善用智慧。

《象》曰：不克讼，归逋窜也；自下讼上，患至掇（自取）也。

"自下讼上"，难以有成；"患至掇也"，患来至门前，不知拒之，还拾取到屋中，当作祖宗供。"掇"，自己拾取。

理、势可讼才讼，要考虑与谁作对。"自下讼上"，过去官官相护，难有所成。

下棋，一子如择不准，永择不准。以归为逃，逃避不克讼。"窜"，流窜，不按照一定规矩行事，出没无常，含多少奇招？这个环境，"自下讼上"。

注意：患是自己拾取的，哈着腰捡来的。要练达知人，知人很难！找对象，知人的第一步要贤贤易色。钮祜禄氏不只出一皇后，有德。

每天必与人打交道，怎么知人？"骥不称其力，称其德也"（《论语·宪问》）。看人之所行，"色庄者乎？君子者乎"（《论语·先进》），要分辨。许多人权力到手了，就原形毕露。

要行健不息，首先必须懂得立志。怎么立？自知止。知止而后有定，定了才叫志，定、静、安、虑、得。我是训练英雄，非教书的地方。其次，知耻近乎勇，才能行健不息。我奋斗这么多年，就为一个"耻"字，自求多福，对得起祖宗。

好说话，没大用，嘴都看不住。

型不是白来的，是自己取型。光有野心，没有办法、智慧，连三个知心的朋友都没有，还想做领袖？不要为近利，而出卖了自己的人格。靠谁都没用，要行健不息。

好自为之，人不能愚。多读书都不能受启发，那读书做什么？

自己如何抉择？一国之失败多由汉奸。成败皆在乎间，《孙子》有《用间》篇。

要有志，为什么活？力量是耻，知耻近乎勇。方向正确，人人都可以做司马迁。

六三。食旧德，贞厉，终吉。或从王事，无成。

"六三"居坎之极，在讼之时，上有刚强之应敌，阴柔自卑，从"上九"以自好。

"食旧德"，"食"，忍气吞声，为将来做准备：一、前人的遗德，往日之事；二、世袭，己无德，唯食祖宗之德，必听顺王命，才能终吉，否则有削爵之灾；三、回到原来处，吃自己的，诉讼不成，回来安分守己。

从"贞厉"到"终吉"，经过了什么？"贞厉"，以正固守之，在恶劣环境中必得贞，"终吉"。

人到失败时，应不忘本。

在恶劣的环境中，必得守贞，才可以生存。行尸走肉，如同活死人，一点人事也不能做。

不要求虚名，秦始皇也不过一堆坟而已，阿房宫即大房宫，尚未命名，秦朝即结束了。

"食旧德"，前人的遗德。

"贞厉"，守贞道，亦危厉。讼的人总看你不顺眼，但以正固守之，再取信于敌人，"终吉"，"积善之家，必有余庆"。

"无成"，不要夸口，认为自己成功。

《象》曰：食旧德，从上（前辈，旧德）**吉也。**

爻辞与《小象》，绝非一人之笔。传统怎么讲，不必反对，但自文字看，非出自一人之手。

怎么活？就"食旧德"，不必另起炉灶。

费点脑，再听讲，才能开窍。我们翻版，得另有师承。我跑第二棒，将来成功在你们身上。

九四。不克讼，复即命，渝，安贞，吉。

"九四"刚而不中，居柔位，上讼下，"九四"会用，"不克讼"。

"复即命"，不合礼，复于礼，克己复礼就保命。

"渝"，变，改变自己。必变时，必得变，理与势所在。

"安贞，吉"，明理识势，安于正固，吉。不能做没有把握的事，开始一算，没有把握，就不要做。明知失败，又何必拉到底？

遇事不要慌，应静静玩味，以冷静方法对付，你清楚，对方昏，则百发百中。但知之容易，行之维艰。

《象》曰：复即命渝，安贞，不失（失误）**也。**

知理之不可违，故"复即命"，明礼义也，识时势也，改变就无大失误。内心变，不可叫外人知，必"安贞，吉"。

此必有大勇。如好面子，则一拉到底。中国历史太清楚，可以借鉴者多。

人每天都在理与势上，但支配我们的是势。势，瞬息万变。我每天听时事，台湾地区人才奇缺，你们好好努力。有些人完全没有阳刚之气，怕死能做事？有杀身以成仁的？绝无！只想做太平官，得太平钱？智仁勇、胆量识，胆小做不得将军。

慑人之气，自小就得培养。不相信自己，没有自信心，令你气势越来越低。"食旧德"，有几个境界？

每天练习脑子的反应，势是瞬息万变的。势之使然，应势特别难！做事应势，但亦不可违理，否则站不住，只图一时之快而已。

上句不懂，不读下句，下此功夫，书才用得上。文人真有品，很不容易。有骨气，就得要饭。

九五。讼元吉。

"九五"有中正之德，能自讼，越来越吉，永远吉。

"元者，善之长也"，有生命力，一切之本。元吉，永远吉。你何以能成圣？因能自讼，乃元吉也。

《象》曰：讼元吉，以中正也。

"九五"为讼之主，阳刚中正，讼元吉。

"以中正也"，往窗外一看，哪个是人？"中"，不是自外来的，乃得自己之中，即喜怒哀乐之未发。得中，怎能不元吉？皆自得也。

想要成事，得好好学"九五"。人必须自讼，不要天天老是看人家的毛病。自己不中正，焉能自讼？有自讼的修养，才能成为大德之人。颜回，孔子的具体而微，其功夫即自讼：不贰过、克己复礼、三月不违仁。

上九。或(设或)**锡**(赐)**之鞶带**(大带)**，终朝三褫**(剥夺)**之。**

"上九"有刚猛之才，居乾健之极上，肆其刚强，处讼之极，自取祸。应知如何讼、如何不讼。所赐命服终被夺，丢掉之速！没功，不能白捡。

《象》曰：以讼受服，亦不足敬也。

讼棍！褫夺随至，不可终讼。"讼不可成也"，极言讼之不可成也。

政争、政变得来的地位，因"以讼受服"皆不会长久，怎么来的怎么去。

许多患皆自取也，解铃还得系铃人。

必自"大易"与《春秋》扎根，以此为基础，作为衡量传统思想的标准。要拨乱反正，可不能反对钦定文化的智，司马迁以钦定文化掩盖真文化，《史记》本文不敢言，但序文（《**太史公自序**》）透露。

夏学，皆道也。我们接着熊十力——第一个归真者。道家讲"返璞归真"，熊先生号漆园老人、子真。

知止，知耻。知止而后有定，哀莫大于不知耻。往一个远大的目标好好奋斗，既可立说，亦可承学。司马迁女儿有智慧，将《史记》传下去。

据《汉书·杨敞传》载："敞子忠，忠弟恽，恽母，司马迁女也。恽始读外祖《太史公记》，颇为《春秋》，以材能称，好交英俊侪儒。"汉宣帝时，杨恽被封为平通侯，当时朝政清明，于是他上书汉宣帝，把《史记》献了出来，公开发行。司马迁生前一直防《史记》被汉武帝焚毁。由于杨恽入仕后的不懈努力，《史记》在司马迁身后才得以广泛流传。

我许多事和一般人不一样，绝不上同学家吃一餐饭，好像不通人情，吃饭在感觉，不在钱多少。何以朋友不能处几十年？成功，从做人开始。

朱熹、蔡沈（1167—1230）都没做过官，也没有看过大官，所以所注《尚书》也并不真懂。读书要能用上、能做事，大而治国、平天下，小而自己过美好的生活，有一幸福的家庭、愉快的人生。需，小则自己吃饭，大则大家吃。什么方法可以叫穷人都有饭吃？

是人，不要装超人。重视人品，但最可耻的莫过于伪装。人无贵贱，职业更无贵贱，贵乎人品。无品，忘八（八德）。发挥一己智慧，必须有自我，要显自己之长。讲经，得依经解经，不可以臆说。学品，讲学必须有根据；人品，做什么都得有品。

研究经学的目的，要把中国传统思想拨乱反正。许多事要认识清楚了再做。加入研究群，代代相承。"五经"一定得另整理一遍。愈不急功近利，愈是能深入。多研究，看人家是怎么办的。读任何东西，如用不上，都不是实学。

"德者，得也"，朱熹谓"得其道于心而不失之谓也"，此说法空。德，行为的结果，有善德、有恶德。本着良知做事为善德，"率性之谓道"。讲容易，必须先识本。人必得识本，不可以忘祖，根本不能忘，即做事必合乎根本，即合于性。

讼卦第六

乾坤，一体之两面，同一个"元"来的。元，有阳面，有阴面，但不是对立的，"阳中有阴，阴中有阳"。无论从哪儿来的，同性就不能生生，两性才能生生。生出两个性，实际上是元的作用。

道，"有生于无"，"一生二，二生三，三生万物"，忙了好几天。儒，"大哉乾元，万物资始，乃统天"，元生万物，连天在内。道家的上帝——元始天尊，即来自"大哉乾元，万物资始，乃统天"，元、始、天，加一"尊"字。道教的庙供很多像，为一奶同胞。

孔子说"未知生，焉知死""未能事人，焉能事鬼"（《论语·先进》）"不语怪力乱神"（《论语·述而》）"敬鬼神而远之"（《论语·雍也》）。迷信，乃因为有一帮人要靠此吃饭。

元，是全能的，可以到处乱滚，最自由的。这儿讲思想，有了智慧，放诸四海而皆准，解开人的束缚。生了，就有自由，何必用别的约束自己？伦常、礼约束人，而演为法，"大道废，有仁义"（《老子·第十八章》）。

"国家昏乱，有忠臣。""首出庶物，万国咸宁"，焉有忠臣？"拔一毛而利天下，不为也"（《孟子·尽心上》），为大同世。时不同，做法也不同。杨子，超群，乃不容于众，书被毁了，说"无父无君，是禽兽也"（《孟子·滕文公下》），实际上是"不独亲其亲，不独子其子"（《礼记·礼运》）的境界。重视思想的层次。

佛教"无所住而生其心"。我喜《金刚经》，可能受我阿玛的影响。他与我额娘两人同一桌吃饭，但两人绝不吃一样。两人都拜佛，一读《金刚经》，另一读《法华经》，不知将来是否去同一极乐世界？我额娘拜经，一天拜一个时辰，但始终威严，

易经日讲

她是独生女,她生气有代号——"地动了"。有大事,找舅舅,劝我要忍耐,说"哥都让三分"。

去悟,愈有心得才愈悦,得有良知,做事过得去,否则躺着睡不着,很痛苦!写《忏悔录》,要从政者发良知,必须从根上着手。讲得怎样漂亮,仍是时代的点缀品,《孽海花》是曾虚白(1895—1994)的父亲曾朴(1871—1935)写的。好好下功夫,为文化有点建树。

今天历史应自哪个角度写?文化亦如是,要"文以载道",不作空文。韩愈《马说》"食不饱,力不足,才美不外现,且欲与常马等不可得,安求其能千里也",悟了,才能写出惊人之文。

我阿玛交代一辈子绝不做官,因为见到他父亲受气。

我即使日进斗金,日子依然如此过,打烂仗的事不干。不要自以为行道,就是闭了眼,也对不起良心。盖棺论定才叫德,往日之事才论德不德。希望你们每天成为活活泼泼的人,自己、别人做错了,马上都能有反应,因为天下事皆有轨道可循。

必须养成群德,一个人绝不能成事。做事必须有黑白脸,才能成事。大家得能忍,想成功,必得群策群力。

《孙子兵法》第一篇《始计》。《战国策》何以不叫"战国计"?计与策,有何分别?最普通的书,你们都看过了?有些人光知是非,连字的观念都弄不清。

《孙子兵法·火攻》"主不可以怒而兴师,将不可以愠而致战","匿怨而友其人"(《论语·公冶长》)不可,养成就不好。愚忠害死天下人!头脑清楚,最不易。

戊戌变法败于速,欲速不达,不能求速。读书明理,首在

讼卦第六

改变器质，但是不易。

光绪帝（1871—1908）之德，实不亚于康熙帝（1654—1722），我有此二人铜像。光绪帝认为，对慈禧（1835—1908）不好即不孝，西太后是他姨母，他与同治帝（1856—1875）是一辈，他是过继给咸丰帝（1831—1861）的，皇后是慈安（1837—1881）。

下民之争讼，主于法，担心官官相护，许多百姓至今犹不敢告官。"贤者在位，能者在职"，而不是看听话与否。好好训练人才，但得有才，再充实之，否则逼死他，也只有跳楼。

一爻一宇宙，非卜卦的东西。讲义理，"和顺于道德而理于义"，必须有辨别能力。每一爻都可写一本书。就一周读一爻，亦有所得，慢慢地读。想，写，看到不合理的批。

写问题时，卦、页必写出。私人问题，不必问。应明白的，问，不答。书必须自己看。字典、词典要时常翻。对一文钱不轻视，能够发财；一字都重视，可以焕然成章。

一边读书，可以另注一次《说文解字》。小孩定得住，就读《红楼梦》，学其文笔，求通顺。《儒林外史》亦可看。辞，要达意。

师卦第七

（地水师 坤上坎下）

师卦，坤上，坤为地；坎下，坎为水。地中有水，众聚。师：一、众人；二、战争。聚众者，险道也，"内险而外顺"，险道以顺行，为渡险之不二法门。天下本无事，庸人自扰之！有静定的功夫，可以渡险，心慌则不能。

师卦（☷）一君五民，讲处众之道：和而不流、外圆内方。想于人世活着，必须和而不流，不能孤芳自赏。内里必须藏点东西，有肉埋在碗里吃。

《序卦》："讼必有众起，故受之以师。师者，众也。"

"讼必有众起"，不讼就不兴师，戒讼。师无所不生，乃成众。"师者，众也"，处众之道。

《杂卦》:"比乐师忧。"

师,险在内,故忧。险道以顺行,以顺行险。人在社会,天天在危险环境中,险道以顺行,完全是主动的,不是顺从;不是消灭谁,全国、全师,避险之道,以顺行险。

师、比二卦,尽述据乱世之道,亦即孟子"一与之道"之入手处也,不可忽略,详绎其要,可知其设教之道也。据乱以师比之道,进升平以一与之道:定于一,天下莫不与之。

师,贞,丈人吉,无咎。

"师",多人;"贞",正,己正才能正天下,方出师有名,此岂容易?但是是一个标准。何以师得贞?《孙子》如何说?"主不可以怒而兴师,将不可以愠而致战"。读多少书都用不上,那读书做什么?因怒兴师,就有致祸役,后患可是无穷,敌人连狗叫都不重视了!

师得贞,还得有"丈人"。领导人得是丈人。何谓丈人?丈人,丈夫,方丈。岳父称老丈人,含有报恩之亲切感。

丈人与大人区别何在?丈人,岳父,何以如此称呼?方丈,有道德的和尚。函丈,坛席,老师。

丈人,原指老人,后称妻子的父亲。函丈,古代讲学者与听讲者,座席之间相距一丈,容先生指画。后用以称讲席,引申为对前辈学者或师长的敬称。

领导兵的亦得是丈人,看女婿愈看愈出神,不会害兵害民,所以"吉，无咎"。不能天天戏诸侯，点烽火台。"老成持重"四字无法形容丈人，要练达时务。在外办事，无碰过壁、吃过亏，能够"达"？用"炼"字才传神！由于"炼"而通达时务。当其可之谓时。"炼"达，达自炼中得。人的脑子得如玻璃球，随时转动。

遇事得"炼"，不可以躲事，失败了就当作交学费，没有这个感觉，永远不会进步。人比人得死，货比货得扔。择将，要找有丈人之德者。有无想到自己对时代有什么用？如不知兵，有学问也不过是个点缀品。

《彖》曰：师，众也。贞，正也。能以众正，可以王矣。

师，地中有水，众也，《说文》云："二千五百人为师。"《周礼·地官》称："五旅为师。"师，众也。贞，正也，在得正，出兵贵乎正。

"能以众正"，人人皆可为尧舜；"可以王矣"，以众正而天下所归往也，王者之师也，王者无敌。已正，正天下，"内其国以容天下"。

虽天下不能人人都正，但多数人必正。做事，领导人特别重要。

一个人"贞"多不容易！母亲守寡，不孝真该杀。在一环境中，想一生不变，岂是容易？有几个能胜过威逼与利诱？有些人为了己私，达不到目的就用手段。

"能以众正，可以王矣"，否则即亡矣！"子帅以正"犹不足，不是一个人，而是"众正"，使"人人皆有士君子之行"，人人亲其亲，"见群龙无首，吉"。

想要成功，必须有组织能力。其次，得有德。无品，焉能众正？一人做事万人观。做事必须有万全的准备，大小事都要清清楚楚，不能光有欲，而没有智慧。

仁义合，王；德合天，帝；德合元，皇。天子，继天之志、述天之事，爵称。性，知与能；元，种子。培元，如园丁时时勤于照顾，浇水、施肥、松土。种子埋藏于地中，时间久自长出菩提芽，结成菩提果。头脑要致密，早安排好，再天天修正，最后可以滴水不漏。

人一有了私情，理智就不清，就是清圣祖亦如此。做事最怕"爱之欲其生，恶之欲其死"。看一人好坏，夺其所爱，自其反应，即可看出其器质。普通人一试，就完了。有人失败，自讼。自一人之左近，可知其人。

是先有祖宗，才有祖国。有什么德能使众正？不违背天理、不违背道。

刚中而（能）应，行险而顺，以此毒（厚）天下，而民从之，吉又何咎矣？

"刚中能应"，刚中而应柔，居正不僭，相得益彰，才能行险能顺（䷆，师卦一阳五阴）。

"行险而顺"，以顺行险，完全是主动的，非顺从，必须有真功夫，否则是陷入。行险能顺，才能发挥能力救苍生。十次失败，有千次行险。但为臣刚、为君柔，什么也不怕，就代表无知。

"有至德要道以顺天下"（《孝经·开宗明义章》），顺，不是降，而是摸着他的边，顺着他的势溜，即法坤，坤顺承乾，大哉至哉，平分秋色，顺势。你险，我就顺着险走。

"九二"，臣位，有治国之能，内险外顺，才是英雄。如果什么也不怕，正相反。险道以顺行，使敌人不懂得戒备，结果胜敌还全敌，因"不战而屈人之兵"（《孙子兵法·谋攻》）。

"以此毒天下"，"毒"，本身东西到饱和程度了。夏天，北京人说："太阳那么毒，不要出去了！""毒"，厚也，腊味越久越宝贵，因味特别厚、好，亦称毒，可能其中有毒素。腊味经久，非一日之功。好火腿得黄、亮、明，才有毒厚的滋味。火腿白菜，专吃火候。

"东面而征西夷怨，南面而征北狄怨，曰：'奚为后我？'民望之，若大旱之望云霓也""徯我后，后来其苏"（《孟子·梁惠王下》），因为如解倒悬，此即"毒天下"。"毒天下"，厚爱，以至极之爱爱天下，是大爱，王者之所当为，虽不免伤财害民，而民从之，乃义之所在也。

师之义，是御寇，不是为寇。《春秋》重人，一个人的命比天下还重要，有此功夫，则"民从之，吉又何咎"？百姓能听你的，可非一日之功。儒家治天下，用师之道，故曰"毒天下"，厚天下，才吉又无咎。

以一人之智支配众人之智，非失败不可，寡头政治终必垮。找出伴一生的书，放在床头，伸手可看几句，随时可得启示。《易经》可慢慢看，对个人启示大，受苦挨饿后才了解，智慧与经验相辅相成。"不云何龙"？大家皆以龙自居，但无云则成亢龙，空想做龙，有云？必有本钱，明白怎么做干冰，让别人承认你，自特殊环境悟出。文章懂了，必造就自己，否则根基不稳。做任何事，必有万全的准备，这社会谁也捡不到便宜。

师卦第七

"治大国，若烹小鲜"(《老子·第六十章》)，"烹小鲜"，不可常翻动，翻动太多，小鱼就破碎了。为政之要，在安静无扰。若能清静无为，则人人便可各遂其生，而相安无事。

"以正治国，以奇用兵，以无事取天下"(《老子·第五十七章》)，以清静之道治国，以诡奇的方法用兵，以不扰民治理天下。

你们每天想些闲事否？与吃饭无关的事。我说话，皆有伏笔。

谈判之才，必须喜怒不形于色，得看实际的情势。现在不是谈判，而是斗嘴，可以学很多东西。好好研究坤卦的《象传》，坤厚载物！

坤卦《象传》曰："至哉坤元，万物资生，乃顺承天。坤厚载物，德合无疆。含弘光大，品物咸亨。牝马地类，行地无疆，柔顺利贞。君子攸行，先迷失道，后顺得常。西南得朋，乃与类行；东北丧朋，乃终有庆。安贞之吉，应地无疆。"

文章懂，未必真懂。我讲为领袖之术。先认识自己有几个群众。如十个群众都没有，还能做领导人？"要有用时，自找上门来"，此为我父亲的训语。先求自己有用，就是殡仪馆的化妆师，够分量也必找上你。没人肯定你，你能做？素其位而行，不愿乎其外，惟精惟一。

讲思想。没思想，就会解释字，有用？没有用，又有谁会找上门？职业无贵贱，就看能不能。学有用最重要，不要学取巧。现在更需要实际的东西，必得有实学。

《象》曰：地中有水，师。君子以容民畜(xù)众。

"地中有水"，无处无之，自然之势。植物必借土养，生于土中；离土，失本。

水畜地中，滋润之象也，才能容民畜众，有容乃大，此处众之道：育之、教之、富之、视导之，使人人皆有士君子之行，人人皆可为尧舜之德之责，则人性尽，天位物育矣，反之，愚民者贼也。

"容民畜众"，为师之要法，树德之大本，容民者不择善，畜众者无弃民，皆施之以教化，以及衣食住行。

师，不是把人都杀光，而是自"容民畜众"来的，"容"字太重要！不是净交好人，得"容民"，即一般百姓。其次，还得养民，其中含教。知"容民畜众"，就懂"毒厚天下"。

君子不器，包容天地，能容乃大。全人之国、全人之师，即全敌，"容民畜众"。人想成功，就得会组织，组织就是力量，必须有组织之术。"容民畜众"，乃无量之容，是为了"畜众"。"畜众"功夫自何来？"容民、畜众"，两种德行。无私、无分别心，什么都容、都养。

最坏的心是分别心。对亲生儿子亦有分别心，偏心。人的"私"太可怕！爱民如子，谈何容易！如何才能达此一境界？"地狱不空，不成佛"此为理想，如何办事？做事必须脚踏实地，又怎么做？做事必须有步骤，是讲实际，并非讲理论。怎么开始做？"己欲立而立人，己欲达而达人"（《论语·雍也》）。有欲立的经验了，马上就能立人。更高的是"因民之所利而利之"（《论语·尧曰》），"能以美利利天下，不言所利，大矣哉"！

师卦第七

"因民之所利而利之"与"已欲立而立人"境界有何不同？"小人喻于利""小人怀惠"（《论语·里仁》），是最实际的。如何面对百姓？"因民之所利而利之"，必须养许多专门人才以教民；"已欲立而立人"，则必收很多徒弟。一个文明国，得有多少科学研究院，以研究成果"因民之所利而利之"。

要如何因民之所利而利之？何不就地取材吃土产？治国平天下，不察微、识微，能将国家弄强？凡事有利就有害，深想了没有？如都照顾到，得有多少专门人才？读过的一一深究，才知是实学所在。基隆卖海鲜，大家去吃最新鲜的，到那儿吃其土产。得识微、察微才能振兴地方，此即"惠而不费"。政治是千变万化的，非理论，就是实际。成功，必了解环境，非空话。为政能得利，在"惠而不费"。

"容民畜众"，得有步骤。"惠而不费"，得有无尽的专家，才知民之利。百姓受了实惠，并无费国家多少用度。

师卦，并非战争，而是养民。千言万语，贵乎自己悟。

初六。师出以（因，按也）律，否（恶）臧（善），凶。

"初六"处师之始，才柔位下，当师出以律，失律不论好坏皆凶。律义深，非法令规矩可以尽其义，其含义精微，故乐之奏，必以律吕以经之，方成其乐之大能，故曰成于乐。

"律"，《说文》云："均布也。"本义：法律、音律、上律天时。"律"，非法，当法讲，本义丢。"法"，无成形；"律"，画完了，圆周率。按法行事即律，故曰"法律"。有法无律，即不能行。做事，必按律行事。不曰"师出以法"，而曰"师出以律"，可见以律行事的重要。知法而无律，乃少按法行事。

"否臧，凶"：一、不善、善，相对。善与不善，都凶。二、"否"作"不"，不善，凶。做事失掉办法，不论善与不善，都凶。

中国人是以"中"为节，"知和而和，不以礼节之，亦不可行也"（《论语·学而》）。以人性为律，发挥人性的作用。律，必脚踏实地去做，以律行事的重要，否则即使是善，侥幸成功也不好。

"师出以律"，得按律出兵。任何团体必得有律，以律行事，故曰"法律"。群众生活必有律，否则即乱。出兵，亦得按律出兵，兴师动众。不按律出师，好坏都凶，即使侥幸成功，乃偶然碰上，并非必然的。

宗教讲律，有律宗。

律宗，因着重研习毗奈耶（为梵语 Vinaya，即律）及传持佛教戒律、严肃佛教戒规而得名。

"师出以律"，有一定的规矩。事事留心即时务。不要以为得美名即好，处之不当，福兮祸之所伏。

《老子·第五十八章》："祸兮福之所倚，福兮祸之所伏。"

怎么可以一点准备都没有，就上战场！根本不懂得水火之险。现在学习，当一台戏看，生旦净末丑都有。

《象》曰：师出以律，失律凶也。

"师出以律"，出师，得天时、地利、人和，三缺一不可。"失律",如侥幸,亦冒险。不按律出师,不论好坏皆凶。行险侥幸,小人也,君子不为。

"群而不党"(《论语·卫灵公》),儒家"君子不党",讲群育。结群之前必立律,无律就完了。

人活着必办人事,每天吃饭是实际的。"子不语怪力乱神""未知生,焉知死",与宗教不同。生时,自己哭;死时,别人哭。"未能事人,焉能事鬼",事人之方、之理,即为人服务。面对事实,面对所需,"六合之外,存而不论"(《庄子·齐物论》),"六合",指上下和东西南北,泛指天下;"存而不论",保留,不讨论。何等智慧!"事死如事生"(《中庸》),父母死,不能不管。应好好研究中国面对人事的智慧。中国人祭祖,完全是报本,孝也,不是求祖宗的保佑。

我每天看佛书,得启示。有定课,看二十页,但不迷信。人到人世是苦的,每天都有"不齐"。

中国人头脑冷静、致密,不讲鬼话。看祖宗是如何立文化的?

不应将有用东西放在无用之处。

欲了解治国之道,必须好好了悟《大学》《中庸》,其关键皆一句话。

九二。在师,中（用中）吉,无咎,王三（虚数）锡（赐）命。

"九二"刚正居中,为众阴所归,上应"六五",承天宠。

"在师,中吉",谁在群众中,能行中道,以中道用事就吉。以性行事,所发皆中节,才是"夏",指德,非指土,"夏,中国之人也",具有中之德,"喜怒哀乐之未发,谓之中"。《中庸》讲用中之道,"道也者,不可须臾离也,可离非道"。

此中，即律。中国人是以中为律。"师出以律"，吉。何谓中？"喜怒哀乐之未发，谓之中；发而皆中节，谓之和。"故宫三大殿的命名，即"致中和，天地位焉，万物育焉"。

中国人是最能发挥人性的民族。没有以人性为律，就不是中国人。以律行事，律，中、性也。一层一层剥，最后才达核心，如剥竹笋。不是生在中国就是"夏"，必以性行事才是夏，指德而言。

称律师，不叫法师。律师，替人辩护。律，必须脚踏实地去做。

明德，各家讲法不一，熊十力释为"本心"，还差一截。明德，即明之德、生生之德、终始之德。

伏羲画八卦，要"通神明之德"，神之德，妙万物，造出来的不如妙出来的。明之德，终始、生生。"在明明德"，即将"明德"明于天下，进而"类万物之情"，"新民"。

我一天至少写两段，要特别深思。

"天下之动，贞夫一者也"（《系辞传下·第一章》），"贞夫一者"，一以贯之，才可以御天下。孔子改一为元，从一到元，有了生命力！"一致百虑，殊途同归"，"始于一，终于一"，"吾道一以贯之"，"天下之动，贞夫一者也"。不真懂，"奉元"二字就白糟蹋了！我写《释一元》，按此方式写，跑接力，这只是第一棒。按重心，往前想。

不在讲多少，而在明白，窍打通，一法通，百法通。依经解经，才讲通孔夫子的"吾道一以贯之"。注解，绕许多弯，犹不明白。

有几年工夫，可以将"四书"合情合理地串在一起。时间

师卦第七

再长，"四书""五经"串在一起，才能使人懂得中国传统文化是什么。玩味是功夫，才能知味。没有玩味的功夫，食而不知其味。

汪中《释三九》，以三、九为虚数。《尔雅·释诂》云："锡，赐也。"

"王三锡命"，王无主意，屡次下命令，在怀柔万邦。王三赐命，乃无信任之专。做事必得主管信任，否则卖命一辈子也不成功。

古代为将最难的是，碰到不懂三军之事，却要管三军之政的君，虽有怀万邦的爱，却无御军政之智。有智，能盲目地爱？愈是无能的皇帝，遇有智之将愈是不放心。所以说"将在外，君令有所不受"。

你们天天学"生"了，还是学困？我说的疯言疯语，懂深意之所在？皆实学也。

《象》曰：在师中吉，承天宠也；王三锡命，怀（怀柔）**万邦也。**

作《小象》者多有智，描写懦弱之君，多么淋漓尽致！分成三段讲，讲出懦弱之君，既不能将将，又不能领兵。所以如此啰唆，在"怀万邦也"。像明朝的崇祯帝。不说宣统帝，乃为尊者讳。

崇祯帝说"君非亡国之君，臣尽亡国之臣"，合理吗？脑子得天天琢磨，对不合理事要追究。身为皇帝，连个女人都不能保护，还不如嫁一农夫。一点主张没有，却又啰唆，让人不放心。

一个人能叫众正，每个人都不失"中"了，才能"正"。"在师中吉"，"同声相应，同气相求"，"九五，飞龙在天，利见大人"，以九五之尊，得"利见大人"，必须有"利见大人"的德与量。

搞组织，不是到马路拉夫。我什么都准备好了，精品绝对是经过百般试探。通德类情，与天地合其德，"同声相应，同气相求。水流湿，火就燥；云从龙，风从虎。圣人作而万物睹。本乎天者亲上，本乎地者亲下，则各从其类也"。自以为高，谁也不接触，焉能成事？一拉就去，有用？不过是要乐子而已。一言以为智，一言以为不智。天天彻底任事，最后才能用事。如做这种事，都如此不经心，焉能有成？

有灵，必也顽石点头。头脑必致密，做事要经心。有结果，看药方灵不灵。你们碰到高一招的人绝对失败，因为没有学力。好好用脑，要知道怎么做事。

熊十力读通《周易》，着迷。我受他的启示大。

"在师中吉"，以中为律，体，在众人之中能得中。中国，学大用中，天下归仁。要活得方方圆圆，方，不逾矩。

研究这一卦究竟是干什么的？读书要思考，何以有些地方读不通？

我提出问题的阶段，依此研究：一、在师中吉，无咎；二、王三赐命，心怀万邦也。人做梦都想上极乐世界。智慧藏在笑话中，一切尽在笑谈中！

六三。师或（不定之词）**舆**（多也）**尸**（主也）**，凶。**

"六三"阴爻居阳位，不中不正，才柔志刚，心有余而力不足。

师卦第七

社会上主事者总一人，故师卦意义特深。一个团体谁都做主，乱。

"师或舆尸，凶"：一、"舆尸"，以大家为主。出师未受帅令，大家都主其事，令不一出，凶。二、战争时，或者失败，尸首多，以车拉，凶。

用老宫监军，心理不正常怎会好？绝不可与心理变态者相处。

《象》曰：师或舆尸，大无功也。

开会，讨论，决定了，实行，少数服从多数。如众人都要做主，凶，故"大无功也"。

是同志，可不许乱做主张，必须志同道合。

六四。师左次，无咎。

"六四"居阴得正，在坎之上，出师难以胜，全师而退，无咎。

"左次"，退止。不以硬克硬，做无谓的牺牲。作战，都想胜利，但急功不行，应知难而退，胜败乃兵家之常事。有急功近利观念，必败无疑。

在一大问题中，究竟要扮演什么角色？刘邦会写字？努尔哈赤不识汉文。一个人有智，不在乎会写文章。刘邦从谏如流，善于听取别人的意见。真明白，亦得有胆，胆小不得做将军。有几个人敢说不？

《象》曰：左次无咎，未失常（常道）也。

人，有进就有退。以退为进，退非遁，故未失常，乃当退而退，不打没有把握的仗，所以在没有把握时，必退而舍止（扎营）。

一般人光知往前进，觉得退没面子，一直往前奔。其实，"左次无咎，未失常也"，所以胜败乃兵家常事。"知进退存亡而不失其正（常）者，其唯圣人乎"，蟒知进不知退，故乡下捕蛇，在门前置利刃引之，而后杀之。

"常"，重要。纲常、伦常、常道，离此，即为禽兽。经者，常道也。织布，经线曰常线。无经、纬，则无所引，不能成其事。经之纬之，经纬天地。没有规矩不能成方圆，没有经纬不能成其组织，故曰"伦常""纲常"，没有办法变。

经，常之道。"未失常也"，有伦常，就有父子之亲。最早，只知有其母，不知有其父，不知常。中国人伦常分明，自亲属称谓可知。现正是全世界学习中国文化的时候，应乘时。舍逆取顺，这就是人生。既不是一条路，就不必强求。

想，灵机一动，可以想很多。随时想，想完就写，可得很多真东西。重视理路与思路。笔记不要记成杂货铺，难找，必用卡片整理，一卡只记一事，可以归类。一周至少整理、归纳一次。有各类主题。必须懂治学之道。

小孙子已经学会使用卡片，会找《大汉和辞典》。教育最重要的是"爱"字。小孩问，应训练他，不要拿过来就告诉他，应叫他去找，要有爱心。

卡片就是财富。"工欲善其事，必先利其器。""百工居肆，以成其事"，肆，场所。想成功，工具、场所，缺一不可。坐在图书馆，既有工具又有肆，可以读书。

六五。田有禽，利执言，无咎。长子帅师，弟子舆尸，贞凶。

"六五"为用师之主，但是一柔君。

"田有禽"，田猎，打猎，目标即禽；"利执言"，其利在抓住，望梅止渴不能解决问题。

"师"，国家养兵。"田有禽，利执言"，利御寇。不为寇，但如对方来了，绝不客气，还可"执言，无咎"。师出有名，师在御寇，不在为寇。"利执言"，言己执之理。执而不信，做什么事，办完，别人不知其所以；言而不执，天天讲什么都没做，有咎。

"长子帅师"，"九二"具刚中之德，刚中而应，吉。

"弟子舆尸"，一帮儿子都做主。"贞凶"，对亦凶，不对更糟。

"师出以律"，不合乎律，凶。在合乎律否，非在打败敌人否。做事，不一定出手就成功。但如一出手，既不合理（体），也不合乎势（用），就凶。

孔子之学，一个"时"字，"学而时习之"。博学，但非所学都能用上，"圣之时者"。"生乎今之世，反（返）古之道。如此者，灾及其身也"（《大学》），因不合时。

好好培养聪明、智慧。"人皆曰予知（智），择乎中庸，而不能期月守也"（《中庸》），可是用事能恰到好处的有几人？有变，视是否能应变。不怕社会有变，就怕无法应变。有才智者焉怕变？否则，怎么显其才智？解决问题非一，必须用自己之所长。政治必须用政术。如何用智、用勇以救时？必须追其所以。

《象》曰：长子帅师，以(用)中行也；弟子舆尸，使不当也(领袖领导无方)。

"长子帅师，以中行也"，用中行也，合乎中道的行为。

看此卦时，注意"中"字。

"使不当也"，一个"使"字，形容"六五"之阿斗！归责于懦弱之君，又无信人之德。

无经深思，你们不知我说些什么。要讲出文章的精髓。

事情慢慢解决，第一个没战争。智与术，琢磨出一套办法，按部就班做。小人之行无往而不利于君子，完全妒夫的器量，能有出息？一举一动焉能成事？家也办不好，完全没有理智、智慧，太愚了！什么也没懂，白长这么高，没有超人的智慧。怎么想事能无咎，要马上想到"咎安在哉"。

"不得中行而与之"(《论语·子路》)，弟子都要做主。每个人都有长处，放错位置，乃是使的人没有头脑，使人不能发挥作用。可见"使"的重要！得有急智试验一个人，并非三五天就认识一个人。对人，必择而后用。搞文化的，就得以文化作为生命。会生活，做什么都可以。

凡事从小成大、由近及远。远大的事情，必须有毅力和耐心，一点一滴去完成，心稍有松懈，常会功亏一篑。处理艰难的事情，须从细易处着手。面临细易的事情，切不可心急，应谨密周思，细心而为，才不会失败。

《老子·六十三章》"为无为，事无事，味无味"，圣人治理天下，以"无为"作为政治的根本，以"无事"作为行政的原则，以"恬淡"作为施政的态度。"图难于其易，为大于其细"，处理困难，必从容易处开始；实现远大目标，必从细微处开始。"天下难事，必作于易；天下大事，必作于细"，天下的难事，必定从容易的做起；天下的大事，必定从细微的做起。"夫轻诺必寡信，多易必多难。是以圣人犹难之，故终无难矣"，圣人把任何事情都看得很困难，所以始终不会发生什么困难。

上六。大君有命，开国承家，小人勿用。

"上六"居师终功成，论功行赏之时。

战争的结果："大君有命，开国承家"。开国封侯，有世爵。可"开国承家"，未必能谋政，有功劳但不一定有任事之才能，马上（武人）得天下，不可以马上治天下，宰相须用读书人。

"小人勿用"，未成德之人不可以担当大事，委之非人，就完了！

"开国承家"者，皆做方面大员，净"想当年"，倚老卖老。但时已不同，能开国，未必能谋政，应冻结在家，士大夫之家，世家。

国家大事，"小人勿用"，得用大德之人。不识字，恭之，但绝不可管事。

《象》曰：大君有命，以正功也；小人勿用，必乱邦也。

成功了，得"正功"，正功之大小。

"小人勿用"，用必得人。"小人"，未成德者，与"君子"相对。创业中的小人，光有开国之功，但不识字，如何治国平天下？小人无能力，不能用事。不能管事，就享福、喝老酒，有福无权，承家封侯。卖狗肉的照样封侯，使之在家喝老酒，

易经日讲

不用事。

"必"乱邦也，一字多惊人！没有侥幸，委之非人，就完了！

读活书，不要读死书。要下功夫。

事情要大家做，不是我做。做事，得先找行家。何以不把公私分开？检讨过去，迎接未来。一点点做，开始不必忙着给别人印书，先出《夏学导读》。

组织即力量。有一帮人即群、师，群中必有分，有分就有份，小组长、小分队长、大队长。中国人最有智慧，《周官》讲均与联。家是一组织，亦有分有份，每天应做自己当做的，家就井井有条。清朝皇帝只管八大军机，下面各司其事。

今天奋斗应有目标，要素其位而行，不愿乎其外。"习，鸟数飞也"，鸟习飞都有其历程，焉可一伸手就成功？

我讲的废话皆有用，比经文有用。但你们如八哥，会说，但不知所以。读书，要点抓不住，没用。每句要当思想。

"大易"与《春秋》均讲元。元，妙万物者，万物皆自元来。没有元，就没有一切，万物都有其用。我要你们比我能。

中国所有学问，就"阴阳"两个符号之变。中医，伏羲、神农、黄帝，要再造华夏文化。

做事有一定的方向，研究文化亦如是。自亚洲入手，其次救非洲，助其开发，必了解他们。人生观、社会观、世界观（天下观）。中国文化是天下文化，不要界与际，世界、国界都不行。有界际，就有纷争。环宇，中国思想，华夏文化。夏，中国之人也；大也，至大无外。中国文化，"入中国则中国之"，中道之国。《大学》，学大；《中庸》，按人性办事。明明德于天下，类万物之情，新民。

师卦第七

文化，非讲的，得实行。偶一不慎，被人利用一次，成终生的污点。应做什么就做什么，不要有计谋，用心。"人之视己，如见其肺肝然"，既知如此，何必耍心机？"空城计"也只能用一次。我并非教你们天天用计谋，什么都会过去，是发你们人性的深省，一即一，二即二。

　　"天下之动，贞夫一者也"，"贞夫一者"，一以贯之，才可以御天下。孔子"改一为元"，从一到元，有了生命力。

比卦第八

（水地比　坎上坤下）

坎为水，坤为地，水地比，水与地，亲比无间。

比卦，"九五"居尊位，众阴皆归往之。

《序卦》："众必有所比，故受之以比。比者，比也。"

众亲比，有小集团。但不能比之非人，不能老是争，必须有点爱、有点仁。

《杂卦》："比乐师忧。"

师、比二卦相综，师讲刚柔，比论阴阳，"阴阳合德而刚柔有体"，生生不息。比，相比辅，乐也，"二人同心，其利断金"。"仁"，二人相偶，仁的意义太深了！"君子之道，造端乎夫妇"，仁者，生也，二人相偶，其结果即生。

昔人懂得道德，彼此帮忙，基本教育重要在此。即使小家庭也不可以吵，要有爱心，吵开就坏，家不像家，如何过日子？

中国人的智慧，"六合之外，存而不论"。何以放着人的事不做，偏要做魔鬼的事？犯一次，即伤品败德。

千万别自欺，人就是人，没有超人。"见君子而后厌然，掩其不善而著其善。人之视己，如见其肺肝然，则何益矣！"

不要从小就自欺，应坦荡荡地活。

弘一大师研究律宗，三件衣裳换洗。

李叔同（1880—1942），又名李良，剃度为僧，法名演音，号弘一，晚号晚晴老人，后被人尊称为弘一法师。集诗、词、书画、篆刻、音乐、戏剧、文学成就于一身，在多个领域开文化艺术之先河。他把中国古代的书法艺术推向了极致，"朴拙圆满，浑若天成"，鲁迅、郭沫若等现代文化名人以得到大师一幅字为无上荣耀。

他是向中国传播西方音乐的先驱者，所创作的《送别》歌，历经几十年传唱，经久不衰，成为经典名曲。同时，他也是中国第一个开创裸体写生的教师。他以卓越的艺术造诣，先后培养出了名画家丰子恺、音乐家刘质平等一些文化名人。

他苦心向佛，过午不食，精研律学，弘扬佛法，普度众生出苦海，被佛门弟子奉为中兴南山律宗第十一代世祖。他为世人留下了咀嚼不尽的精神财富，他的一生充满了传奇色彩，他是中国绚丽至极归于平淡的典型人物。

有人活在罪孽中，却在别人面前掩饰。

《大学》《中庸》皆讲"独"，好好研究，"天上天下，唯我独尊"。独与性，有何区别？有何关联？"故君子必慎其独也。"人世（事），谨己独不知、独不闻之事，乃引申义。"人莫知其子之恶"（《大学》），而外人尽知他是流氓。为何有些老师教不出像样的儿子，岂不是自欺？何不将自己儿子先教成才？进门就打牌，儿子能读书？儿女了解你所行皆不足法。"故君子必慎其独也。"

多少人知教别人，却忽略了自家儿女。谁不望子成龙、望女成凤？小孩的潜力惊人！今天台湾地区的教育何以如此失败？上下皆一个"伪"字，无法发挥作用。教育需要实学。实与伪相对。

何以戒慎恐惧？"莫见乎隐，莫显乎微"（《中庸》）。本身如无真知，如何教人？行有余力，再给别人。人欲太可怕，不可以养欲。"可欲之谓善"，当其可之欲，人不能没欲，得欲得恰到好处。公文批"可"，即发而皆中节。不自欺，要自试。

比，吉。原筮元永贞，无咎。不宁方来，后夫凶。

冷静读，好好思考。"君子周而不比，小人比而不周"（《论语·为政》），研究自己是否真君子，不能自我陶醉就算了。

"原"，原原本本，原始要终，原心定罪。"原筮"，原其所将筮之源，慎之至也。审问之，慎思之，明辨之，然后笃行之。"作事谋始"，可以躲开"不宁"。做事应自根上来，开始就要注意，慎始才能诚终。比非坏事，但要先能再审，又能"元永贞"，方得无咎。

坤，"利永贞"；比，"元永贞"。"元永贞"，"元者，善之长也"，"君子体仁，足以长人"，元、善，都需永，一永日，哪

比卦第八

有咎？为德不卒，乃缺永恒的力量。《易》为智海，乾元为性海。天德好生，不可为首，杀一无辜而得天下，不为也。元之德，包含一切善的行为。有"元永贞"的德行，才有资格亲比天下之人。

"不宁方来"，必须有识时之智；"后夫凶"，不及时，凶。失败了才来，来得太慢了。后，失时，不及时也。识时务者为俊杰，不失时。

时与，最成功。先时，挨一拳头。找同志，必"同声相应，同气相求"，多难！"不宁方来"，也必有"上下相应"的功夫。"后夫凶"，到穷途末路。

可以备而不用，不能用而无备，做事必须有万全的准备。一人做事万人观，没人理你，你失败了，因没格调。

一、学的责任是什么？"古之学者为己，今之学者为人"（《论语·宪问》）。二、学，要学什么？怎么学？学，必须有步骤、有层次，读书必识字，自《说文解字》入手。

要如何拨乱反正？求真，不要作伪。书多，不必怕，值得读的书并不多，自根上认识。

你们应知怎么用功、怎么解决问题。遇事，必冷静思考，才能解决问题。"不在其位，不谋其政"（《论语·泰伯》），不愿乎其外，里外一想，你们就懂得做人之道。

《彖》曰：比，吉也。比，辅也，下顺从也。原筮，元永贞，无咎，以刚中也。

"比，吉也"，事不独行，互比必吉。"比，辅也"，"以文会友，以友辅仁"（《论语·颜渊》）。"下顺从也"，以德服人者，心服，王者，天下之所归往，此乃下面顺从自己之理。

卦要玩其辞，才能得很多深意，知其所以然，才能明白、用上。崇德，天天积德，日行一善，日去一恶，懂了，必须造就自己。根基不稳，不能成事。

"原"，原样，原装，原封不动。"原筮"，才"元永贞"。"原筮"，最好，原装的。蒙"初筮告"，"初筮"，有第一次的意思，有别于二、三，"再三渎"。"原筮"，本来样子，何其慎始！

比，第一个功夫得"原筮"。何以能"原筮"？遇事择而后交，就因有刚中之德。刚，无欲；中，不失本性，喜怒哀乐之未发。无欲乃刚，有理智。失刚中之德，利令智昏。见谁都动情，当然吃亏，吃亏而后悔，迟矣！

"原筮"，才能"元永贞"。神之德，才是原；明之德，指用说。混沌，原；初开，明。想亲近天下人，得保持原本心，即纯，未掺杂。"安仁者，天下一人"，没有分别心。

"元永贞"，以"永"代"亨"。"亨者，嘉之会也"，通也，有实用性，没永恒性。

人的"原筮"，不失赤子之心，大人。不怕不识货，就怕货比货！元培了，即止于至善。真，不在外面穿什么衣服，而在心。

"以刚中也"，"刚"，"枨也欲，焉得刚"（《论语·公冶长》）；"中"，"喜怒哀乐之未发"。"刚中"，无私欲，行健不息。人无私欲有几人？没私心，未必没私欲。甘地有刚中之德，无私欲不容易。

无一民族的头脑比中国人还致密。佛讲"戒定慧"，儒说"知止，而后有定静安虑得"。《大学》最关键的一句即"致知在格物",经文的转捩点,解决了整个宇宙事。

奉元宗,我是初祖,你们是二祖。我读书不必写读书报告,一个月明白一句也可。

《大学》《中庸》富治国平天下之道,要好好读。如何格物?物格而后知至,物包含人、物、事;格,研究也,有真知才能治天下。用什么来格物?有什么本钱才能研究东西?教"四书"得拿真格的,不能骗人。

"在明明德",即在于明生之德,生之谓性。完成人之性,即尽己之性。明自然界生生之德,无通神明之德的功夫,焉能格物?画八卦,在通神明之德,才有资格研究万物。神之德,妙万物;明之德,终始万物,生生之德。

求一,得一,止于一,正。"大人者,与天地合其德",《大学》学大,谁得一谁就成大人。你们不求,怎么会有所得?孔子"吾道一以贯之",思想完全一贯的。好好努力,用于有用之处。你们聪明有余,但是正事不足。为人不正,祸延子孙。都有一定之因果。

"格物在致知","致知",要明白事物之所以然。明理不难,知所以用理为难!

夏,诸夏,华夏,层次分明。华夏思想,即"舟车所至,人力所通……日月所照,霜露所坠",如此民族,还听别人的话?开玩笑!

将《周官》当小说看,看其组织之严密。你们脑子不致密,乃格格不入。

人必得走正路,所以"蒙以养正,圣功也"。蒙真启了,再好好看《大学》,才能有所得。学大,"唯天为大,唯尧则之",

有了结果，即一部《大学》。《尚书》"惟精惟一，允执厥中"，人必自侮而后人侮之。

不宁方来，上下应也。后夫凶，其道穷也。

养刚中之气，而不移其德，不为物诱，不为情迁，而大正至仁之智，体世、识时、当务之急，不溺于旧常，故能上下应。

"上六"阴乘阳。"后夫"，警语，多深刻！失时，凶。前后正合式，即中。时中与"押宝"相对。

问自己要干什么，然后思不出其位。忠，脚踏实地去干，"贞者，事之干也"。教书，随时，"人能弘道"（《论语·卫灵公》），不能当作职业。懂了，必须造就自己，根基不稳不能成事。

遇问题，必冷静。现实摆在面前，如何解决？外力不可靠，借外力无成功的，得靠自己奋斗，智、仁、勇缺一不可。好好深刻地研究问题，"社会事于我有责任"，得好好想。许多事情发生，必有原因。遇事，必须前思后想，再做决定。遇到事，不要借势，用智慧最重要，但到最后"勇"最重要，稍一马虎，最后可能殉葬。

有多少人能为其所当为？文天祥算一个！识时。相敌，不一定都是管仲，所以宁死，不相敌。怎么活，就看自己。

我扯一辈子，改不了。事发生，敏感，没几分钟就得结论。读书好不容易，要细心，有致密的头脑。年轻，真有志趣，几年即上轨道，就有专学。中国人确实长于政治。

学历并不代表学力。人要懂自己缺什么，才知买什么，就怕不知自己缺什么。

《象》曰：地上有水，比。先王以建万国，亲诸侯。

"地上有水"，代表绝对的亲密，中间一点隔阂也没有。水，盈科而进，尽平天下之不平，治天下之术，使不齐归于齐，"安仁者，天下一人"，没有一点私，不分彼此。

"先王"，古圣先王，自家系统的。《孝经·开宗明义章》曰："先王有至德要道，以顺天下。""前王"，不是自家系统的。

"建万国"，三三两两，发展组织。"建万国"，要亲比诸侯，此组织之道。无群众，能当领袖？"容民畜众。"

"亲诸侯"，亲比，得如同水与地之无间，中间一点距离都没有，水之滋润，生长万物，"以贵下贱，大得民也"。

中国旧时"道统"与"政统"是一个，政教合一，祭政合一。

"亲诸侯"，小组织的领导人。有组织，有公心，大家好好做事。

大小事都要清清楚楚，不能光有欲，没有智慧。不走错路，就自求多福。

要懂怎么做事。用智慧，自求多福，培养自己永是力量。元的电厂，永没障碍。人都有一个元，每个人都是天民，何以要作践自己？《易经》绝对有深意。

比卦，第一件事"建万国"，引申义：有组织。其次"亲诸侯"，与领袖相亲比。天下一家，中国一人。

地上水与地，中间有际，没有间隔。庖丁解牛，游刃有余，刀不受损。将《易》当思想讲，不当卜筮讲，"不卜而已矣"，追寻看不见的东西。

初六。有孚，比之，无咎。有孚盈缶，终来有他吉。

"初六"处比之始，相比以诚信为本，有诚信，相亲之比，无咎。

"孚"，诚、信也。"修辞立其诚"，指言，诚；"人言为信"，指人，信。一个人得先有自信，别人才相信你，"信则人任焉"（《论语·阳货》）。不自欺了，才能与所有人相亲比，无咎。有诚信，才可物尽其用，任何事皆可圆满，满又不可溢。

得有诚信，"诚者，天之道；诚之者，人之道"，"信则人任焉"。何以没人找你？因为没人相信你。不要老是责备别人，应该检讨自己。人对你有一点不真实，你就知，反之，自己也应教训自己，必真实做事，责己也重，责人也轻，必须脚踏实地做事。念为源，源诚，事就成。

传八个字："决定不移，戒急用忍。"我用此八字，在屋中坐五十年，至死不移，强哉矫！

"无咎"，有人相比，乃因你"有孚"。"有孚"的好处太大了，连缶都装满了，此即"万物皆备于我"，天民。能盈天下，天地无私心。

"有孚盈缶"，"有孚"，效应即盈此缶，则岂止无咎，必有未期之吉自来也。

"充实之谓美"（《孟子·尽心下》），大至宇宙，小至家。"有孚"，家亦充实。"不诚无物"，"诚者，天之道"，宇宙间"万物皆备于我"。

坐着琢磨，不必贪多。喝茶、吃饭、散步，就想那一句。读书，环境很重要。无所求，就不妄想；不妄想，才能想正经的。

比卦第八

宇宙寺，以宇宙为寺。众生佛，以众生为佛。心僧，心出家僧。在哪寺出家都不一定能成佛，因有所住，应是"无所住而生其心"。"僧者，净也。"(《坛经》)心僧，必心净。和尚，身出家，见什么都留恋不行。老牛破车，拉够了，再真出家。但比偷偷摸摸的大法师好。人就是人，绝不能自欺。不必有形地出家，装腔作势，苦不堪言。不能学佛，亦步亦趋。还可做个佛学家，讲讲佛学，振宗风。

一人做事万人观，天下事不易，必须有万全的准备。人人都懂"诚信"对，可是有多少人诚信了？一个人无诚信，则什么都没有。

"终来有他吉"，最后还有想不到的吉。近悦远来，只要本位守得住，有想不到的好处。有一善，众善归之；有一美，众美归之。念为源、为本，本立而道生，念诚则事成。

《象》曰：比之初六，有他吉也。

"比之初六"，"初六"居比之始，有孚比之。

"有他吉"，意境很高，不仅我、你吉，还要他吉，天下人都有吉。"有他吉"，因"有孚"，以诚信为贵，有想不到的吉。福不双至，《易》则谓"有他吉"。

每卦、每爻都活活泼泼地摆着，有无穷的力量。

我有许多"活物"(学生)当消遣。活着有对象，老了又何必找消遣？自年轻就有目标。我找没人地方散步，免得浪费时间。不以为累，就是消遣。从年轻就有目标活，愈老愈急。人应有志，尚志。华夏文化在中国，此讲学的目的。

什么都会过去，就德常存。如用术都成功，那人都用术了。

易经日讲

六二。比之自内，贞吉。

"六二"柔顺中正，与"九五"中正之君相比，成就内圣外王之业，贞吉。

"比之自内"，柔顺中正，内圣的功夫，自试，自讼。朋友相交，必得中信，方为正固之吉。

怎么内比？自己有智、有能，谁都得求你，和谁都没有恩怨。

《象》曰：比之自内，不自失也。

"不自失"，自信，有孚，多深刻！一部《大学》即修己，自昭，明德，故不失也。

"守位曰仁"，比"在其位"还更进步，"圣人之大宝曰位"。己之位都没注意，还梦想？自己本位都守不住，还东张西望。

"比之自内"，方不自失，才能号召天下。"人之视己，如见其肺肝然"，还作伪？就是真，也得经过试验。《易》为君子谋，不为小人谋，有德才能应验。

比，群德的第一步，没有群，能影响谁？比，至少得棋逢对手，"同声相应，同气相求"。

"不自失"，中正，得下多少功夫？立身行道，是自己叫自己怎么样。最卑鄙，没处打，打学生的主意，乱伦，师生乃"犹父犹子"。

要善用智慧！许多事不用看、不用说，必须知道怎么做。旁观者清，当事者迷。一句话，可破其迷津。一样话，谁可以说、谁不可以说，得看客观环境。

"后夫凶"，得及时。

缺什么才蒙？童蒙求师，要求什么？

"有恒产者有恒心"（《孟子·滕文公上》），才能不穷。有生活的定律，才有预算、计划。"不自失"，永不失，自求多福，连求老爸都不可靠。我父亲很少赞美我，有一天说："你如此守分，可以过五十代。"我今天能无忝所生，乃"比之自内"。老祖宗留下的金饭碗，而今安在哉？"比之自内"最可靠，什么都不可靠。"终日乾乾"，得拼命再拼命。

对学生慎选。五十年了，绝对在这块土站得住，至少有人品，有人品就有学品。没学品，就抄人家的东西当作自己的。你们要学习当接班人。

必读完《易经》了，才能读《春秋》。

六三。比之匪（非）人。

"六三"居刚用柔，不中不正，承（长官）、乘（部下）、应（办事的对象），皆阴，遇人不淑，难得群小之欢。

"比之匪人"，小人，非正经人。看左近人，如所亲近非好人，则得什么结果？人必须随时谨慎。以情性相交，情投意合。情性不相投，即难以处好，不必勉强，不相投就不去相比。比之非人，失败才明白，已来不及，最后与之一同殉葬。以性相交，方不失德。人生中，择友、择书，两大择重要。

势利之交，未有不凶终隙末。每天所接触的都是哪类人？要慎交。应以情、性相交，情投意合。

《象》曰：比之匪人，不亦伤乎？

不中不正，"比之匪人，不亦伤乎"，哀哉！自己不能择人而比之。上下都阴，无下"原筮"功夫，比之非人。人生中，择友与择书很重要，要择然后交；交了而后择，则愈处愈远。

不要贴标签，不要有色彩。年轻一步走错，贴上黑签，一辈子也拿不掉。要练习自己做主人，何必为人抬轿！记住"比之非人"，就成功。

比卦明白了，即知自己应如何做。人与人多难处，比之非人，多少人想牺牲他人幸福。许多人都想卡位，就我不必。

有一点病赶快看医生，不要养病。我的胃有点不舒服，就去看病，吃素。

不可因一时的感情用事，而断自己的福分。遇事必须理智，好好为自己活，千万不可比之非人。

比卦读完，知和什么人合作才有利。必须以团体对团体，"铁打的衙门，流水的官"。团体必须有团体的格，格调，成立一个清清白白的团体。所亲比的人不够格，比之非人，怎么比人？跟着跑，自己举哀去。

我对《周易》每卦都熟烂在胸，一出事即知哪一爻，"不恒其德，或承之羞"。偶一不慎，什么都抖出来，得"不自失也"。看《周易》多么宝贵！时时卜，事事卜，一爻一宇宙，一爻一世界。

六四。外比之，贞吉。

"六四"柔顺当位，与"初六"应而不与，舍正应之阴柔，外比"九五"中正之贤，乃正固之道。如是"九四"，则伴虎如伴君，因"九五"有所戒也。

看环境，也得有智。"贞吉"，安分，就有伦常的观念。分与阶级不同，中国无阶级观，有上下、贵贱，即主从。

《象》曰：外比于贤，以从上也。

外比于贤——"九五"，不失其贤，亲仁从上，舍正应"六二"。

安分，就有伦常观念。舍正应而外比，可不容易！得知时。

九五。显比。王用三驱，失前禽，邑人不诫，吉。

"九五"刚健中正，居尊位，群阴求比于己。

"显比"，"显"字用得妙！光明正大地比，大德光显，若日月无私照，光被四表。

"显比"，王者之德，对不愿来者，不去强迫；自愿来者，则不相拒，"来者不拒，去者不追"。

《春秋公羊传·隐公二年》："二年，春，公会戎于潜。"何休注："王者不治夷狄。录戎，来者不拒，去者不追也。"

怎么养德？"显比"，比之以德，光明正大。中国讲"显比"，不朋比。朋比为奸，君子不党。

"王用三驱"，今天承德围场已不同于当初。昔打猎三围，不合围，留一面，网开一面。

邑人，昔跟随帝打猎者，邑人军队非国家军队，专用随从，绝对可靠。"邑人不诫"，上下同德，无不诫也，故吉。

《象》曰：显比之吉，位中正也；舍逆取顺，失前禽也；邑人不诫，上使中也。

"显比之吉"，因中正也，不失本性，有刚中之德，来比之皆吉。

先自讼，看自己天天比些什么人。交朋友，如交不好，则一失足成千古恨！

"舍逆取顺"，乃生道之化民也。上具中正之德，型于邑人，失禽不诫。

都有不喜你的，要"舍逆取顺"，取与己相顺于道者，愈看愈顺眼，愈谈愈顺心。既然不是一条路上的，就不必强求，这就是人生。

"舍逆取顺"，有多少人知做事是"正"是"逆"？必知顺逆，才知所取舍。逆国、逆众、逆天下，天下人皆反对。

"邑人不诫"，什么能力都有的人，也必须给人留条生路。

"上使中也"，在上位领导者，使每人都有中道，不失本性，皆具刚中之德，成王者之业。

胜者王侯败者寇，大混得知顺逆。

谋幸福，不要空谈。做买卖，对外福利群生，对内彼此帮助，由近及远。遇绝路时，必留给人一条活路，应留一面。

绝对要好好守住中道，《大学》《中庸》学大用中。"子不语怪力乱神"为原则，讲义理，教之以道，不叫学生胡搞。志，为往圣继绝学，必须好好读书，不读书焉能成事？

人人承认你有德，则非你不可，"显比"，既有德也有能。人的东西必到手，乃盗贼。比之以德，以什么养德？有能力，也要开求生之门。比之于外,见贤思齐。必须自求多福,不要净找便宜。

上六。比之无首,凶。

"上六"处于比之极,乘"九五",眼中无"九五","后夫凶","无所终也"。

"比之无首",以柔乘刚,阴居于阳上,在他眼中,根本无首。

"后夫凶",将丈夫不放在眼里。夫妇何以时常吵架?许多问题发生,两者皆必负责任。

《象》曰:比之无首,无所终也。

应建首,没有领袖样,凶,"无所终也",到了穷途末路。

据乱世,有首,"比之无首,凶";太平世,无首,"见群龙无首,吉"。

做活学问,空讲没有用,什么都用不上。读完一卦,即一活学问,应活活泼泼。教书的无不想教出高手,但领袖之才不易!

遇事必追源,不必人云亦云,是你怎么看,"郑玄说"也不一定对,要深思。愈读《易》愈赞美,几个字道尽了天下事!

做事应势,但亦不可违理,否则站不住,只图一时之快而已。会周旋(圆)、折旋(方),才能中规中矩。孔方兄,外圆内方。

奉元行事,样子合乎现在。永远有主流与非主流,怎么判断?得投那个"机",才能开启那个"机"。

易经日讲

中国经书是元匠，智慧的表露。"行礼运之至德"，中国非以法治天下，而是以礼运天下。以礼运天下，才能天下为公。

变动以利言，稍有变动必得提高警觉，马上研究找出利之所在，才能动脑子。你有变动，必有所利，要以你的角度研究利之所在。学的是文、智慧，不是文章，乃治世之智。

入手处必须懂，才知要怎么应世。釜底抽薪，比扬汤止沸好。

"《春秋》之好微与贵志也""《春秋》之道，视人所惑，为立说以大明之"（《春秋繁露·玉杯》），"《春秋》无达辞"（《春秋繁露·精华》），"《春秋》无达例"（孔广森《公羊通义》），"王者受命，不追治前事"（《公羊传·隐公元年》何注），"不教而杀，谓之虐；不戒视成，谓之暴"（《论语·尧曰》）。

"天子之元子，士也。天下无生而贵者也"（《礼记·郊特牲》），"人无生得贵者，莫不由士起"（《白虎通·爵》）。

想最高深道理时，要用什么心？洗心。"圣人以此洗心，退藏于密"（《系辞传上·第十一章》），就不会有主观见解。以什么标准"正心"？"加吾王心焉"（《春秋繁露·俞序》），即以王心为己心。率性，因为"人同此心，心同此理"。做事，应顺着人性做。仁，乃性之用。中国文化，继志述事，用；续莫大焉，体。

人有了智慧，放哪儿都行。如学一招用一招，怎么能灵巧？做事相应、知节，因事非一人能成，知节则一步都不迈大步。每事解决，必须有所据。

有定，因有准。知道，率性，才知第二步怎么做。以性智解套，以欲智则失败。读书要论道，"乱生其差，治尽其详"（《荀

比卦第八

子·天论》),"差之毫厘,谬以千里"。

功名之立,由于任智。没有智慧,焉能类情?处人必须坦坦白白,要彼此互助,各发挥所长。年轻得学做事,必须有方法、准则。了解深了,则运用高妙。视智慧高低,接受多少。

民德、民慧、民能;民有、民治、民享。无德不立:孝慈义、智仁勇。

做事有一正当目标,有路可循,绝不可以离轨。做事业绝不可以急功近利,要根深叶茂,一步一脚印,脚踏实地,慢工出巧匠。

小畜卦第九

（风天小畜　巽上乾下）

乾下巽上，以小畜大，要健能顺。

小畜（chù，田畜也，谓力田之蓄积），小，阴，民，"六四"；畜，止，得知止。

《杂卦》："小畜，寡也。"

"六四"一阴畜五阳。如"六二"正中，还好些。"六四"只当位，阴居阴位，不能逾越。

多管闲事，逾越。什么都批评，越俎代庖。以小畜大不易，必须"毋意、毋必、毋固、毋我"，能识正、时、机、势。

《序卦》："比必有所畜也，故受之以小畜。"

每卦皆紧扣，每爻皆接着。辅比之后，至少有小畜的成就。

但要大畜，则必无妄，"有无妄，然后可畜"，"复则不妄"（《序卦》），必有诚，然后才有大畜。

小畜，不怕小，重视这个小。小畜完了，要实行，实行了就泰，《序卦》"物畜然后有礼，故受之以履。履而泰，然后安，故受之以泰"。

《易经》每一卦到底说些什么？必须深刻了解，要懂得用智慧，天下绝没有你所想的简单。

熊十力的东西必须有耐力地看一遍，其智世纪无出其右者，确自中华文化中来，你们要多吸收。

小畜，亨。密云不雨，自我西郊。

"小"，民，小民；"畜"，止也。每个人都得畜，人人都得止。把钱送银行储蓄，钱之止。日行一善，德之止也。崇德，积德也。事事都得畜，积沙成塔。

"密云不雨、自我西郊"，两个境界。"密云不雨"，大环境，没有发挥作用，干旱；"自我西郊"，"西郊"，阴方，方位对，当位。有云彩不一定下雨，下雨才可以生生不息。以当位处事，没不对，故"亨"。但如做事超己之位，虽亨，仍必"师出以律"，否则"否臧凶"。

"小畜，亨"，此亨非大亨，不过当位耳，亨其位，但未亨其利。只亨到"密云不雨，自我西郊"，没能大畜，因"不雨"。办事喊叫，只能没受祸，未必蒙其利。

中国古代自有文化以来最辉煌的时代：秦、汉、唐、清。春秋时代，小畜，百家争鸣，表现智慧，造成秦的统一中国，成为始皇帝，书同文、车同轨、度量衡统一，时代之畜会有此结果。小畜,时候到,必开花结果。秦始皇能用时,走运了,用时、御时、御天。

没有一个人是用"术"成功的。人没有一步就登天、一次就成圣的,必得崇德,即积德。聪明人都想一锹挖口井。

智慧必得与年龄俱增。做事都有一定的步骤,文化的累积亦得一步一步来,发财的人一毛都不浪费。连自然界亦得小畜,此天意。要真研究学问,有连贯性。

一人做事万人瞧。自一举一动即看出其人有无知识,一个人不能做达不到目的的事。你们办事幼稚,我责备自己。

《易》分两派——汉《易》与宋《易》,均非《易》的本色。《易》从"元易"开始,追"元"的《易》。

奉元,不可以忽略未来,伟大是一步一步来的。根据元,整理现在的文化。假的有其环境背景,钦定文化。责任在恢复文化,是划时代的。研究学术,必须博学之、审问之、慎思之、明辨之、笃行之,今天欣逢盛世,要复兴中国传统的学问,但御用文化的由来必须加以重视。

古代几千年就三个盛世,秦汉、唐、清。孔子集大成,但是秦的成就绝没受孔子影响。百家争鸣,有文化以来的结晶,秦统一乃受诸子百家的影响。汉接着享福,就懂得利用孔子了,刘邦是第一个祭孔的皇帝。汉治国大本是《春秋》,以《春秋》决狱,但汉利用祖师爷之名,并非其学。唐文化不纯,有佛学成分,唐诗文有成就,诗文外出禅宗。清代公羊学复兴,《春秋》学影响孙中山、熊十力。熊十力的《原儒》讲《春秋》,《乾坤衍》则衍元。

时代软弱产生的学术就不行,如宋明理学。宋学的结晶是宋《易》。明"阳明学",是宋学与禅学的混合。因时代不安宁,理学不惹是生非。以此例推演。

我再十年,思想体系可以成立。用新文化面对21世纪,才对得起祖宗。做自己应做的事不必说,作秀难成大事,有目标、有方向,不要盲从。熊十力要立学,先辟佛,要办一所宗教学院。

元的产物,要面对中国夏学,吸收世界学问。只要人类想研究中国学问,绝对给正牌的,"华夏文化在中国",华夏文化必得在中国。今天要到哪儿研究中国文化?要懂得责任之所在。别人怎么做不管,干自己的。

辅比,必有所得,"以文会友,以友辅仁"。好好努力,不要小看自己,小畜,不知哪天开花结果了。

我每行一事,都有一定的步骤。你们净是捡鸡毛掸子,聪明过火,有作用?

中国到处都是古文物,此即代表中国人的智慧。看出土的秦俑,商青铜器,仿都仿不来,可见古人技艺之巧、思想之精!

小畜,知止,成事之基。知止,而后有定、静、安、虑、得,皆自得也。复自道,才能自得。复自道,复元,救宇宙;人,复性,率性。人死,但是性没死,归元。元,没有不一样;情、欲,不一样。如你失常、失规,别人不能接受。

于苍生有利的都做,智周万物,得有实际功夫。真能,则团体非你不可。道济天下,由智周万物来的,有求必应,非送米。标准:裁成天地之道,辅相万物之宜。

1998是戊戌百年(*戊戌变法,1898年6月11日至9月21日*)。天津有一专做古设计的,当时已完成三分之一。德宗殁后,我家中摆光绪帝的铜像。我的佛堂供《维新诏书》已经一百年了，仍有宗社党、保皇党的东西。头脑要致密，早安排好，再天天修正，最后可以滴水不漏。

正法明苑，"正法明"为双关语：一、观音佛前身是正法明如来；二、明正法。可以备而不用，不能用而不备。

小畜，为成圣之基，亦即崇德、日行一善。一个人如果失策，怎能成大事？要有系统，按部就班地做学问，脚踏实地好好为下一个世纪负责任。

你们学做事，先学怎么跑腿，老学长有经验，成就（德行），成事的不一定成功。如奉元都不能一家，还能天下一家？如家人都怀不了，还能"少者怀之"（《论语·公冶长》）？放宽心胸，脚踏实地走。一人做事万人瞧，"十目所视，十手所指，其严乎"（《大学》）。有些人于自己无好处绝不做。

各人有方向，才能百家争鸣。诸子百家，缺一不可。商鞅发挥效力，有孚，立信；李斯，执行者，必真知。无诚信，焉能领导团体？稍能定于一，则可以群策群力。

老同学天天在家装老太爷！小孩必告诉他文武都能，尽量发展。我不告诉同学怎么做，而是看他怎么做，必须自己有目标，真正是人生五十才开始。

有理讲遍天下，为子孙谋。小畜，即知止，每个人都得修此德。

熊十力的《存斋随笔》，谈研究中国学问的方向。

熊十力以"存斋"作为其室名，于《存斋随笔》自序谓：平生以"使庶几之志，揭然有所存，恻然有所感"自勖。书中指出：

治古学者，应分两途：一、专做考古之业；二、应继往开来之任。继往开来，只就哲学言。哲学家所致力者，要在探寻宇宙人生诸大问题而勤求解决，否则人生梦梦，如处长夜，虽有知识、技能、名利、权势堪以自娱，而于人生无正觉，于宇宙无正观，究与禽兽无异耳。

每天都做，不可以一曝十寒。你们至少要每天读两个小时书。读完一卦，写一卦的心得，看到底谈些什么。不能执笔，绝不能兴学。恋爱也不要天天在一起，中间要插几个节目才新鲜。

领袖必须忠厚。环境变，昨天要说的话，明天不必说，多言必失，一句话说错，就影响大局。必须谨言慎行。未入流，不及格。

人祖庙，鼎是人祖、钟是娲皇。保存帝王之礼，供羲皇、娲皇，看帝王是怎么祭祖的。留着，不必说，子孙一看就明白。郊天、祭地、祭祖，庙会一年三次，人祖庙当作大礼堂。

何不创造历史？"君子居之，何陋之有？"（《论语·子罕》）老的都训练好了，都有一套。接班人早就有了。你们是做义工的，三十年后创立一个学派。历史是人的智慧堆积成的，要把这个地方塑造得有文化。

一个人要用智慧，练达智慧。成大业的没有一个不是有德的。德，标准的善行，孔子"德配天地，道冠古今"。不要动邪心眼，否则成纯小人。成事，亦必有德。

我如无志，焉能活至今还这么有精神？有抱负，不好听说是空想。做大事业以造就接班人为第一要义，我一定造就人才。

所学皆智慧，无一落空。

属人的事，就大大方方地做，不要变得苟苟且且。文化不够才要造就，为人师表何以要看低自己？

旗人，代有才人出。学生与之合作，永远有生存的机会。

《彖》曰：小畜，柔得位，而上下应之，曰小畜。健而（能）巽（顺，谦逊），刚中而志行，乃亨。密云不雨，尚往也。自我西郊，施未行也。

"六四"当位，阴居阴位，但不若"六二"之中正。上下，群阳。

"六四"以阴畜（止）众阳，以小畜大，上下应之，然以一阴难畜众阳，故曰"小畜"。

小畜时，得"健能巽"，必须终日乾乾，还要有谦德，巽的功夫，外圆内方，和而不流。

"刚中能志行"，"九二""九五"刚中，有刚中之德，志才可行，乃亨。

在这个环境能把事办得通，才能达成事的目的。既无刚又没中，焉能立志？志行就难，不过自欺。有成就的何以少？因缺少刚、中。

"豫，刚（九四）应而志行，顺以动，豫。豫，顺以动，故天地如之"，即"时乘六龙以御天"。柔有柔的办法，刚有刚的办法，都能成功。遇事知怎么做？"贵而下民"，成功乃是抓住最下层的百姓。

"密云不雨"，环境；"尚往"，仍要往前干，别灰心失望。也比没密云好，干到底，早晚必雨，更上一层楼，有所成就。

何以"密云不雨"？阴由阴也，就欠东风，再加把劲就下雨，尚往以求阳也。

"自我西郊"，"我"字多亲密！云，阴物也；西郊，阴方也。阴会阴，只密云之象，由西往东，空的，不能下雨，不能成其用。

"施未行也"，施，东西预备好，计划。每个人都有梦，如压根儿就是空的，乃施未行也。不做，永远是"自我西郊"。

冷，与我无关。有热，才能帮忙，当义工。没有热，就是冷血动物。

方向没错，可是"施未行也"，无人受惠。施，不求回报，牺牲。方向没错，行动不够。行为，德慧。要"保存现状"，此老太太的话，无知！不进则退，非左即右。

谋国之忠，如有心，必须牺牲。应了解自己该做什么，方向对了，施不够，亦不能发挥作用。

"密云不雨"，不必失望；有盼望，必得下雨。

《象》曰：风行天上，小畜。君子以懿（动词，美也）**文德。**

"风行天上"，没有一地方没有风，没有一个地方不受惠，化及于万物，君子之德风，小畜者，勿因善小而不为。

在此环境下干什么？"君子以懿文德"。"懿"，美也，何以不说"美文德"？因为中间有"养"之义，"蒙以养正，圣功也"，养正，懿正。"率性之谓道"，道德，性之体。

"君子以懿文德"，"文德"，最高的成就。文，经纬天地。文王，文德之王，活文王，"法其生，不法其死"（《春秋公养传·隐公元年》何休注），《春秋》的最高境界，内圣外王功夫皆圆满无缺。懿文德，"远人不服，则修文德以来之"（《论语·季氏》）。

"懿文德"，将学经天纬地之事现出，以化天下。经纬天地，文也。有懿经纬天地之德才能风行天上，即身修→家齐→国治→天下平，一部《大学》也。

平天下，水之德，"盈科而后进"，能平天下之不平为第一步，霸者的行为，必有一套功夫。

初九。复自道，何其咎，吉。

"初九"阳居正位，与"六四"为正应，居乾之下，在小畜之始，但不为欲诱，居下得正，"复自道"，自守以正，而无咎，吉。

"率性之谓道"，"复自道"，复自性，自明明德，当然吉。自觉，己立，率性。君子不为小人所畜，"邦无道，富且贵，耻也"（《论语·泰伯》）。

"复自道"，复己性，即切断一切"吝"的入手处，何其有咎？当然吉。

《易》为智海，《易》为义海。《易》讲凶、悔、吝，要趋吉，因能趋吉避凶，故曰"智海"。悔、吝都无，当然去凶；切断吝，当然没有悔。

中国近代百年被侵略，救死唯恐不及，奚暇治礼义哉？赶上中国强了，现在才有工夫治礼义。应好好治礼义，在21世纪发挥作用。

熊十力的大弟子在台湾地区的多，但传多少道？这一百年，救亡。国强，语言就强。第一步复自性，按人性做事，即"复自道"。

佛教，自在，观自在，没叫人朝山拜佛，上天下地，唯我独尊，"故君子必慎其独也"。

《象》曰：复自道，其义吉也。

"复"字最可怕，"复其见天地之心乎"！先畜自道，如离开，马上"复自道"，按己性做事，复己道。

顺着人性做事，其义吉也，义，宜也。做事必考虑义不义，宇宙中犹有别人。人皆忽略自己，详细研究别人，必须约束自己，不能在社会上无正知正见，一犬吠虚，百犬吠实，不做都造谣，何况你做了！

人的私心最可怕！立此标杆，永追不上。复，不易，不能叫别人复，要自觉、己立、己达，进而新民。

"懿文德"，不能向外求，必自觉，自明明德，然后"明明德于天下"（《大学》）。

九二。牵复，吉。

"九二"刚中，很有德行。上下三阳同体，故曰"牵"，承、乘皆合乎牵的意思。

从自家做起，讲一些，慢慢讲。回家，下"牵"的功夫，非空的，"以文会友，以友辅仁"。

"牵复，吉"，新民。是被动的？明德，而后新民。

《象》曰：牵复在中，亦不自失也。

"牵复"，己欲立而立人。"在中"，中，没有分别心，我的就是你的；有你、我了，乃失了赤子心。"牵复在中"，在于中道→中行。

"不自失"，双关语：一、把要丢的东西捡回；二、人人都"在中"，守己相时，不失身、失德，绝不做狗扯羊皮的事。

"亦不自失也"，亦不失其位、其德，"亦"字又深矣！亦者，两相须之意。

必须下功夫，唤醒，不看全世界杀下去。

"观自在"，自此悟如何修，内圣；"观世音"，新民，自觉觉人，寻声救苦，人同此心，心同此理。佛，觉行圆满。儒家修的境界，恳切的责任与德行，大学，学大，成大人。

要了解人的责任，强国有强国的责任，华夏世界。人就是志，有志，就不知老之将至云尔。老祖宗留下多少智慧的财产，大同世怎么做？要用头脑，看如何进大同，为未来拟蓝图。

《易经》一爻一世界。必须严格训练自己，思路要清晰。平常多认识、多了解，问题要自己找。中国人多，可有计划地帮助非洲，非洲有土地，就缺技术。救世主，立遗嘱没有用，要唤醒一人就足。

七一，应到道光陵告知：香港已收回。

1997年7月1日，香港特别行政区成立，结束155年的英治时期。英国政府于1997年7月1日将香港主权移交给中华人民共和国，中华人民共和国政府对香港地区开始行使主权。

人得有志，中国近代的落后，清廷要负主要责任。

道光帝在位三十年（1820—1850），历史学家孟森认为："宣宗之庸暗，亦为清朝入关以来所未有。"称这时期为"嘉道中衰"，道光二十二年七月（1842年8月），英军兵临南京，清廷同意议和，签订《南京条约》，是中国近代史上第一个因与外国战败，而割让土地和开放通商的不平等条约。香港正式成为英国殖民地，成为英国继印度后在远东的一个据点。

道光陵慕陵虽然外观上保持了"节俭"之意，但其材质结构异常精美。用金丝楠木雕成许许多多的龙，布满天花藻井，造成"万龙聚会，龙口喷香"的气势。因此，慕陵隆恩殿别具一格，不仅天花板上每一小方格内都有龙，而且梁枋、雀替全是楠木雕成的游龙和蟠龙，表面都不饰油彩，保持原木本色。这些龙都张口鼓腮，喷云吐雾。殿门一开，楠木香气便会扑鼻而来。

九三。舆说（脱）辐，夫妻反目。

"九三"阳居阳位，与"六四"相比，但非正应，不当为也。关系近，不能自惕，不拘小节，糟！人与人之间，必须有距离，"久而敬之"（《论语·公冶长》），处人之方。

"舆说辐"，不成其为车，寸步难行。

舆脱辐，今称"破碎家庭"，就不能发挥载重之德，也不能有致远之功。夫妻关系之近，夫妇以义合，都能反目，况其他乎？

车在载重致远，任重道远，载重即在致远。我们的责任在华夏，即一统，舟车所至，人力所通，日月所照，霜露所坠。

《象》曰：夫妻反目，不能正室也。

在家，"夫妻反目"，如舆之脱辐，焉能载重致远？吵架即毁了，知此，能吵？此例多重要。吵架了，道歉。

易经日讲

昔日结婚称"授室","子帅以正,孰敢不正"? 不能太阳刚。正室,型于寡妻。"不能正室",乃失正性、正道。

至此,看小畜的功夫何在? 心不正,意没诚;身不正,家不齐。诚心正意、修身齐家,自觉觉人,己立立人、己达达人。

"君子终日乾乾,夕惕若,厉无咎",要自己奋斗,男子不可以吃软饭。"夫妻反目",因没出息,本身不正,不能正室,家不能齐。授室了,得正室,不能靠老婆吃饭,要自奋。

六四。有孚,血去惕出,无咎。

"六四"比君,而为"九五"所信,一阴畜众阳,众阳相竞相伤,故怀戒惕,免争才能无咎。小畜,为进德迁善之卦,由"六四"一爻而了其深意,莫因善小而不为,小亦畜,故曰"小畜"。

做人最难,诚信,自己得"有孚",能够"血去惕出"。惕,战战兢兢。得知正,识时、识机、识势。我在台,天天怀"惕"字,不易!

"血去惕出",才能"无咎"。非天天流血,但每天皆在惕中。如没惕,当然谈不到流血,多和平的环境!

小畜,以小畜大,"六四"为畜之主,近君(九五),畜君者也,须合君之志。畜君者,好君也。畜君之欲,改变国君的邪欲——争权、爱钱、好色,则"血去惕出"。

爱君,要叫君好。管仲不知礼,傲君,只成功一半。逢君之恶,最为可怕!

三达德——智、仁、勇,中国人将人性发挥得淋漓尽致。理学,"穷理尽性以至于命"(《说卦传》),将人性境界发挥到最高境界,"黄中通理,正位居体","美之至也",不但支配了四肢,还成就了事业。必须念兹在兹,我绝不想做不到的事。捡便宜代表不了你,必须脚踏实地。穷变通久,就为了久。必须自己想,否则会背书也没有用。

打通一关,一法通,百法通。要多琢磨许多事。得留心,然后细心。按部就班、按规矩做事。深意,深深想,届时一点就通。以柔御刚。没本良知、人性做事,一开始就想骗人,焉能不失败?应按人性做事、结义,都本着义与良知办事。

以自己做标准,招众怨,个人亦如是。如永远以自己为标准衡量一切,则会招众怨。"舜好问而好察迩言",舜无一不取于人,"执其两端,用其中于民",两端,是非、善恶、好坏……人每天心理不正常,即在两端中;"执两用中"不易!不失赤子之心,谈何容易!孟子"我知言,我善养吾浩然之气"(《孟子·公孙丑上》),养中气。

《象》曰:有孚惕出,上合志也。

"六四"当位,以一阴率众阳,天天怀"惕"字。"有孚",虚中才能容,"血去惕出",才能"无咎"。

"上合志也",以其"有孚",诚信也。"诚信"两字多重要!诚,言成,成言。信,人言。"惕出",惕没了,当然没血。

前两天,有几个同学来谈,既都有志,要济时艰,即要助人,当然要牺牲小我。究竟是要济时艰,还是要乘势,借着别人肩往上爬?前提必须先弄清楚,此即要点之所在。

要去私心,搞政治皆失败于"私"字。都想做领袖,成功机会少。想成事,必"上合志也"。我一辈子没想要教书,却在台教了五十多年书。

要笼络一帮人，百事非才莫举。学生有勇？躺在那儿没吃饭，有帮他解决的？

"有孚"，去你的戒惧心、受伤心，感动对方。太积极，有时使人怕。必用诚信。信表现在人事上，可以立竿见影。

九五。有孚挛（系而引之）如，富以（及）其（己）邻。

"有孚"，德之本，就"挛如"。人有诚信，又能相续不断，生生不息。

"富以其邻"，"富"，足食，有诚信；"邻"，"六四"，相信老四，把所有都连接在一起。"不独富"，有财富，大家共享。"德不孤，必有邻"（《论语·里仁》），"有朋自远方来"（《论语·学而》）。

领袖靠权不行，器识很重要，九五之君，使天下人人皆富，财散则民聚。

学完得用在事上。责任感重，焉在屋中坐得住？

官愈大愈担心，称寡人、哀家、孤家，中国文化天天提醒自己。

一部《孝经》，续莫大焉！宇宙间最要者莫过于续，即生生，故曰"不孝有三，无后为大"。

《象》曰：有孚挛如，不独富也。

"九五"，最重要的一爻。一解错，就不通。

"有孚"，是本钱。"挛如"，当领袖，必须有组织力，聚结志同道合之士。富及己邻，"不独富也"。"上下交征利，而国危矣"（《孟子·梁惠王上》）。

有知识的人，最低得懂得推己及人，行远自迩、登高自卑，由小畜到大畜。

"不独富"，富与天下同，"不独亲其亲，不独子其子"。富贵在天，富及天下，"不独富也"。有好处，大家得，当然朋友多。少一分私心，多一分成就。

一个人好了，大家都好，在新民。有孚，是本钱，人家才和你做朋友。今人最缺诚信。许多事发生，是你惊醒时。要有所用，必有所试。问自己：有没有真朋友？即自己真不真。

"豪杰之士不待文王犹兴"（《孟子·尽心上》)，嘴不说，有志，尽在不言中。不说，人各有志。但要成其志，得有点功夫，不能光用术。想成大事，必先学会吃亏。最怕社会上无所好的人，如想与之合作，得结之以诚。好名、好利、好色，都可以掌握，就怕对方一无所好。得有孚，有好处大家得，"不独富"。今人皆想独富，秘方不叫人知。可以宇宙事作为温度计。

来找我谈，就想得点术，用术即权。学两招，出心不善，不必谈，一举一动已告诉人你怎能成大事。人都要活下去，就视怎么活。不独富，当然朋友多。如每个人都是针尖，当然处不了三年。人生不过百岁，何不豁达些、不自私？要发善念，把人世看清了，就可以做事。

喝出茶的真滋味，也没白活。得真滋味了，就写出《茶经》，谁看了都醉心。求什么，都要求真滋味。

读完，必是自己生活的一部分。"奉元"不是空话，怎么做？《春秋繁露·王道》"……此奉元之应也"。奉元的效应是什么？奉元，即止于元，"元者，善之长也"，亦即止于至善，即求真滋味也。得真滋味，才能乐此不疲。好学不倦，学不厌、教不倦。为己之所当为，则有自己的成就；有真滋味，就有真成就。知止，而后有定、静、安、虑、得，每天做事应识时、识势、识正。素履，素其位而行，否则坐这山总望那山高，永难得真滋味。不是懂，是必做。

无财不能养道，节俭才能自立，自食其力最美，求人难！如无利他心，就非儒家，"儒，人之需也"。衡量自己，少一分私心，多一分成就。

上九。既雨既处（止），**尚德载**（事）。**妇贞厉，月几**（近）**望**（满），**君子征凶**。

小畜之极而成，不可急于求进。

"既雨既处"，碰到雨应止，不必冒雨而行。往凶，往吝，应处不处，则凶则吝。多少人不懂"既处"。懂"既处"，永见不到棺材。懂得时与势，即正。

畜德，还有如此多危险，况德不畜乎？有德才能载，"尚德载"。

"妇贞厉"，妇，以顺为上，象征阴，妾妇之道。"上九"，如正于阴，则危厉。

月，阴；望，十五。"月几望"，已接近望。如月近十五，月盈则亏。月圆，亦不能胜日。

坤"上六"，"阴拟于阳，必战"。西太后想做观音佛。武则天的像最大，胖。清尚瓜子脸。

龙门石窟的奉先寺主佛为"卢舍那"，为释迦牟尼的报身佛，通高17.14米，头高4米，耳朵长达1.9米。佛像面部丰满圆润，头顶为波状形的发纹。双眉弯如新月，附着一双秀目，微微凝视着前方。高直的鼻梁，小小的嘴巴，露出祥和的笑意。双耳长且略向下垂，下颏圆而略向前突。圆融和谐，安详自在，身着通肩式袈裟，衣纹简朴无华，一圈圈同心圆式的衣纹，把头像烘托得异常鲜明而圣洁。

历史记载，卢舍那大佛是武则天的"报身像"。武则天自起名"曌"，曌，不言而喻，即光照乾坤。而卢舍那的译意正好为"光明遍照"。

"君子征凶"，就是君子光知往前跑也得凶，况小人乎？臣道，拟于阳，征凶。征，比"往"厉害，更凶。不知止，能不凶？知止，而后有定、静、安、虑、得。知止，还要"尚德载"，"载"，事，尚德事。是个破车，给别人搭乘，人之所需。

每天做事，识时、识势、识正多重要！什么都不怕，太危险。什么都怕，才成功，故君子必慎其独也，连隐、微都怕。

想成大事，必先学会吃亏，有德才能载。人生不过数十寒暑，不必为儿孙做打算。历代英明之君，何以几代后即亡国？儿孙自有儿孙福，莫为儿孙做马牛。

《象》曰：既雨既处，德积载也；君子征凶，有所疑（拟）也。

已到"上九"，畜已终，还往前跑？

既下雨了，就不应冒雨行事，要处止，否则必有特殊原因，才能冒雨而行。

"上九"，亢，先有个观念，亢龙有悔。密云不雨，大家盼雨。但不要雨一来，就乐以忘形，否则乐极生悲。一越分，就弄糟。

识时、知德，安处雨之德。"既雨既处"，既下雨，就快快乐乐地享受雨的成果。崇"尚德载"，以德载事，厚德载物（事）。

下雨不住下，再往前赶，就凶。

"有所疑（拟）也"，阴拟于阳，必战，故曰"君子征凶"。女孩懂此道理，家就能过得太平。

识时者才知什么时候时至，知机才知不失时。时至了？时至，还必须整理整理、淘汰淘汰。

"圣人不能生时，时至而不失之"，现谁时至了？留心时事的转变，一盛一衰，有赔有赚。昨天有价值，一转身就没价值了。

每天真正叫你们学智慧，还干糊涂事！有些人得机会，就欺负别人。

人太失本，必招灾。赞成"一夜情"？愿意自己儿女与人发生此事？反自道也。如不可，就应反对。

《尚书·洪范》曰"有大疑，谋及乃心"，心卜。用心卜，心一动，就卜了。卜事，卜人。熊十力没有实际的行政经验，此其不如我处。我看你走路，都知你是什么样的人，还用卜！心卜，什么也不用摆。

豫（䷏）的"九四""由豫，大有得，志大行也"，重臣之位。小畜的"六四""有孚，血去惕出，无咎"，"有孚惕出，上合志也"。

《易经》之妙，没明白，告诉你也没办法。得会运用，必须学，还得深入学，政治家必是哲学家。

谈话，留个时机，让你们去想。看一遍能懂？我也办不到，必须好好努力。心卜，外面不知，自己知，"有大疑，谋及乃心"，必须练达，好好下功夫。我母亲要我"慰苍"，一生累死也办不到。

读时，二十二卦中讲"时、时义、时之义"的都要熟烂，做事不可以无备。时至,都预备好了。"豫之时义大矣哉!"不识时,焉知时义?要知未来环境如何。我看报看得仔细,写笔记。智慧是培养的,得细心、必精一。

中国历代君王皆实行愚民政策。必须天天研究、印证,这是动力,力量之所在。遇事,必须以心卜,"谋及乃心"。

《易经》为"变经","穷则变,变则通"。《春秋》为"元经"。不要将上乘的智慧用在最低的境界,做"奴之奴"。会讲,于你有什么关系?每一爻都有其"时",遇事情发生时,即知是哪一爻,可以用上。

前后每一爻都弄好,才能心卜。看一卦,前后左右的卦,都必参考。如无"无妄",焉能"大畜"?

战争留下什么?给老百姓留下无穷的痛苦。团体与国家,都败在汉奸的手中。

仔细读,增长智慧的地方太多了。我讲《易》,是在为你们洗脑,必须知其所以。跟着我走,可以享无穷的幸福,至少可以自谋其福。智慧是培养的。

中国必须保疆土的完整,必有所守。司马光与王安石内斗,能救国?司马光一死,北宋就完了。《资治通鉴》在临安付梓,有用?什么叫实学?我要你们读实学。看朱子在哪儿集大成的?闽南。朱子之学,南朝之学。

《易经》乃一部最高的政治哲学。必须把中国这套学问叫中学生都看得懂。

每卦、每爻都接着,有连接性。有些人只可打前锋,不可以治国平天下。人要有妄,焉能成事?无妄(☳),诚,就大畜(☶)了。大畜,绝不骗人的,即无妄,诚。"不诚无物"(《中庸》），诚就有物。大畜就颐（☷），《序卦》云："物畜然后可养，故受之以颐。颐者，养也。"但人保颐太难，偶一不慎，国库空虚，盈不可久，满则必溢。

小畜，有点东西，恐争，得防再师，所以必以礼行事，《序卦》称："物畜然后有礼，故受之以履。"

小畜，"柔得位"，以柔率天下，以小事大。豫，以刚帅天下，以大事小。以小事大，得"刚中"，受多少气也必忍。无刚中，焉能成事？但外仍得柔。

人的出身太重要，所以要改变器质。以刚领柔，"以贵下贱"，故"大得民也"。学至此境界，才能成了。如不懂未来自己如何支配，讲什么都没用。

中国的无价之宝，得"元定"，以"元"作天下准绳，则放诸四海而皆准。谁不准，发表言论改之。看熟了，则可以面对面，如谈故事，就明白了。

21世纪，我们的责任在复兴中华文化，必自根上来，懂得伟大的责任。但必须勤学，我每晚至少读四小时，也没有周日。愈是深入才愈有志趣，必须脚踏实地发掘中国文化。我修人祖庙，是为了存礼。文化不在乎用与否，必须负伟大的责任。

不下功夫，什么问题也解决不了。有意见，必须笔之于书，下功夫。天下无难事，就怕心不专。

同人，同于人，自己主动。如下象棋，老手至少可看出五步棋。培智，自己必须有解决问题的办法。

小畜卦第九

履卦第十

（天泽履　乾上兑下）

履（☰☱），乾上兑下，"兑以说（悦）之"（《说卦传》），以顺悦之情而应乾刚。

上天下泽，天泽履。"履"，本义：行也，行礼。引申义：理也，根据道理整理东西。玉有纹理，树有年轮，理也。字除本义外，有引申义，用引申义多。礼，非嘴说，得行动，按道理行动。"礼之用，和为贵。先王之道，斯为美。小大由之，有所不行。知和而和，不以礼节之，亦不可行也"（《论语·学而》）。

《系辞传下·第七章》称"履，德之基也"，履者，礼也，"礼者，天理之节文也"，由做中产生办法；履者，理也，"德之基"，修德以礼，躬行践履有所依据。"履，和而至"，和，发而皆中节，"致中和，天地位焉，万物育焉"。"履以和行"，"知和而和，不以礼节之，亦不可行也"。

一爻一世界，取之不尽，用之不竭。祖宗留下许多责任，不二法门，无接收的智慧，怎么用上？

《序卦》:"物畜然后有礼，故受之以履。"

自《序卦》，可以了解许多深意。物畜得理也，然后分类。自人的称呼，可见中国文化之致密。头脑要清楚才优秀，常常坐想头脑才致密。会确立思想，超过抄书。

《杂卦》:"小畜，寡也；履，不处也。"

小畜、履二卦相综。履，《说文》云："足之所依也。"可知讲此卦时，已到什么文化层，已经穿鞋了。读《孟子》，可知读书要"知人论世"，知其生活环境。

《孟子·万章下》："以友天下之善士为未足，又尚论古之人。颂其诗，读其书，不知其人，可乎？是以论其世也，是尚友也。"

人的审美观也随着环境而改变。老数，缺一个，却忘了自己。

足之所依，行事必须有所凭借。已经懂得借用履，懂得有所借了，"藉用白茅"。此卦借礼，可以之治国平天下，"为国以礼"(《论语·先进》)，礼者，理也。懂得有所借，不必自己冲锋陷阵。聪明人真想把持，也得找双鞋子。自己愿怎么做就怎么做，百姓不一定接受。

真会作战，也必分三个层次：一、探敌；二、分析之；三、决战，也未必看到你。哪有做事不懂得凭借？来得早，不如来得巧。"虽有镃基，不如待时。"（《孟子·公孙丑上》）。

立于礼，不可以伊始就倒行逆施。一行以为智，一行以为不智，你们做事有用智？此智，乃是与生俱来的性智。用情智，则一见利就忘了义。遇事，先坐着冷静想三分钟，再做。行最难，要有经验。没经验，理论也不会用，书呆子没有用。

履虎尾，不咥（dié，咬）人，亨。

"履"，本义：鞋，足之所依也。"履虎尾"，非踏虎尾。引申义：行，礼。按礼行事，踩到虎尾，它都不咬你，当然亨。以柔克刚。古时出画题，百人画出百样。读通此卦，永不做泡沫。

怎么在这宇宙、社会间做事？"同声相应，同气相求。云从龙，风从虎。"龙可以兴雨布雨，泽及万物。龙吟虎啸，虎啸风生。

有世虎，真发人深省！社会到处都是虎，街虎、市虎，于人有害。我活一大把年纪，尚未见到鬼。天天踩着虎尾，在险境中能受险，即亨。人生就是险境，履险不失其正，故能履险如夷。

有的人就是战战兢兢，但成功的也没有多少。经验愈少胆愈大，因为所见者少。"莫见乎隐，莫显乎微。故君子必慎其独也"，故唯我独尊。一念善，就是佛；一念不善，就是众生。

豫，"天地如之"（《易经·豫卦》），还得了！我喜到乡下，觉得连乡下夫妇都比不上。

《彖》曰：履，柔履刚也。说（悦）而应乎乾，是以履虎尾不咥人，亨。

以柔克刚，以柔行于刚之前，征服最坏、最凶的。失了礼以后，则什么都垮了。所以能胜利，乃"柔履刚也"。

对方太刚，就用柔克。再凶的人，也不打笑脸人。《尚书》讲刚克（胜）与柔克，要刚柔并济。

《尚书·洪范》："六，三德：一曰正直，二曰刚克，三曰柔克。"曾运乾注："沉潜刚克，高明柔克，所以裁制天下之人，使无过不及之差也。沉潜者，柔克之征，宜以刚治之；高明者，刚克之征，宜以柔治之。"师尊解："刚克柔克，刚柔并济，其事乃可成。"

中国人善用"以柔克刚"之道。

《老子·第七十八章》："天下莫柔弱于水，而攻坚强者莫之能胜，以其无以易之。弱之胜强，柔之胜刚，天下莫不知，莫能行。是以圣人云：'受国之垢，是谓社稷主；受国不祥，是为天下王。'"

"悦而应乎乾"，乃能发挥作用，悦之以礼，则"诚于中，形于外"。悦而应，应世之道，指行事上而言。不懂按礼行事，行事无法无天，最后断送了自己。有时稍微失一点礼，往往成终身遗憾。行事要多加小心。

"履虎尾不咥人"，行险事，能不受伤。履险不伤，"动乎险中，大亨贞"，一切成就皆在险中求，要不怕危险，必懂"履险不伤"之道，遇事不必躲。如懂得《易》之道，不使人颓废，为实行之道。

何以踩在虎尾，它却不咬你？必有术，悦而应乎乾，以柔之道对付阳刚之士。"立于礼"（《论语·泰伯》），人要以礼行，可以化及猛兽。

以礼运世，礼之作用大矣！"礼之用，和为贵"，"履，德之基也"，"履，和而至"，"履以和行"。中国古代非以法治天下，而是以礼运天下。以礼运天下，行礼运之至德，才能"天下为公"。《大学》最关键的一句话："致知在格物。"

刚中正，履帝位而不疚，光明也。

此给人许多启示：有些人何以如此多的暴戾之气？因为正与此相反，既无刚也无中正。

光明，光能明于天下，光无私照，明则"肤受之愬，不行焉"（《论语·颜渊》）。"日月光华，旦复旦兮"（《卿云歌》）。要了解深意所在。家庭想和美必得光明，不可以存在死角。死角太多，就解脱不了。

好好发愤，21世纪是中国文化起来时。霸道，是人与兽争；王道，是一人统治；大道，完全人性了。"大易"与《春秋》完全讲大道。《尚书》讲王道。《孟子》讲辨王、霸，说"仲尼之徒无道桓、文之事"（《孟子·梁惠王上》），"《春秋》其事则齐桓、晋文，其义则丘窃取之矣"（《孟子·滕文公下》）。

看谁有能，能为社会谋幸福。一民族如无自警、自勉心，能全依赖别人？必须代有才人出。

《象》曰：上天下泽，履。君子以辨上下，定民志。

润与泽，为了不起的功夫！恩泽，慢慢来的。雾气腾腾，浸润的功夫。滋润种子，万物之生靠此，没有润泽，万物就不生。利人，为别人而活。

中国是法自然，最有智慧的民族。老子"法自然"。

《老子·第二十五章》："人法地，地法天，天法道，道法自然。"

想一想，能读的书有几部？西汉以后很多是老生常谈，就东抄西抄。《史记》是史学的成就，值得读。没有董仲舒，儒在汉就不独尊，特别重要。

"五经"之外，都是记，有《礼记》。夏学有几部书可读？"大易"与《春秋》是最重要的两部书。历史越悠久，熊十力的地位越高，开一代之宗。

"上下"，上，为天，代表光明，所以"履帝位而不疚"，"与天地合其德，与日月合其明"；下，为泽，恩泽、润泽、沼泽、泽及……代表平，水平。水过多，植物会烂死。

"辨上下"，"伦"自此来的，伦常，一点也不含糊才定，知其所止。有上下主从，才能治理，分清上下之责，各尽其责。《荀子·臣道》"上下易位然后贞"，什么思想？民主时代，还以"上下易位"为不对？

"夫妇以义合"，辨什么不合乎义，家才有幸福可言。今天人手戴念珠，将宗教变成点缀品。不要将小孩变成小尼姑、小和尚。

今天想做事也得有规矩，无规矩不能成方圆，一出手即可看出其成败。我饱谙世故，深知人之失败有其失败之因、成功有其成功之道。"法自然"的深意特别重要。做事总以为比别人聪明，乃是失败的根苗。

"定民志"，知止，定；志，心之所主。"定民志"，圣人贵通天下之志、贵除天下之患。得辨上下，才能定民志。一个领导人如不能懂"上下之辨"，则无法定民志。上，光明无失；下，平而泽及物。定民志，所以民可与之生、可与之死。一志以德，仁者无敌。

做事，是在给你们留个好的纪念。是利必争，将来你们的前途在哪里？

看今日世界之斗，足以伤民，猛于虎。看怎么能"定民志"？看驯虎者是如何喂虎的？诚信能感动动物。

人人都想健康、长寿。说吃八分饱，但好吃就多吃乃伤胃。春天要吃甜，不吃酸。立夏可换。身体要好，必自年轻时就奠基，但是知、说易，守难，因此未老先衰。想长寿得戒，千万不要糟蹋自己。每天喝一杯酒，可；多了，坏。

理，天理之节文，日月之运，二十四节气。法自然，天理之节文。至今犹解不开自然的奥秘。统之于心，本心；礼，践而行之曰履。东西多了，必须整理整理，即礼。辨上下、是非、美丑，才知怎么做事。

初九。素履，往，无咎。

"初九"居履之初，在悦之始，素位以往，直往无咎。

"素"，空，白，"绘事后素"（《论语·八佾》）。

"素履"，中和之为用。"素其位而行"（《中庸》），为其所当为，思不出其位，不愿乎其外。素患难行乎患难，素贫贱行乎贫贱，与污浊、私欲均无关。按中和之为用行事，往，无咎。本良知良能做事，率性而行。素王，有王之德，无王之位。老实常在。

求真滋味，没观念就读书，错了。应每个人都成思想家，各学报可看的文章有多少？先秦每个都是名家。秦汉以后独树一尊，净围着皇帝转，否则书刻不了版。司马迁的书是由其外孙女抄传的。现在不能出书，是无才无德。好好下功夫，不要乱读书。

《象》曰：素履之往，独行愿也。

"初九"与"九四"，相应不与，坚守己之志望。"素其位而行"，按己本分做事，无咎。

"独行愿"，人皆各有其愿，故要"独行愿也"，发大愿，行坚己之志望，求真滋味，不必与人雷同。

头脑致密，见近利必警醒自己，碰到利事能马上想到害，就成功。"故君子必慎其独也"，深味《大学》《中庸》，绝对是立本之道。净学新知识，无立本之德，无内圣、立本的功夫，绝对难有成。完全为利害，忘了良知。"古之学者为己，今之学者为人。"奉元之学，自《大学》《中庸》入手。

大本，本立而道生，立本了，还要吸收新知，才能继往开来。如何继往？要温故。如何开来？要知新。超时代、跨世纪必须知新，跨世纪的知新开来。

大同世界，华夏世界，要立大同世的政纲政策。进入大同世的第一步是什么？温故，亲故，继往，认祖，奉元。

现在天天为你们出药方，要你们"独行愿"，才能进步。倡夏学，要多接受中国学问。同学们读书没有层次，所以乱七八糟。

《茶经》的"经"字，可能是后人加上的。《红楼梦》《浮生六记》何以人人都看？精诚之所至才感人，如欧阳修《泷冈阡表》、李密《陈情表》。

慎独，"独"字功夫即"性"的功夫。"素履"，做事无半点企图与目的。"复自道"，"独行愿也"，本着良知做事。赞孔子为"素王"，德高而无位。我解：素王者，圣人之独称也。

讲这么久的《易经》了，你们做事怀目的，没有"素履"。好好悟一悟。

九二。履道坦坦，幽人贞吉。

"九二"阳居阴位，有正中之德，"履道"必得"坦坦"，邪焉能"坦坦"？行事之道少有好事。大公无私，大道光明，"王道荡荡"（《尚书·洪范》）。

"履道坦坦"，正是发挥己能之时。"幽人贞吉"，"幽人"，才德备但未达于上。要有"幽人"的功夫，守正固之道，不作秀，作秀、索隐行怪可是不吉。"幽人"用上，因非势利之徒，用时自找上门。

懂"独行愿"了，就没有休息的时间。以同学们的程度很难翻身，居然还有跟你们跑的。学文，应懂得用智慧。

有些人何以不成才？没有"幽人"的功夫，净东抄西抄。字都不知横竖，就开书法展。

我在台五十年，无一天懈怠过。没读书，绝谈不到念书、教书。"温故知新，继往开来"，不是要守旧。

《象》曰：幽人贞吉，中（守中）不自乱也。

"幽人贞吉"，幽隐之人，隐居以达其道，得守幽隐之正道，才能吉。贞，正也，永守住正。

在清静环境中就能静？静与否是在心，客观环境不能相比。素富贵行乎富贵，素夷狄行乎夷狄。

"幽人贞吉"，说我闭门著书。人事一想完，什么皆一笑置之。应自在，观自在，不愿乎其外，"素其位而行"。客观环境没有桃花源，桃花源在"自中"。

"中不自乱也"，中，"喜怒哀乐之未发"。"中"修好了，即是中国人，中国人即"夏"。干什么都得"中不自乱"，谁也扰乱不了你。自乱"中"，你自乱，是因有欲。人到无求品自高。

做事先想失败，不必想成功，必用智防备，则离成功近。何以不知自己不懂，净吹牛？搞什么试探都没用。老虎怎么凶也是禽兽，谁也不能把你怎么样。什么都是自己的，非假外求。隐居以求其志，"居易以俟命"（《中庸》）。

"幽人贞吉，中不自乱也"，中，喜怒哀乐之未发，人人皆有。自乱乃因有欲，天天胡扯。人到无求品自高。社会乱象，影响小孩莫此为甚！

中国字都认识完，即成开山祖。"中华"，将"中道"华于天下，即成"华夏"。

六三。**眇能视，跛能履，履虎尾，咥人，凶。武人为于大君。**

"六三"不中不正，柔而志刚，无才无德，自用自专，可为深戒，咎由自取。

"眇能视"，"眇"，目不明，能视，但看不清楚。自以为能视，知识上的瞎子，孤陋寡闻，能应付瞬息万变之事？《大学》云："毋自欺也。如好好色，如恶恶臭，此之谓自谦。故君子必慎其独也。"

"跛能履"，跛，不自欺，告诉人，可得帮忙。如乱踩，可能就踩到虎尾。懒于行而勉于想，光知谈抱负，没出息！道德上的跛子，还自以为能。

孟皮，跛，孔子哥。孔子，仲尼，生在尼山。

光有抱负，德能、才智无到一境界，履险必伤，"履虎尾，咥人，凶"。

"武人为于大君"，此话无修改，可见历代帝王有修养。

天德，反战，反对军阀当政。

《象》曰：眇能视，不足以有明也；跛能履，不足以与（参与）**行也；咥人之凶，位不当也；武人为于大君，志刚**（易妄动）**也。**

"眇能视"，"眇"，一目小。"眇能视"，不代表有见识。"明"，眼的最高境界。

说"都不满意，可以接受"，都如此办事，虽能看，能如"离娄之明"（《孟子·离娄下》）？

离娄，黄帝时人，相传视力非常好，能于百步之外看到秋毫之末。

"跛能履"，跛能行，不代表能跑十项全能。不自知，自欺，无用，卑鄙。

"位不当"，才德不称其位。才德俱备，才优游有余。

以实际事想，看说什么？平时就应想。思之思之，鬼神通之。

"武人"，刚愎自用，失在"志刚"，可以马上得天下，不可以马上治天下。"刚"，为履之大戒！"什么都不怕"，凶！要怕，才终吉。

刚，用于无欲则可，匹夫之勇则不可，"敌一人也"（《孟子·梁惠王下》），与有"全国"（《孙子兵法·谋攻》）"全民"之术者比，相差太远了。全，必须"聪明睿知而神武不杀"（《系辞传上·第十一章》）。

必得忠信之人，多少能成事。不必吹牛，就看你们是否有明。如嘴守不住，永打不入核心。不入团体核心，就不能做事。必须严谨、冷静。做事是在求成功，而不在作秀。

如己位都未定，又何必妄求？自己有多少作用，要用的人清楚得很，会"戢"着。有一分，即有一分价值。走投无路，想要绝处逢生不易。

《先秦诸子系年》是钱穆的代表作，既是系年，选七十四位，却没有老子，因为他不承认老子是春秋时代的人。多看先秦思想的书，看他们是怎么想的。史学家与思想家不同。

"吾少也贱，故多能鄙事"（《论语·子罕》），孔子年轻时做

易经日讲

过委吏（小职员），到底是十七岁还是二十七岁，最后决定是二十七岁。思想家不重视此，重要的在得启示：一、"吾不试，故艺"，好汉不怕出身低；二、"君子多乎哉？不多也"，做官的少爷，废才，什么也不会，多能鄙事？

要知怎么读古书，史学家只是博。史学家着重在"少"字；思想家则在"得启示"，可以发愤图强，"犁牛之子骍且角，虽欲勿用，山川其舍诸"（《论语·雍也》）。

熊十力的东西不能只看一遍，《原儒》真明白，应生气勃勃，夜里失眠。儒者的责任在拨乱反正。

看《红楼梦》，可知到中华民国十三年（1924）前，中国有地位的大家庭，找的奶妈不是"袭人"，而是老太婆。

中华民国以来，熊十力为第一人，敢向"奴儒"挑战。以熊先生的精神讲学，真理即真理。《读经示要》对读经有助，《体用论》可看。《名相通识》最后看，可能只有印顺看得懂。

古书是古人智慧的结晶。今天中国应从头做起，不要再接受"奴儒"的糟粕。下一棒，不可以再错下去了。读书要有准确的方向。依经解经，才可将中国文化"一以贯之"。

《春秋》"其事则齐桓、晋文，其文则史，其义则丘窃取之矣"，《春秋》之义是孔子立的，故曰"《春秋》，天子之事"，才说"知我者，其惟《春秋》乎！罪我者，其惟《春秋》乎"（《孟子·滕文公下》）。

现在不能不重视简体字，我找大陆简体字本《易经》，看大陆如何研究《易经》，而且可以认识简体字。现在已都认识，是有目的地看一东西。

研究一东西，要看很多的本子。我读四百多种《易》注，评：

老生常谈，了无新义！得结论：讲《易》，必须讲没深度的话才成功。

要懂得利用时间。时代产物必须知，它代表一个时代。大陆现在整理了不少东西。

学外国语，最好看小说，有吸引力，学得特别快。我小时看小说，常被检查，不能随便买书或出门。你们现在太好，但后面跟着不好。

思想最为重要，是人智慧的捷径，故"子孙虽愚，经书不可不读"，以之作为启发。软、硬书配合着看。愚人做事必受困，困了必学，"困而不学，斯为下矣"（《论语·季氏》）。人最大的毛病，不懂自己不懂，认为什么都能。

人的智慧很重要，有守不易。高阳说"礼王府家风至今不衰"，就这几句话，我要请他吃一顿饭。一个人有守特别重要，随时要看环境。我光宗耀祖办不到，但绝对无忝所生。

堂妹问我何以如此守住？把师母的马裤给她看，那代表一个时代。要经风霜，才能成长。我与师母志同道合，什么困难都不怕。想要有非常的成就，必须有非凡的思想。

九四。履虎尾，愬（sù）愬终吉。

"九四"近君，多惧，阳居阴位，能用柔，伴君如伴虎。就是有那个德，还得戒惧行事，行己志而不伐功。因敬慎，终吉。

"虎尾"，喻世事之凶险。"愬愬"，戒惧貌，非如鼠怕猫，如此，焉能受重视？而是"无伐善，无施劳"（《论语·颜渊》），有功绝不夸功，行己之志而不伐。

一个人如什么都不怕，是没有知识的流氓。要慎独、察微。

出门绝对存"远怕水,近怕鬼"的心理。

《象》曰:愬愬终吉,志行也。

"愬愬",危惧貌,"如临深渊,如履薄冰",审慎行事。做人不易,必每天提心吊胆,不可以乐以忘形。

"志行也",志得以行,达到目的,所得的结果。

何以要忍气吞声?"志行也"。人一辈子最难得的是"志行",你们除妄想外,何以不能?因一无所知,"困而不学,斯为下矣"。

心无真,又到哪儿求真?自己无志,又如何志行?你们每天拼命,到底为了什么?人就为"志行"活着。我为"志行",牺牲一切的幸福,活一天,干一天,不知老之将至!想成就,必好好奋斗。吉,不在得权与钱,而是志行。

做事,要戒惧小心,自年轻好好养。见贤思齐,自己要有个型。有志者,心里都崇拜某人,应好好塑造自己,先看别人如何塑造自己。

我读的第一本小说是《甘地》,看书名,不明白:如何地也有甜的?问舅舅,才知是人名。看甘地的行为,见贤思齐,生活崇之,有相近之处。

讲孔学,与学孔,是两回事。"入则孝,出则弟(悌)"(《论语·学而》),孝悌,即无讲价的余地,没有一句是讲理论,皆能实践。看《论语》中有多少是讲形而上的?一部《易经》即经纬天地之学,"生生之谓易"亦即政治,"生生之谓仁"。《易》是卜卦?不卜而已矣,在趋吉避凶。避凶不易,人皆曰"予智"。

"皆曰予智",能"愬愬终吉"？都有志,愿"志行"。想"志行",必行志。要"愬愬行事",戒慎恐惧行事,此即术。有志者,以志行为吉,文天祥天天要求死,全己之忠,不当宰相。我天天教书在"志行",不愿天天去奉承别人。

吉凶,视己之志。"志行",非念咒,得开始行志。天天教书,行志;最后,"志行"。

有智慧,应写《先秦诸子系元》,讲思想的演进,皆发于元。是大功夫,并非易事。你们不知发愤,太客气了。应有志,且要按志去行。

以"元"为立学之基,奉元,立说、立学是圣洁的,应如莲花出污泥而不染,在社会污染的环境中绝对要不染。许多伪君子以"是"掩"非",内心污秽绝成就不了圣洁的事。不要一脚踏两条船,绝无双赢之事。

中国学问必自孔子开始讲,他是第一个集大成的。

钱穆不承认老子在庄子之前。《老子》文章不同于诸子,其五千言包罗万象,以浅见难以解释。"道可道,非常道。名可名,非常名",断句即有不同。一般的解释,本身即不通。断句都成问题,对话的意义能懂？《墨辩》怪！我听梁卓如讲,也不懂。《墨子》妙！有些像《圣经》,要宣传。此二书,绝对在一般子书之前。《老子》怎么断句都可,但是意思完全不同。

你们如肯下功夫,要好好看子书。将诸子思想的演变一一写下,必须有智慧、功夫。喜什么,下功夫,中国必再出思想家。21世纪是中国的,不能仅靠物产、资源丰富。

有思想,才谈得上建树。历代辅佐开国皇帝的有不少是老道,如军师皆通《易》。助清的范文程,我的老祖宗均是其学生,据说他是范仲淹之后。但孔明既知是"三分天下有其一",那又何必出山?

我个性怪,自小生死不怕。年轻时即听最难的"大易"与《春秋》,就想攻坚。我好动,必到腿不动了才不动,哪有整天坐在家不动的?我年轻时赶上公羊学正红时,言人人殊。

能放诸四海的思想太少了。康德在五十年前热闹过一阵,也过去了,皆不足为法。"且看今朝",正视中国文化。应客观地看如何发展中国人的思想,中国还得"领袖群伦"。要有智,饮智慧水,不学即不饮智慧水。犯履卦大忌者特多。

玩,并不耽误读书,玩累了读书,更不分心。一卦真懂了,就能用世,属于智慧的东西,看自哪儿下手,每人皆能有所得。"吾道一以贯之",把握住一个"一",以一衡天下,"天下之动,贞夫一者也"。

九五。夬(guài)履,贞厉。

"夬,决也"(《杂卦传》),决事也。决事,不可决之太急,一招接一招。九五之尊,最大的毛病即"夬履",自己什么都决定,那百官做什么?当位而行,各司其事,众志成城。

"夬履,贞厉",有地位,不考虑环境,即决定一事,"贞厉"。有身份、地位,有决定权,当然贞,合乎地位、权柄、责任、权力;但未考虑环境,危厉。虽有身份、地位可以决定,但也必考虑环境,客观环境与局势。

难有伯乐,没那个智慧,就要"如有所用,必有所试;若有所试,必有所悟"。

做事要有步骤,有钱办事谁都能。必须有内涵,才能做事。

做事能力低，没智慧、没步骤。

做事不怕少，就看有无毅力。做事不必拉架子，有志持之以恒，要有目的，业余做点事。

有步骤做，必有步骤培养人才。做事有一定的步骤，需人就找，找不到就培养。东敲西击，看同学智慧的反应。人非生而知之，必须培养。自求、求学、多学，就能知做什么。求亲仁，请教比自己强者。

不懂得求人，知从何来？有志，培人，才难！一个人能做事？没有培植人，怎么做事？士尚志，办教育，除研究教育，还要找教育人才。

我一人支持了五十年，借祖宗牌之光，有人抱着"看动物园"的心态来。

你们谁都看不起，最后没用。不经寒彻骨，哪得梅花扑鼻香？熊十力是自己陶冶过来的。

作育人才，功夫在"作"上，"作皇帝"必做成皇帝的样子，戏剧学校即是"作"的功夫。叶复润是唱老生的，唱《徐九经》也不错，即作。

教小孩最难组织，能教好，证明有组织能力、方法、术。做事要成功，非作秀。

责备，在刺激你们，别净自我陶醉。说多没人帮助，多生阻力。事未成之前，绝不可说。

你们交朋友，一代就没了。中国讲世交，几代交往，不可以"人无千日好"。我有容人之量，家是"联合国"，处五十年。尽看短处，能做朋友？应看长处。一步步做，缺什么，要懂得求，求阙。求仁，何以没得仁？求仁得仁，又何怨？

应知怎么做事，志同道合应合在一起，做事学经验。怎么去组织、应变，要用智慧。是求婚，非送婚。天天行其所无事，就是你们太笨了！

中产阶级可以承上启下，应行己之所当为。留心、了解环境，才能乘势。经过什么人要了解，喜戴高帽者戴之，每个人都有个性。没了解环境，按自己主观见解去办事，能成？

说人家落伍，既是落伍，那你来做什么？当然失败。既不知彼，也不知己。你不去，人家在乎你？到哪儿，必须先了解环境，否则徒劳无功。事情没障碍，是你自设障碍。主观设定，当然成障碍。适应对方，一拍即合。

任何事不做，经验哪里来？碰壁，是经验。做事多练达。了解势，可以乘势，借高骑驴。何以失败？不自知，更不知人，按己意做事。练习做事，习得经验。

《大学》"所恶于左，勿交于右"，如何做事？左手的事，不叫右手知。读书，要读智慧，而非会背。得博士，办事仍像幼儿园小朋友，没有经验，根本不知怎么做，"言不必信，行不必果"（《孟子·离娄下》），"义之与比"（《论语·里仁》）。

中国前途好得很，稍留心，二十年后是富强之国。应知锻炼脑子、培养智慧。做事，要不怕繁。

中国字结构之美！通，非一下子，如水慢慢地成洞，是自然之通；打通了，是以人力。养成智者，不要成为呆子。活泼地做，敬老也要知怎么敬，投其所好，一招即成。

《象》曰：夬履贞厉，位正当也。

在位者太"夬履"，主张太过，则能者不敢献其智。"位正当"，都"贞厉"，况位不正当乎？应当其位而行。

因地位而贾祸的例子太多了，"位正当"，得学康熙大帝，告诫雍正帝："决定不移，戒急用忍。"

云南设民族博物馆，不要以为边陲之民就没有文化。

上九。视履考祥，其旋元吉。

上爻，只有履卦是好爻。国之大佬，虽致仕，以其阅历佐国之不祥，而终使"其旋元吉"。

"视履考祥"，"视"，视学、视察；"考"，研究。回头看自己净干些什么，好好研究、反省自己。做事得详审如何做，审查、审视、审问、审议。做事"视履考祥"，慎始诚终，做完印证祥不祥。外交官，只要有利于国家、民族，专之可也。

满人问安："令尊安详否？"答："托福，安详。"

"其旋元吉"，"旋"，周旋，圆，圆融；折旋，方，九十度，矩，有所守，该直则直，该角则角。中规，周旋得好，如完璧归赵；中矩，折旋得好。周旋，自然环境；折旋，按规矩做，即术。周旋、折旋，排解得好。圆滑，圆得中规，在圆滑中必须有己之棱角，才能中规中矩。无规矩不能成方圆，一出手即可看出成败。人之行事即在周旋、折旋中，求得圆融，但必中矩，才能善吉。小损失可，大地方不能让。不懂得周旋、折旋，就没有骨头，焉有吉？孔方兄，外圆内方。

年轻得学做事，必须有方法、准则。了解深了，则运用高妙，视智慧高低接受多少。做事有一正当目标，有路可循，绝不可以离轨。做事业绝不可以急功近利，要根深叶茂，一步一脚印，脚踏实地，慢功出巧匠。

《象》曰：元吉在上，大有庆（善）也。

大吉，乃由于"上九"之元老重臣，知老谋之体国也。

"元者，善之长也"。"大有庆也"，庆，善、吉也。不自欺，还有点人样。结果与经过皆最善，且中规中矩。

履卦之义，在位谋政，素位而行，不愿乎其外，得竟履之全功。

大小事要好好审视，了解环境。三步骤：尽己之性、尽人之性、尽物之性。学会群德，合作，必以群力打通一切。

有些人的毛病：不懂得合作、不知己短。群策群力建设家乡，靠智力、人力、财力。空想只有自误。

行事，看自己是否"无而为有，虚而为盈"，心卜，即知吉凶与否。不卜而已矣，"不恒其德，或承之羞"。每天自己发一念，即知是哪一爻。人都一样，要修至不自欺，"如恶恶臭，如好好色，此之谓自谦"。

破第三爻"眇能视，跛能履，履虎尾，咥人，凶。武人为于大君"，则大可治国平天下，小绝不失德。

做事时，必须找一双鞋，不可以开门见山，一定要有所凭借。五爻"夬履，贞厉"，其失即在开门见山，最后无周旋的余地，迷了，"先迷失道"。人皆天天在三爻"眇能视，跛能履"里混。"六三"自欺，"九五"当位，但皆有失。必须懂得深意。真讲卜，是心卜，发念，就知得什么结果。

你们有些人眼光太窄，我所讲皆与你们生活相切。得学会自己做主。何以要把自己的幸福假他人之手？问题必得自己解决，人不在读多少书。

懂得第三爻，不自欺，就能成功。成功了，要庆贺，国庆、家庆、个人庆。任何一卦弄明白了，也不会成一片散沙。老师承上启下，小孩愈摆弄愈机灵，人要有责任感。

圣人贵通天下之志，以什么方法知天下之志？贵除天下之患，一介平民在屋中如何做？"少者怀之"，没说"幼"。摆弄好，除患之第一要义、之本、之几。除患于未然，立福于将来。

"朋友信之"，即履卦。任何一句皆非空话，儒不同于佛，每一句话都必实行。迷信，迷了才信。

"礼者，天理之节文也"，"天之历在尔躬"，人活着，必按二十四节气活。春天，吃甜不吃酸。冬天，一定要吃白红萝卜。夏天，吃姜，每餐吃点。人的毛病是吃出的，病从口入。应按节气吃，老祖宗经验丰富。

《内经》(《黄帝内经》)、《本草纲目》、《伤寒论》，中国医书完全根据《易经》得来。《内经》读通，都能治国、平天下。中国读书人，医卜星相都懂点。中国就书多，能没有好奇心？中国研究性学的书如车载斗量。读书要冷静，培养才智，要真明白。

识时、知机。识时，故曰"圣之时者"。你们必须善用智慧。有些人绝无头脑，能突破就成了。没有成就，至少要保持人样，还必须高价。

人要无品，能出卖别人，就能出卖你。将来必"辨忠奸"。任何朝代的结尾都辨忠奸，清将范文程、洪承畴列入《贰臣传》。

清朝乾隆年间，乾隆帝为表彰在明末清初因抗清遇难的明朝官员（即《钦定胜朝殉节诸臣录》）同时，下令编纂《贰臣传》，其将降清的前明官员均称为"贰臣",并分甲、乙两编。甲编是对清朝赤胆忠心,积有功勋。乙编则是毫无建树的明末官僚,甚至为人可鄙。原名《钦定国史贰臣表传》,共两卷,为清朝官方史书,后载于《清史列传》中第七十八、七十九卷。

清人若无范、洪,绝不能入关。

孔子为"文宣王"。《尚书》二典(《尧典》和《舜典》),是政治家的祖师爷,尧、舜的伟大,借孔子树起来。子思为其祖孔子作传,就十六个字:"祖述尧舜,宪章文武;上律天时,下袭水土。"孔子必得立个偶像,祖述尧、舜,参考文、武。"上律天时,下袭水土",法自然。

人都得有所宗,我们是"奉元宗"。《春秋》"乐道尧舜之道"(《春秋公羊传·哀公十四年》),拨乱反正。《礼记·礼运》"是谓大同"。

孔子"志在《春秋》","三世必复",是对社会的责任。孟子"道性善,言必称尧舜"(《孟子·滕文公上》),指空卖空,不足为法。董子"奉元之应也"(《春秋繁露·王道》),"属一系元"(《春秋繁露·重政》"唯圣人能属万物于一,而系之以元也")。孔子"改一为元"。

北宋张载四句:"为天地立心,为生民立命,为往圣继绝学,为万世开太平。"金观涛只能"为往圣继绝学",毛病何在?孙中山受今文思想影响,"以建民国,以进大同"。

柳宗元的游记《卧游》,拿文字当消遣。

柳宗元散文中,山水游记是最有成就的作品,成山水游记一代宗师。他记游踪有一定的连贯性，有如一卷精工美秀的山水画长轴，贯穿其"八记"的基调皆为：借山水景物，以浇个人胸中之块垒。

中国古代的书虽然不少，但值得读的并不多。值得读的这几部书知道其价值就不得了！现必得"盘皇另辟天"，练达思想，识时、知机才足以济世。

韩愈倡"文以载道"，批评者认为他"不知道"。《原道》"博爱之谓仁，行而宜之之谓义，由是而之焉之谓道，足乎己而无待于外之谓德"，只"德"字解得好，"足乎己而无待于外"，即尽己之性，将自己的能力发挥出，不靠外力。力能拿五十斤，拿五十斤即尽己，拿二十斤即无德。想建树思想，头脑必得特别致密。

我天天揭同学们的短，即要你们发愤。如没有大志，则退而求其次。练习头脑，望你们好自为之。